应用型系列教材

U0584622

应用写作实用教程

姜灵君　主　编

電子工業出版社.

Publishing House of Electronics Industry

北京·BEIJING

内 容 简 介

本书概括介绍了应用写作的基础知识，共涉及公务文书、日常文书、事务文书、职场文书、礼仪文书、专用文书六大类 45 种应用文体。本书着重介绍了各类文书的概念、特点、种类及文本运用操作方面的理论知识与写作规范。为实现便于掌握、方便学习的目的，本书编写按照"任务导入—知识点击—例文评析—思考训练—知识拓展"的体例编排，加大案例和练习的分量，同时加入相似文种的辨析与综合训练，力求实现能力本位的教学目标，体现了实践性与操作性。

本书可作为应用型本科或专科的教材，也可作为相关人员进行应用文写作的自主学习参考资料。

图书在版编目（CIP）数据

应用写作实用教程 / 姜灵君主编. —北京：电子工业出版社，2017.1

ISBN 978-7-121-30690-7

Ⅰ. ①应… Ⅱ. ①姜… Ⅲ. ①汉语—应用文—写作—高等学校—教材 Ⅳ. ①H152.3

中国版本图书馆 CIP 数据核字（2016）第 312936 号

策划编辑：朱怀永

责任编辑：郝黎明

印　　刷：天津画中画印刷有限公司

装　　订：天津画中画印刷有限公司

出版发行：电子工业出版社

　　　　　北京市海淀区万寿路 173 信箱　邮编　100036

开　　本：787×1 092　1/16　印张：18.25　字数：502 千字

版　　次：2017 年 1 月第 1 版

印　　次：2021 年 12 月第 7 次印刷

定　　价：44.80 元

凡所购买电子工业出版社图书有缺损问题，请向购买书店调换。若书店售缺，请与本社发行部联系，联系及邮购电话：（010）88254888，（010）88258888。

质量投诉请发邮件至 zlts@phei.com.cn，盗版侵权举报请发邮件至 dbqq@phei.com.cn。

本书咨询联系方式：（010）88254608，zhy@phei.com.cn。

序

十七世纪，德国哲学家、数学家莱布尼茨发明了二进位制，视其为"具有世界普遍性的、最完美的逻辑语言"。他有两个没想到，第一个没想到在后来，二百多年以后，二进位制成了计算机软件的数学基础，构筑了丰富多彩的虚拟世界；第二个没想到在先前，五千多年前的《周易》描绘了阴阳两元创化的智慧符号。莱氏从法国汉学家处看到了八卦，认定那是中国版的二进制，可惜他晚了五千年。《周易》也可惜，被拿去算卦，从阴阳看吉凶，深悟其中的道教天师成就了前知五百年，后知五百载的"半仙之体"。莱布尼茨也有宗教情结，他认为每周第一天为 1，亦即上帝，这是世界的一翼。数到第 7 天，一切尽有，是世界的另一翼。7 按照二进制表示为"111"，八卦主吉的乾卦符号为三横。这三竖三横只是方向不同，义理暗合。

《周易》为群经之首，设教之书，大道之源。"一阴一阳之谓道"，两仪动静是人类活动总源头，为万物本元图式。李约瑟视其为宇宙力场的正极和负极。西方学者容格评价更高，谈到世界智慧宝典，首推《周易》，他认为，在科学方面，我们所得出的许多定律是短命的，常常被后来的事实所推翻，惟独《周易》亘古常新，五六千年，依然活络。

乾与坤，始与终，精神与物质，主体与客体，合目的性与合规律性，工具理性与价值理性，公平与效率，社会与个人，人权与物权，政府与民众，自由与必然，形式与内容，理性与感性，陆地与海洋，东方与西方，和平与战争，植物与动物，有机与无机……在稀薄抽象中，两元逻辑是通则。我们的家庭也一样，一男一女是基础，有了后代，父母与子女也是两元存在。

世界无比丰富，不似两元那样单纯。但多元是双元的裂变，两端间的模糊带构成了丰富多彩的发挥天地。说到四季，根在两季，冬与夏代表冷与热，是基本状态，春秋的天气或不冷不热，或忽冷忽热，在冬夏间往复震荡。我攻读博士学位时搞的是美学，摇摆于哲学与艺术两域，如今沉思在文化里，那两个幽灵依然在脑海里"作怪"。我下过九年乡，身上有农民气，读过十年大学，身上有书生气，下笔喜欢文词，也喜欢白话，两者掺和在一起，不伦不类，或许也是特色。

烟台南山学院为了总结教学科研成果，启动了百部编著工程。没有统领思路，我感到杂乱无章，思前想后，觉得还是两元逻辑可靠。从体例上来说是两元的，一个系列是应用教材，一个系列是学术文库；从内容上来说也是两元的，有的成果属于自然科学，研究物，有的成果属于社会科学，研究人。南山学院是中国制造业百强企业创办的高校，产业与专业相互嵌入，学校既为企业培养人才，也为社会培养人才，也是两元的。我们决定丛书封面就按这一思路设计：二进位制与阴阳八卦，一个正面，一个背面；一个数学，一个哲学；一个科学，一个文化；一个近代，一个古代；一个外国，一个中国。

南山学术文库重视学理，也重视术用，这便是两元关照。如果在书中这一章讲理论，另一章讲实践，我们能接受。最欢迎的是有机状态，揭示规律的同时，也揭示运用规律的规律，将科学与技术一体化。科学原创是发现，技术原创是发明，要让两者连通起来。对于"纯学术"著作，我们也提出了引向实践的修改要求，不光是为了照顾书系的统一，也是为了表达两元的学术主张。如果结合得比较生硬，也请读者谅解。我们以为，这是积极的缺欠，至少方向是对的。清流学者与实用保持距离，以为那是俗人的功课，这种没有技术感觉的科学意识并不透彻。

我们倡导术用的主体性，反对大而无当的说理，哪怕有一点用处，也比没用的大话强。如果操作方案比较初级，将来可以优化。即便不合理，可能被推翻，也有抛砖引玉的作用，并非零价值，有了"玉"，"砖"就成了过季的学术文物，但文物不是废物。在学术史上哪怕写上我们一笔，仅仅轻轻的一笔，我们也满足了，没白活。

吴国华教授曾经提出，应用型大学的门槛问题在标准上，我很赞成，推荐他随中国民办教育协会代表团去德国考察双元制教育，回来后，吴教授主持应用标准化建设的信心更足了。德国的双元制教育有两个教育主体——学校与企业；受教育者有两个身份——学生与员工；教育者有两套人马——教员与师傅。精工制造，德国第一，这得益于双元制教育弘扬的工匠精神。我们必须改变专业主导习惯，提倡行业引领，专业追随行业，终端倒逼始端。应用专业的根在课程里，应用课程的根在教材里，应用教材的根在标准里，应用标准的根在行业里，线性的连续思路也是两元转化过程，从这一点走向另一点。我们按照这样的逻辑推动教材建设，希望阶段性成果能接地气。企业的技术变革速度快于大学，教材建设永远是过程，只能尽可能地缩短时差。

在《论语·子罕》中，孔子说："吾有知乎哉？无知也。有鄙夫问于我，空空如也。我叩其两端而竭焉。"他认为自己并不掌握什么知识，假使没文化的人来请教，他不知道如何回答。但是孔子自认为有一个长处，那就是"叩其两端而竭"，弄清正反、本末、雅俗、礼法、知行……把两极看透，把两极间的波动看清，在互证中获得深知与致知，此为会通之学。这时，"空空如也"就会变成"盈盈如也"。那"竭"字很有张力，有通吃的意思。孔子是老师，我们也是老师，即便努力向先师学习，我们也成不了圣人，但可以成为聪明些的常人。

世界是整块的，宇宙大爆炸后解散了，但依然恪守着严格的队列。《庄子》中有个混沌之死的故事，混沌代表"道"，即宇宙原本，亦为人之初，命之始，凿开七窍后，混沌死了。庄子借此说明，大道本来浑然一体，无所分界。"负阴而抱阳"，阳体中有阴眼，阴体中有阳眼。看出差别清醒，看出联系明晰。内视开天目，心里有数。

两元逻辑的重点不在"极"，而在"易"，两极互动相关，才能释放能量。道家以为，缺则全，枉则直，洼则盈，少则得，多则惑，兵强则灭，木强则折，坚强处下，柔弱处上，事物在反向转化中发展着。《周易》乃通变之学，计算机中的二进位制，也是在高速演算中演绎世界的。

哈佛大学等名校在检讨研究型大学的问题时，比较一致的看法是忽视了本科教育。本科是本，顶天不立地，脚步发飘。中国科学院原就有水平很高的研究生院，现在又成立了中国科学院大学，也要向下延伸到本科。高等教育的另一个极化问题出现在教学型高校中，许多人认为这里的主业是上课，搞不搞研究无关大局。其实科研是教学的内置要素，是两极，也是一体，两手抓，两手都要硬。科研好的教师不一定是好教师，但是科研不好的教师一定不是好教师，不爱搞学问的老师教不出会学习的学生，很难说教学质量有多高，老师自己都没有创新能力，怎么能培养出有创新能力的学生呢？两元思维是辩证的，不可一意孤行。我们的百部著述工程包含教学与科研两大系列，想表达的便是共荣理念，虽然水平有限，但信念是坚定的。

以《周易》名言收笔——"天行健，君子以自强不息。"

徐宏力

2016 年 7 月 17 日于龙口

前　言

在当代社会，应用文是每个人应掌握的工具之一，应用文写作是每个人应具备的技能之一，在知识经济时代，应用文已经社会化、大众化。作为公共基础课的应用文写作课程日益受到国内越来越多的高校的重视，绝大多数院校的各专业都开设了这门课程。

本书是适用于高等院校高职高专所有专业教学用的公共基础课教材。

近年来已出版的高职高专应用文写作教材，尽管同仁们进行了不懈的努力与探索，出版了一些富有特色的教材，但从整体上来看，绝大多数还没有突破传统的路数，如内容上多以法定公文为"重头戏"，或涉及的日常应用文极其有限，或体例上多重理论、轻训练，或选择的范文远离学生的日常学习和生活，最终致使高职高专学生学习本课程的疏离感较大，妨碍了学生对课程重要性的积极认知，限制了学生对课程学习的应有兴趣。本书在体例和练习的设定、文种和范文的选定上，尽可能克服以上问题，力求突出教材特色，以适应高职高专学生学习和使用的需求。

同时，本书也是我校教学改革成果之一。既方便课堂教学，也适合学生自主性学习。本书有如下特色。

一、突出职业性特征

应用文写作是一门应用性很强的课程，其种类繁多。为了突出教材的应用性与实用性，本书特根据相关行业岗位群的要求，精选了密切与就业岗位相关的六大类 45 种应用文体裁，重点讲解和训练，以突出其职业性特征。

二、采用模块化课程教学模式，以突出其职业的对应性

应用文写作职业对应性强，所以根据特定职业群能力要求，组织了相关的 7 个模块组织课程群，突出其职业对应性。

三、采用任务驱动模式处理课程学习环节

具体做法是，根据某一应用文写作的任务，讲解相关知识，提供典型案例，并设计相关联系，使理论与实践密切结合，一文一练，一课一得。既加强了教师与学生的互动，也加强了学生与学生的互动，有效培养学生解决问题的能力和团队协作精神；同时既利于写作技能的培养，更强化了其实用性。

四、更新范文和实例

根据有关部门最新的规定，对有关文体及其写作知识做了新的阐述。对各种文体的范文与练习也尽量遴选近几年出现的规范文本和事例。

本书由姜灵君主编，金红、王倩倩、杨会梓参加了编写。编写分工为：第一、第二、第七章由姜灵君编写；第三、第四章由金红编写；第五章由王倩倩编写；第六章由杨会梓编写。本书由王玉新教授任主审，最后由姜灵君负责全书的统稿。

本书在编写过程中参阅了一些应用文写作方面的著述，也引用了大量例文，有些例文根据需要做了一定的修改。因种种原因，未能一一征得作者同意，在此敬请谅解，并向原作者致以衷心感谢。

限于学力、时间等因素，我虽竭尽全力，但书中仍难免存在一些不足，欢迎各位读者和专家批评指正，使之有机会修订完善。

编 者

目　　录

第一章 绪 论

 学习目标与要求

1．理解应用写作的概念与内涵。
2．了解应用文的种类。
3．理解并掌握应用文写作的基本特征，重点是应用写作的语言要求。
4．了解提高应用写作能力的途径与方法。

 任务导入

北齐·颜之推《颜氏家训·勉学篇》记载："邺下谚曰：博士买驴，书券三纸，未有驴字。"
此典故为一则经典笑谈，讽刺了喜好空文长文却毫无用处的文字写作。其实做事为文，应该简洁明了，让人读之即懂，听之即明。
请问：故事中的博士如何写才能实现他的目的？

知识点击

一、应用写作的概念

人类自从有了文字就开始了写作活动。文字写作就是以语言文字为媒介，具有一定篇章组织的、表达某种思想的信息资料。从写作目的来说，文字写作可分为文学写作和应用写作两大类。顾名思义，用于抒发主观情感的写作称为文学写作，如诗歌、散文、小说、喜剧等。那何为应用写作？

应用写作古已有之。南朝·梁·刘勰《文心雕龙·书记》记载："虽艺文之末品，而政事之先务也。"这里，古人已将应用文与文学做了本质比照，同时明确并强调了应用文作用于现实的实用属性。

随着社会的发展进步，社会分工越来越细化，人们之间用文字处理事务的需求也越来越大，应用文的使用已非常广泛，几乎涉及各个领域、部门、阶层及个人。例如，科研工作离不开学术论文；行政工作离不开公文；企业经营离不开合同；打官司需用诉状；即使生病不能上课，也需用到请假条……相对其他文体来说，应用文的使用频率要高得多。著名教育家叶圣陶先生曾说过："大学毕业生不一定要能写小说诗歌，但一定要能写工作与生活中实用的文章，而且非写得既通顺又扎实不可"。

应用文是指机关团体、企事业单位、人民群众在工作、学习和生活中处理公私事务、表达意图、沟通信息时经常使用的具有实用价值和惯用格式的文体的总称。

在中国特色的社会主义市场经济条件下，应用文是任何机关团体、企事业单位和个人日常工作、生活中不可或缺的一个重要工具。许多人可以一辈子不写小说、诗歌、散文、剧本，但他在工作、生活、学习中免不了要写应用文，小到请假条，大到启事、计划、总结、通知、论文、合同等。

二、应用写作的种类

应用文的使用范围日益广泛，种类繁多，但分类标准各有不同。现从使用范围与内容性质上将应用文分为公务文书、日常文书、事务文书、职场文书、礼仪文书、专用文书六大类。

1. 公务文书

公务文书即公文，指党政机关传达政策法令、指导工作、沟通情况、交流经验等处理各种公务时使用的文书。根据 2012 年 4 月 16 日中共中央办公厅、国务院办公厅《党政机关公文处理工作条例》的规定，公文共有 15 种：决议、决定、命令（令）、公报、公告、通告、意见、通知、通报、报告、请示、批复、议案、函、纪要。

2. 日常文书

日常文书指单位或个人处理日常事务、解决问题时使用的文书，如条据类、书信类、告示类等。

3. 事务文书

事务文书指单位或个人用来传递信息、交流情况、制订计划、总结经验、调查情况、规范行为的文书，如计划、总结、调查报告、会议记录、简报、规章等。

4. 职场文书

职场文书指人们在工作职场中求职、竞聘、述职、履职、辞职等过程中使用的文书，如求职信、介绍或证明信、竞聘辞、述职报告、辞职信等。

5. 礼仪文书

礼仪文书指人们在喜庆、哀丧、欢迎、送别及其他社交场合中用以表示礼节经常使用的各种文书，如邀请函、聘书、感谢信、慰问信、开幕词、欢迎词、名片等。

6. 专用文书

专用文书指在特定商业或法律环境下，个人或公司使用的具有特定格式的专业文书，如合同、广告、商务函电、起诉状或答辩状等。

三、应用写作的特点

1. 文体的实用性

应用写作与文学写作的一个本质区别，就在于它有着明确的直接的实用性。文学写作是通过文学手段、技巧与形式，给读者以美的享受，有着认识生活、思考人生、陶冶情操的功能，但很难立即解决现实中的实际问题。而应用写作就是为解决实际需要才产生的，有着明确的实用性，如写一份合同，是为了保障双方利益与经济活动的正常进行；写一则广告，是为了宣传活动或产品；写一个通知，是为了布置、安排并保证顺利展开工作。因此，应用写作为事造文，生发于实际需要，落实于问题解决。

2. 格式的规范性

格式的规范性是应用写作的一个显著标志。每一种应用文体，在长期的使用过程中形成了较固定的格式，这些格式在人们使用过程中约定俗成并逐渐稳固下来，大家都要遵守。当然，格式也非一成不变的，但这种变化必须以社会公认为前提。

3．内容的真实性

内容真实是应用写作的生命。文学创作可以虚构，正如鲁迅所说的他小说中的人物模特儿，"没有专用过一个人，往往嘴在浙江，脸在北京，衣服在山西，是一个拼凑起来的角色"。文学来源于生活却又高于生活，创作时进行艺术加工是完全可以的，这样创造出来的形象更具概括力，也更能反映生活的本质。但应用写作不能这样，否则虚构的人与事、情节、细节乃至数字不但不能达成解决实际问题的目的，反而只会给工作和生活造成不良影响和损失。

4．读者的特定性

文学作品的读者对象具有广泛性和不确定性，任何人都可以购买或阅读一部文学作品。但应用文的读者大都明确具体，不管是公务文书中的"请示""通知"，还是日常文书中"申请"、"收据"，抑或是专业文书中的"起诉状""合同"还是职场文书中的"述职报告"、"求职信"，都有明确的读者对象。因为大多数应用文要解决实际问题，必须在需要发出者与信息接收者的沟通和互动中才能实现。

5．处理的时效性

不同于文学创作一般不强调时效性，应用写作是应需而写，因事生文，不管是写作内容还是流通运作，一般都讲究时效，否则就会影响实际问题的解决。例如，开会之前，必须写完并发出会议通知，否则写作无用且贻误工作；通报教育，应该以当下典型实例为教育模板，否则事过境迁不具说服力。

6．语言的朴实性

应用文是处理事务的工具，是为解决实际问题而写的，因此强调文风朴实无华，语言实在，不追求华丽辞藻，也不用含蓄、虚构，更不需很多文学修辞技巧，只需保证应用语言的准确、简洁、质朴、庄重。否则，只会冲淡实用主旨，不伦不类。

下面是两则应用文例文。

例 文 一

同志们：

中国共产党第十二次代表大会现在开幕。

我们这次代表大会的主要议程有三项：（一）审议第十一届中央委员会的报告，确定党为全面开创社会主义现代化建设新局面而奋斗的纲领；（二）审议和通过新的《中国共产党章程》；（三）按照新的党章的规定选举新的中央委员会、中央顾问委员会和中央纪律检查委员会。

（摘自邓小平：《中国共产党第十二次代表大会开幕词》）

例 文 二

一语未完，只听后院中有笑语声，说："我来迟了，没得迎接远客！"黛玉思忖道："这些人个个皆敛声屏气如此，这来者是谁，这样放诞无礼？"心下想时，只见一群媳妇丫头拥着一个丽人从后房进来：这个人打扮与姑娘们不同，彩绣辉煌，恍若神妃仙子。头上戴着金丝八宝攒珠髻，绾着朝阳五凤挂珠钗，项上戴着赤金缨络圈，身上穿着缕金百蝶穿花大红云缎窄袄，外罩五彩刻丝石青银鼠褂，下着翡翠撒花洋绉裙；一双丹凤三角眼，两弯柳叶吊梢眉，身量苗条，体格风骚：粉面含春威不露，丹唇未启笑先闻。黛玉连忙起身接见。贾母笑道："你不认得他：他是我们这里有名的一个泼辣货，南京所谓'辣子'，你只叫他'凤辣子'就是了。"……

（摘自《红楼梦》第三回）

四、应用写作的学习方法

1．端正写作态度

应用文写作学习过程中往往存在两种不正确的想法：一种是瞧不起应用写作，认为经历了中小学的作文训练，应用写作只是雕虫小技，而且因为它缺少艺术性和审美感，更无法与文学写作相提并论，因此对应用写作不屑一顾。这种想法是极其片面的，未能正确认识应用写作解决实务的本质功用。另一种是不敢写，有畏难情绪，生怕自己的写作水平太差，写不好解决不了问题。这种想法也要不得，因为当你正确认识到应用写作绝对服务于实际需求这一点，只要打消顾虑，端正态度，勤于练习，应用写作是能够学好的。

2．掌握基础理论

应用写作是一个公关技巧参与问题处理的过程，更是一种文字技能实现问题解决的过程。在学习应用写作时除了多读、多写、多改之外，更应掌握基本够用的理论知识和技能，既包括遣词造句、表情达意、谋篇布局等写作基本理论与技能，更包含应用写作的够用理论与基本技能，如文种常识、写作规范等。

3．加强自身修养

因为应用写作要解决的是个人或集体在社会生活或工作中的各种需要，是在社会范围内来解决的，所以，应用文体的作者应具备一定的政治理论素养甚至是各方面的修养，如对国家的路线方针政策的了解与理解、马克思主义的基本理论修养等，这样才能在实际写作中反映事实的本质，并杜绝出现政策性方面的差错。

 思考训练

一、填空题

1．应用文区别于文学的本质属性是_____。
2．南朝·梁·刘勰《文心雕龙·书记》中如何概括应用文：_____，_____。
3．应用文对语言的基本要求是_____、_____、_____、_____。

二、简答题

1．怎样理解应用文的概念？
2．请从实例中分析应用文"为事造文"的特征。
3．结合下面两篇文章说明应用文书与文学作品的区别。

关于制止乱砍滥伐森林的紧急指示

当前，许多地方再次出现了乱砍滥伐森林的歪风，并且，这股风还在继续蔓延扩大。产生这种情况的原因，主要是有关的党、政领导机关，对违法毁林事件的严重性认识不足，打击不力，有的甚至不抓不管，听之任之……只有对少数犯法者坚决给予打击，才能有效地刹住这股歪风，鼓励更多的人保护森林，发展林业，否则，百年树木，毁于一旦，将造成无法弥补的损失。为此，特紧急指示如下：

一、中共中央、国务院责成凡有森林地方的县委和县人民政府，负责监督护林法令的执行……

二、对于破坏森林的任何单位或者个人，要分别情况，该退赔的必须退赔，该罚款的必须

罚款，该判刑的要依法判刑。不管什么人，也不论是哪一级干部，犯法者同罪，不得姑息、包庇，或者借故掩护，顶着不办……

三、抓紧搞好稳定山权、林权，划定自留山，确定林业生产责任制工作。凡是没有搞完林业"三定"的地方，除国家计划规定的木材生产任务以外，其他采伐暂时一律冻结……

四、保护森林，发展林业是我国社会主义建设中的一个重大问题……各级党委和人民政府对坚决刹住当前乱砍滥伐森林的歪风……

伐木者，醒来！

1979 年春天，笔者曾有海南岛之行，一路上风光秀丽绿树成荫自不必说，在踏访五指山时却为扑面而来的浓烟滚滚所挡，询问之后才知道这是山民在烧山，从每年春节到 5 月是这里群众烧山的季节，刀耕火种，原来如此。

往浓烟深处走去，烟雾时浓时淡忽远忽近，在树木间飘忽，火光里一棵棵大树小树先是被浓烟吞没，继而是一树绿色变成焦炭状，然后小一些的树成为枯木倒下了，大树们则虽死犹立，必须再砍几刀才会倒下。

去年 5 月，有朋友从海南岛归来说及那边刀耕火种的情况，他所亲见的一如当年我所见到的，更令人不安的是盗伐森林的现象也日趋严重。刀耕火种是当地人民——尤其是黎、苗族少数民族的几千年的习惯，借以获得粮食而谋生的；盗伐者却不一样了，就是为了发大财，而全然不顾一些珍贵树木的珍赏价值，窃为己有。我们谈到有待开发的海南岛，尽管闭塞、落后，自然资源却是十分富饶的，这一片片绿色便是难得的宝库啊！新中国成立以来，海南岛上除了天然的森林以外，又种植了大量的以木麻黄、相思树为主的防护林带，抗风防沙，作为岛上自然森林植被的第一道防线，海南岛的海水蓝树木青花朵美无不与此血肉相关。

不可想象的是：海南岛上的绿色日渐见少，它将意味着什么？

……

保护海南的热带森林已属刻不容缓，盗伐之声放火烧荒应该休矣！

第二章　公务文书

第一节　公文概述

学习目标与要求

1. 了解公文的概念、分类、特点及各文种的适用范围。
2. 掌握公文的结构格式与规范写作。
3. 熟练应对公文解决公务需求的判断分析、准确选用和规范操作。

任务导入

××大学办公室要发放一份关于春节放假的通知，请问：应以何版式下发？

知识点击

一、公文的概念

2012年4月16日中共中央办公厅和国务院办公厅联合印发的《党政机关公文处理工作条例》（以下简称《条例》）第一章第三条给党政机关公文的定义是：党政机关公文是党政机关实施领导、履行职能、处理公务的具有特定效力和规范体式的文书，是传达贯彻党和国家的方针政策，公布法规和规章，指导、布置和商洽工作，请示和答复问题，报告、通报和交流情况等的重要工具。

二、公文的特点

公文作为应用文范畴中的一类，具有所有应用文共同的特征，如实用性、真实性、特定性、朴实性等，但由于其文种及功用的特殊性，仍有着不同于其他任何一类应用文的属性特征。

1. 作者的法定性

公文的作者与一般文章的作者所指不同，一般文章谁写的谁就是它的作者，而公文的作者不是随便谁都可以制发的，公文必须由法定的作者制成和发布。

公文的法定作者，是指依法成立，并能以自己的名义行使并承担义务的机关、组织或特定的代表机关组织的领导人。绝大多数情况下，公文是以机关的名义或机关某一部门的名义制发的。同时，不管是机关还是部门都必须在自己的职权范围内制发的公文才算法定公文。

公文有时也可用国家领导人或机关首长的名义，如中华人民共和国主席令、国务院总理令等。这是领导人行使自己职权的一种表现，但在名字前必须署上机关的名称与职务。

2．地位的权威性

公文是法定作者在法定职权范围内制发的，因此就代表一定机关的法定职能，具有法规和行政的强制性和约束性，受文机关必须严肃对待，认真理解，严格遵照执行。尊重公文的权威性，是正常发挥公文作用，保证机关工作效率，确保党和国家的路线、方针、政策得以贯彻实施的重要条件。例如，国务院的文件，代表了全国最高行政机关的意见，体现了中央人民政府的领导权威，全国各地各级行政机关都要执行。

3．功用的时效性

与所有应用文一样，公文也是为解决实际问题而制发的。公文既然代表机关的一定意志，那就没有一份公文是永久有效的，随着形势发展，旧公文总会不断被新公文所取代。公文在处理过程中有种情况是需要对方收文机关必须加急处理的一些工作，因此这样的公文对时效性的要求就更高，决不可拖泥带水，否则它的实用性就不存在，最终贻误工作。

4．写作的规范性

《条例》规定："公文一般由份号、密级和保密期限、紧急程度、发文机关标志、发文字号、签发人、标题、主送机关、正文、附件说明、发文机关署名、成文日期、印章、附注、附件、抄送机关、印发机关和印发日期、页码等组成。"因此，公文都有法定的规范的格式，是权威机关规定的，必须严格按照格式写作。这是公文不同于其他一般性应用文的又一重要区别。

5．制发的程序性

公文的制发和办理必须经过规定的严格的处理程序。公文的制发办理包括草拟、审核、签发、复核、登记、印制、核发等程序。公文的收文办理包括签收、登记、初审、承办、传阅、催办、答复等程序。公文办理完毕后，应根据《中华人民共和国档案法》和其他有关规定，及时整理并归档。

三、公文的分类

（1）根据《条例》的规定，我国当前党政机关的公文种类有决议、决定、命令（令）、公报、公告、通告、意见、通知、通报、报告、请示、批复、议案、函和纪要15种。

（2）根据行文关系和行文方向的不同，可将公文分为上行文、下行文、平行文3种。

上行文是具有隶属关系的下级机关或业务部门呈报给上级领导机关或业务主管部门的公文，如请示、报告等文种。下行文是具有隶属关系的上级领导机关或业务主管部门发给下级机关或业务部门的公文，如通知、通报、批复、命令（令）等文种。平行文是指同系统内的平级机关或不相隶属的机关、部门之间往来的公文，如函。

（3）根据公文的机密情况，可将公文分为保密公文与非保密公文两种。保密公文是指内容涉及党和国家安全，需限制一定范围、一定时间、一定人员阅读的重要公文，根据保密等级，又可分为绝密文件、机密文件和秘密文件三类。

（4）根据具体职能的不同，可将公文氛围指令性公文（如命令、决定）、知照性公文（如通知、通报）、报请性公文（如报告、请示）、联系性公文（如函）、实录性公文（如纪要）等几大类。

四、公文的格式

根据2012年6月29日发布的国家标准GB/T 9704—2012《党政机关公文格式》的规定，党政公文版心内的格式由版头、主体、版记三部分组成。

（一）版头

公文版头部分一般由份号、密级和保密期限、紧急程度、发文机关标志、发文字号、签发人、分割线 7 个要素构成。

1．份号

份号是指公文印制份数的顺序号。涉密公文应标注份号，一般用 6 位 3 号阿拉伯数字，顶格标注在版心左上角第一行。

2．密级和保密期限

涉密公文应根据涉密程度分别标注"绝密"、"机密"、"秘密" 3 个密级。如需标注密级，用 3 号黑体字，顶格编排在版心左上角第二行；如需同时标注密级和保密期限，用 3 号黑体字，顶格编排在版心左上角第二行，密级和保密期限间用"★"隔开。保密期限中的数字用阿拉伯数字标注。

3．紧急程度

紧急程度是指公文送达和办理的时限要求。根据紧急程度应分别标注"特急"、"加急"。如需标注紧急程度，用 3 号黑体字，顶格标注在版心左上角。如需同时标注份号、密级和保密期限、紧急程度，按照 4 项顺序自上而下分行排列于版心左上角。

4．发文机关标志

由发文机关全称或规范化简称加"文件"二字组成，也可使用发文机关的全称或规范化简称。

发文机关标志居中排布，上边缘至版心上边缘 35 毫米，推荐使用小标宋体字，颜色为红色，以醒目、美观、庄重为原则。联合行文时，应将主办机关名称排列在前，如有"文件"二字，应置于发文机关名称右侧，上下居中排布；如联合行文机关过多，必须保证公文首页显示正文。

5．发文字号

发文字号由发文机关代字、年份、发文顺序号组成，在发文机关标志下空两行居中排布。年份、发文序号用阿拉伯数字标注，年份标全称，用六角括号"〔〕"括入；发文顺序号不加"第"字，不编虚位（如 1 不编为 01），在阿拉伯数字后加"号"字。例如，"国办发〔2015〕5 号"中，"国办发"表示公文由国务院办公厅制发的；"〔2015〕"表示公文是 2015 年制发的；"5 号"表示是国务院办公厅 2015 年所发的第 5 号公文。

联合行文，只标明主办机关发文字号。上行文的发文字号居左空一字编排，与最后一个签发人姓名处在同一行。

6．签发人

上行公文应标注签发人姓名，由 3 号仿宋字体"签发人"三字加全角冒号和 3 号楷体字签发人姓名组成，编排在发文机关标志下空两行，居右空一字。如有多个签发人，签发人姓名按照发文机关的排列顺序从左到右、自上而下依次均匀排列，一般每行排两个姓名，回行时与上一行第一个签发人姓名对齐。

7．分隔线

发文字号下 4 毫米居中印一条与版心等宽的红色分隔线。

（二）主体

主体部分一般由标题、主送机关、正文、附件说明、发文机关署名、成文日期、印章、附注、附件等要素构成。

1．标题

标题由发文机关名称、事由和文种组成，如《教育部办公厅关于做好 2015 年寒假期间有关工作的通知》。

一般用 2 号小标宋体字，编排于红色分割线下空两行位置，分一行或多行居中排布；回行时，要做到词意完整，排列对称，长短适宜，间距恰当，标题排列应使用梯形或菱形。

2．主送机关

主送机关指公文的主要受理机关，应使用机关全称或规范化简称。

编排于标题下空一行位置，居左顶格，回行时仍顶格，最后一个机关名称后标全角冒号。如主送机关名称过多导致公文首页不能显示正文时，应将主送机关名称移至版记。

3．正文

正文是公文的主体，用来表述公文的内容。公文首页必须显示正文。一般用 3 号仿宋体字，编排于主送机关名称下一行，每个自然段首行左空两字，回行顶格。

文种结构层次序数依次可用"一、"、"（一）"、"1."、"（1）"；一般第一层用黑体字，第二层用楷体字，第三层和第四层用仿宋体字标注。

4．附件说明

附件说明是指公文附件的名称。如有附件，在正文下空一行左空两字，编排"附件"二字，后标全角冒号和附件名称。如有多个附件，使用阿拉伯数字标注附件顺序号（如"附件：1.×××××××"）；附件名称后不加标点符号。附件名称较长需回行时，应当与上一行附件名称的首字对齐。

5．发文机关署名、成文日期和印章

发文机关署名应署发文机关的全称或规范化简称。成文日期署会议通过或发文机关负责人签发的日期；联合行文时，署最后签发机关负责人签发的日期。公文中有发文机关署名的，应加盖发文机关印章，并与署名机关相符；有特定发文机关标志的普发性公文和电报可不加盖印章。

（1）加盖印章的公文。

成文日期一般右空四字编排，印章用红色，不得出现空白印章。

单一机关行文时，一般在成文日期之上、以成文日期为准居中编排发文机关署名，印章端正、居中下压发文机关署名和成文日期，使发文机关署名和成文日期居印章中心偏下位置，印章顶端应上距正文（或附件说明）一行之内。

联合行文时，一般将各发文机关署名按照发文机关顺序整齐排列在相应位置，并将印章一一对应、端正、居中下压发文机关署名，最后一个印章端正、居中下压发文机关署名和成文日期，印章之间排列整齐、互不相交或相切，每排印章两端不得超出版心，首排印章顶端应上距正文（或附件说明）一行之内。

（2）不加盖印章的公文。

单一机关行文时，在正文（或附件说明）下空一行右空两字编排发文机关署名，在发文机关署名下一行编排成文日期，首字比发文机关署名首字右移两字，如成文日期长于发文机关署名，应使成文日期右空两字编排，并相应增加发文机关署名右空字数。

联合行文时，应先编排主办机关署名，其余发文机关署名依次向下编排。

（3）加盖签发人签名章的公文。

单一机关制发的公文加盖签发人签名章时，在正文（或附件说明）下空两行右空四字加盖签发人签名章，签名章左空两字标注签发人职务，以签名章为准上下居中排布。在签发人签名章下空一行右空四字编排成文日期。

联合行文时，应先编排主办机关签发人职务、签名章，其余机关签发人职务、签名章依次向下编排，与主办机关签发人职务、签名章上下对齐；每行只编排一个机关的签发人职务、签名章；签发人职务应标注全称。签名章一般用红色。

（4）成文日期。

用阿拉伯数字将年、月、日标全，年份应标全称，月、日不编虚位（如1不编为01）。

（5）特殊情况说明。

当公文排版后所剩空白处不能容下印章或签发人签发章、成文日期时，可采取调整行距、字距的措施解决。

6．附注

附注是公文印发传达范围等需要说明的事项。如有附注，编排在成文日期下一行居左空两字，并加圆括号。

7．附件

附件是公文正文中的说明、补充或参考资料。

如有附件，当另面编排，并在版记之前，与公文正文一起装订。"附件"二字及附件顺序号用3号黑体字顶格编排在版心左上角第一行。附件标题居中编排在版心第三行。附件顺序号和附件标题应与附件说明的表述一致。附件格式要求同正文。

如附件与正文不能一起装订，应在附件左上角第一行顶格编排公文的发文字号并在其后标注"附件"二字及附件顺序号。

（三）版记

版记一般由分割线、抄送机关、印发机关和印发日期、页码等组成。

1．分割线

版记中的分割线与版心等宽，首条分割线和末条分割线用粗线（推荐高度为0.35毫米），中间的分割线用细线（推荐高度为0.25毫米）。首条分割线位于版记中第一个要素之上，末条分割线与公文最后一面的版心下边缘重合。

2．抄送机关

抄送机关是除主送机关外需要执行或知晓公文内容的其他机关，应当使用机关全称、规范化简称或同类型机关统称。

如有抄送机关，一般用4号仿宋体字，在印发机关和印发日期之上一行、左右各空一字编排。"抄送"二字后加全角冒号和抄送机关名称，回行时与冒号后的首字对齐，最后一个抄送机关名称后标句号。

如需把主送机关移至版记，除将"抄送"二字改为"主送"外，编排方法同抄送机关。既有主送机关又有抄送机关时，应将主送机关置于抄送机关上一行，之间不加分割线。

3．印发机关和印发日期

印发机关和印发日期一般用4号仿宋体字，编排在末条分割线之上，印发机关左空一字，印发日期右空一字，用阿拉伯数字将年、月、日标全，年份应标全称，月、日不编虚位（如1不编为01），后加"印发"二字。

版记中如有其他要素，应将其与印发机关和印发日期用一条心分割线隔开。

4．页码

页码一般用4号半角宋体阿拉伯数字，编排在公文版心下边缘之下，数字左右各放一条一字线；一字线上距版心下边缘7毫米。单页码居右空一字，双页码居左空一字。公文的版记页前有空白页的，空白页和版记页均不编排页码。公文的附件与正文一起装订时，页码应连续编排。

（四）公文排版规格与印制装订要求

公文用纸采用 A4 型纸，其成品幅面尺寸为 210 毫米×297 毫米。

公文用纸天头（上白边）为 37 毫米±1 毫米，公文用纸订口（左白边）为 28 毫米±1 毫米，版心尺寸为 156 毫米×225 毫米。

如无特殊说明，公文格式各要素一般用 3 号仿宋体字。特定情况可做适当调整。

公文一般每面排 22 行，每行排 28 个字，并撑满版心。特定情况可做适当调整。

如无特殊说明，公文中文字的颜色均为黑色。

公文应双面印刷左侧装订，不掉页。

公文版式的排列式样如图 2-1 和图 2-2 所示。

（五）公文的行文规则

根据《条例》的规定，公文有以下行文规则。

（1）行文应当确有必要，讲求实效，注重针对性和可操作性。

（2）行文关系根据隶属关系和职权范围确定。一般不得越级行文，特殊情况需要越级行文的，应当同时抄送被越过的机关。

（3）下行文规则。

① 主送受理机关，根据需要抄送相关机关。重要行文应当同时抄送发文机关的直接上级机关。

② 党委、政府的办公厅（室）根据本级党委、政府授权，可以向下级党委、政府行文，其他部门和单位不得向下级党委、政府发布指令性公文或在公文中向下级党委、政府提出指令性要求。需政府审批的具体事项，经政府同意可有政府职能部门行文，文中需注明已经政府同意。

③ 党委、政府的部门在各自职权范围内可以向下级党委、政府的相关部门行文。

④ 涉及多个部门职权范围内的事务，部门之间未协商一致的，不得向下行文；擅自行文的，上级机关应责令其纠正或撤销。

⑤ 上级机关向受双重领导的下级机关行文，必要时抄送该下级机关的另一个上级机关。

（4）上行文规则。

① 原则上主送一个上级机关，根据需要同时抄送其他相关上级机关和同级机关，不抄送下级机关。

② 党委、政府的部门向上级主管部门请示、报告重大事项，应当经本级党委、政府同意或授权，属于部门职权范围内的事项应直接报送上级主管部门。

③ 下级机关的请示事项，如需以本机关名义向上级机关请示，应提出倾向性意见后上报，不得原文转报上级机关。

④ 请示应一文一事，不得在报告等非请示性公文中夹带请示事项。

⑤ 除上级机关负责人直接交办事项外，不得以本机关名义向上级机关负责人报送公文，也不得以本机关负责人名义向上级机关报送公文。

⑥ 受双重领导的机关向一个上级机关行文，必要时应抄送另一个上机机关。

（5）联合行文规则。

同级党政机关、党政机关与其他同级机关必要时可以联合行文。属于党委、政府各自职权范围内的工作，不得联合行文。

党政、政府的部门依据职权可以相互行文。部门内设机构除办公厅（室）外不得对外正式行文。

```
000001
机密★2 年
特急


            ××××文件


            ××〔2015〕1 号


        ××××关于××××的通知

××××：
        × × × × × × × × × × × × × × × × × × × × ×
× × × × × × × × × × × × × × × × × × × × × × × ×
× × × × × × × × × × × × × × × × × × ×。
        × × × × × × × × × × × × × × × × × × × × ×
× × × × × × × × × × × × × × × × × × × × × × × ×
× × × × × × × × × × × × × × × × × × ×。
        × × × × × × × × × × × × × × × × × × × × ×
× × × × × × × × × × × × × × × × × × × × × × × ×
× × × × × × × × × × × × × ×。
```

图 2-1　公文首页版式 1

000001
机密★2 年
特急

××××文件

××〔2015〕1 号	签发人：×××

××××关于××××的请示

××××：

　　××××××××××××××××××××××××××××××
××××××××××××××××××××××××××××××××
××××××××××××××××××××××××。

　　××××××××××××××××××××××××××××××
××××××××××××××××××××××××××××××××
××××××××××××××××××××××××××××××××
×××××××××××××××××××××××。

　　××××××××××××××××××××××××××××××
×××××××××××××××××。

-2-

图 2-2　公文首页版式 2

×××××××××××××××××××××
×××××××××××××××××××××
×××××××××××××××××××××
×××××××××××××××××××××
×××××××××××××××××××。

　　附件：1.××××××
　　　　　2.××××××

（此处加盖机关印章）
××××办公室
2015 年 9 月 16 日

（×××××××）

抄送：×××，×××，×××，×××，×××，×
×，××××，×××。

×××××××××　　　　　　2015 年 9 月 16 日印发

图 2-2　公文首页版式 2（续）

例文评析

××大学校长办公室文件

××办〔2015〕25 号

××大学校长办公室
关于 2015 年春节放假的通知

各单位：

　　根据《国务院办公厅关于 2015 年部分节假日安排的通知》（国办发明电〔2015〕××号）谨慎，结合我校实际，现将 2015 年春节放假有关事宜通知如下：

　　一、放假时间

　　……（具体内容略）

　　二、工作安排

　　……（具体内容略）

　　三、放假要求

　　……（具体内容略）

　　附件：2015 年春节假期值班表

××大学校长办公室（印章）

2015 年 1 月 3 日

××大学校长办公室	2015 年 1 月 3 日印发

　　简析：这是一份学校校办下发的红头文件——通知，此份通知属公开下发，因此版头只需写清发文机关标志和发文字号两项内容即可，主体部分由标题、主送机关、正文、附件说明、发文机关署名、成文日期及公章组成，版记部分只保留印发机关和印发时间两项。格式规范，值得借鉴。

思考训练

一、填空题

1. 党政机关公文的特点是_____、_____、_____、_____、_____。
2. 根据行文关系和行文方向的不同，公文可分为_____、_____、_____。
3. 公文版心内基本结构由_____、_____、_____构成。
4. 公文的发文字号由_____、_____、_____组成。
5. 最简单的公文版头必须具备的两项基本要素是_____、_____。
6. 哈尔滨啤酒厂于 2014 年 5 月 16 日发出的第 29 号文件，其发文字号为_____。
7. 公文版头中有密级标注，可标明_____或_____或_____等字样。
8. 上报公文必须在版头处标明_____。

二、判断题

判断对错，错误的请说明理由并予以改正。

1. 公文的成文时间应以拟写完的日期为准。
2. 上报公文需在版头标注签发人并签字，因此只有上报公文才需要领导签发。
3. 公文版头中份号和密级总是同时出现。
4. 附件对公文起补充说明作用，一般不重要可以不写。

三、改错题

请根据公文版面规范指出下列排版不当之处，并予以改正。

机密	
××县人民政府文件	
	×政办发（15）05 号
××县人民政府切实做好春耕生产准备工作的通知	
各乡镇党委、人民政府、县委、县政府各部门：	
为了切切实实做好 2015 年春耕生产准备工作、加快实现"农业增效工程"，现将有关事项通知如下：	
1、……（具体内容略）	
2、……（具体内容略）	
3、……（具体内容略）	
附件：《……》、《……》	
	××县人民政府印章
	15 年 6 月 15 日
抄送：无	
××县人民政府办公室	15 年 6 月 25 日印发

第二节 通知 通报

 学习目标与要求

1. 掌握通知、通报的适用范围。
2. 熟练掌握通知、通报的结构和写作规范。
3. 明确通知与通报的区别。
4. 模拟写作，培养撰写通知、通报解决公务的能力。

通 知

 任务导入

张丽是××学院院长办公室主任助理，临近暑假，学校要对 2015 年暑假放假工作做出相关安排和说明，以保证师生按时离校和返校，并保障学校各项工作的有序交接。张丽需以院长办公室的名义拟写一份通知并下发。请问：张丽要怎样写？

知识点击

一、通知的概念

通知适用于发布、传达要求下级机关执行和有关单位周知或者执行的事项，批转、转发公文。

通知多见下行文，但有时带有普发性。

二、通知的特点

1. 广泛性

在国家党政机关、人民团体、企业和事业单位的公务活动中，通知起着承接上下、联系内外的多方面作用。

（1）它可以用于传达上级机关的指示，可以用于要求下级机关办理某一事项，也可以告知下级机关需要知道的事项，因此，它具有"告知""传达"和"领导"的作用。

（2）它可以用于批转下级机关的公文，也可以用于转发上级机关、同级机关和不相隶属机关的公文，因而它又具有"桥梁"和"纽带"的作用。

（3）它在发挥上述几大作用的同时，又必然具有"记载"和"凭证"的作用。

因此，在所有公文中通知的数量居首位，其作用广泛，一切机关与社会组织均可制发通知，但有时也可不受机关或组织性质、级别的限制。

2.知照性

通知二字的字面意思是接通信息渠道让接受对象知照情况，晓谕事项，因此，通知的主要功能在于告知或传达。

三、通知的分类

1.发布类通知

发布类通知是上级机关发布一般行政法规、条例、办法等规章时所用的通知，如《深圳市人大常委会关于印发<深圳经济特区居民就业促进条例>的通知》。

2.批示类通知

批示类通知是批转下级机关的公文，或者转发上级机关、同级机关和不相隶属机关的公文时所用的通知，如《广东省人民政府批转省工商局关于做好<中华人民共和国合同法>贯彻实施工作意见的通知》。

3.指示类通知

上级机关对下级机关的某项工作有所指示，要求办理或执行而根据公文内容又不适于用命令时，则用指示类通知，如《新乡市人民政府关于对新乡市制药股份有限公司实行停产治理的通知》。

4.会议类通知

上级机关召开比较重要的会议，不宜用电话或其他形式通知，可提前向所属有关单位发会议通知，如《××省教育厅关于召开全省普通高校教学经验交流暨先进集体个人表彰大会的通知》。

5.任免类通知

上级机关在任免下级机关的领导人或上级机关的有关任免事项需要下级机关知晓时，要发任免通知，如《××大学关于李劲等同志职务任免的通知》。

6.事务类通知

上级机关的有关事项需下级机关知晓或办理时，用事务类通知。这种通知发送对象广泛，对下级机关、同级机关均可发送。例如，启用印章，成立、调整或撤销某个机构，办公地址迁移，催报材料、报表，变更作息时间等，如《××市人民政府办公室关于启用新印章的通知》。

四、通知的结构与写法

1.标题

通知的标题一般由发文机关、事由和文种三部分构成，如《××大学教务处关于做好期中教学检查工作的通知》、《湖北省人民政府关于抗洪救灾的紧急通知》。但同时应注意以下两点。

（1）发布类通知标题中的事由，由"关于颁布"、"关于发布"、"关于印发"、"关于实施"等词语与被发布规章法令的名称（带书名号）组成，如《国务院办公厅关于发布<国家行政机关公文处理办法>的通知》、《国土资源部关于发布和实施<工业项目建设用地控制指标>的通知》。

（2）批示类通知的标题中的事由，由"批转"或"转发"与被批转或被转发文件组成，如《国务院批转<环保总局关于三峡库区水面漂浮物清理方案>的通知》、《××市人民政府批转××局关于做好防洪工作的报告的通知》、《国务院办公厅转发全国妇幼卫生工作会议纪要的通知》、《××省人民政府关于转发国发〔2013〕18号文件的通知》。若被转发或批转的公文文种也是通知，为简明起见，可省略文种"通知"一项，如《××省人民政府转发人事部关于×××同志恢复名誉后享受××级待遇的通知》。

2．主送机关

写接收通知的单位名称，在标题下、正文前一行顶格书写。

3．正文

主送机关下一行，空两行写正文，包括通知缘由、通知事项、通知要求三部分。不同种类的通知，其正文写法有所不同。

发布类通知和批示类通知都属于复合式通知，由通知文件本身与被发布或被批示的文件构成。正文一般需说明发文的缘由、意义、目的，写明被发布或被批示的法令或文件，提出执行要求即可。有的批示类通知，不仅要表明本机关的态度，还要结合本地区、本单位、本部门的实际情况做出具体的指示性意见。此两类通知对下级机关要求的通用语有"请遵照执行"、"请研究执行"、"请认真贯彻执行"等。结尾语后被发布或被批示的文件应作为附件规范标明。

指示类通知的正文，缘由部分可写发出本通知的依据或目的，也可写发出本通知的意义，文字应力求简短概括，然后用"特作如下通知"或"特通知如下"等过渡语转入通知的内容，具体提出要求、措施和办法，此部分多采用分条列项法。结尾可用惯用词语"特此通知"，但也可不用。

会议类通知的正文，一般包括召开会议的机关、会议名称、会议起止时间、地点、会议内容和任务、参加会议人员的条件和人数、报到时间及地点、与会人员需携带的文件材料等内容。

任免类通知的正文，应写清决定任免的时间、机关、会议或依据文件，任免人员的具体职务。事务类通知的正文，应明确需知晓或办理的事项，办理的事项应说明完成时间和要求等。

4．落款

落款跟其他公文一样，应发文机关署名、印章和发文日期3项完整。

五、通知的写作要求

（1）拟写通知，主题要集中，重点要突出，措施及要求要具体。

（2）通知一般要实现告知、传达甚至指示的功用，因此通知的制发应讲究时效，以便提高效率，不贻误时机耽误工作。

（3）需要强调的是通知的正文部分要求一文一主题，即只说明一件事情或布置一项工作。不要在一份通知中传达许多事情或多种目的。

例文评析

例　文　一

××公司关于印发《高层次人才服务工作实施方案》的通知

公司各部门、各直属单位：

为做好引进高层次人才服务工作，优化人才发展环境，推动我公司的科技创新，现将《高层次人才服务工作实施方案》印发给你们，请遵照执行。

附件：高层次人才服务工作实施方案

××公司（印章）

2015 年 4 月 2 日

简析：这是一则发布类通知，发文缘由、发布内容、执行要求 3 项结构完整，格式规范，附件说明必要清晰，可以借鉴。

例 文 二

国务院关于批转促进就业规划（2011—2015 年）的通知

各省、自治区、直辖市人民政府，国务院各部委、各直属机构：

国务院同意人力资源社会保障部、发展改革委、教育部、工业和信息化部、财政部、农业部、商务部制定的《促进就业规划（2011—2015 年）》，现转发给你们，请认真贯彻执行。

附件：促进就业规划（2011—2015 年）

国务院（印章）

二〇一二年一月二十四日

简析：这是一则批示类通知中的批转性通知，发文缘由省略，对下级机关呈报的《促进就业规划（2011—2015 年）》先批准，再转发，最后提要求，结构简单完整，便于下级执行。

例 文 三

国务院关于调整证券交易印花税中央与地方分享比例的通知

各省、自治区、直辖市人民政府，国务院各部委、各直属机构：

为妥善处理中央与地方的财政分配关系，国务院决定，从 2016 年 1 月 1 日起，将证券交易印花税由现行按中央 97%、地方 3% 比例分享全部调整为中央收入。有关地区和部门要从全局出发，继续做好证券交易印花税的征收管理工作，进一步促进我国证券市场长期稳定健康发展。

国务院（印章）

2015 年 12 月 31 日

简析：这是一则指示类通知，发文缘由、指示具体工作、执行要求三部分内容完整，主体内容为调整后的新比例及执行要求，语言简洁有力，凸显通知的执行力。

例 文 四

××学院关于 2015 年暑假放假的通知

各单位：

为做好暑假期间的各项工作，根据学校校历安排，并结合我校实际情况，现将 2015 年暑假放假相关工作通知如下：

一、放假时间

学生放假时间：自 2015 年 7 月 16 日起至 9 月 2 日止，共 50 天。

教职工放假时间：自 2015 年 7 月 20 日起至 8 月 16 日止，共 29 天。

二、师生离校与返校时间

（一）教职工在完成工作任务后于 7 月 15 日下午 4:30 后可离校。二级学院要安排专人检查成绩录入情况。成绩录入、试卷归档等工作经教务处、考务中心等部门验收无误后，二级学院管理人员方可离校。

（二）学生于9月3日至9月4日返校报到。9月5日正式上课。

（三）教师于8月17日8:00上班。

三、工作要求

（一）各单位要做好暑假工作安排，明确分工、强化责任，确保各项工作任务在假期中不中断、不拖延、不耽误，均得到有效落实。请各单位认真填写《2016年暑假工作安排统计表》（见附件1），经单位责任人签字盖章后，于7月11日前报党政办公室备案。党政办公室将牵头组织有关单位，对假期工作开展情况进行督导、落实。

（二）各单位要增强安全意识，克服麻痹思想和侥幸心理，离校前搞好室内外卫生，做好安全自查工作，锁好门窗，关闭室内电源，重点房间一律贴封条；妥善保管贵重教学设备及私人物品；放假前由后勤管理处牵头组织专人对各单位进行一次以防火、防盗、防汛为重点的安全检查，及时发现并排除安全隐患。

（三）各单位要教育广大师生妥善安排假期事务和行程，提高安全意识，避免溺水、火灾、交通等意外事故发生；文明守法，拒绝封建迷信和邪教组织，不酗酒，严禁参与黄、赌、毒等活动，确保师生度过一个文明、安全、愉快的假期。

四、暑假值班安排

（一）值班时间

教　师值班时间：上午8:00至下午5:30。

保卫科值班时间：下午5:30至次日上午8:00。

（二）值班电话

第一校区：×××××××（办公室）、×××××××（保卫科）。

第二校区：×××××××（办公室）、×××××××（保卫科）。

（三）值班地点

第一校区：行政楼201室。

第二校区：行政楼204室。

（四）值班职责和要求

1. 负责学校财产安全。

2. 做好值班记录，重要电话、通知等要及时处理，并向带班领导及时汇报。

3. 值班人员要认真负责，严禁酗酒、赌博及擅自离岗，不得脱岗、空岗、换岗。确有特殊情况需调岗时，必须自行找好替班教师，并向学校办公室主任请假。

4. 值班室钥匙到保卫科交接。

（五）值班人员安排

请各单位领导及时将值班安排和要求通知到每位值班人员，具体安排见附件2。

附件：1. 2015年暑假工作安排统计表

　　　2. 2015年暑假值班表

××学院（印章）

2015年7月8日

简析：这是一则事务类通知，明确了需接收单位知晓和办理的时间、事项等具体工作信息，语言简洁明白，结构规范完整。

思考训练

一、填空题

1．通知适用于发布、传达要求_____执行和_____周知或者执行的事项，_____公文。

2．通知的主要作用是_____和_____，因此，_____和_____是通知的两大特点。

3．按具体内容划分，通知可分为_____、_____、_____、_____、_____、_____六大类。

二、判断题

判断对错，错误的请说明理由。

1．为贯彻执行上级文件精神，××省农林厅需召开各市农林局局长会议，传达精神布置工作，应下发会议通知。

2．A公司为扩大生产规模欲进行厂区改造，但需要公司所在街道的配合，特向街道办事处制发通知。

3．××县人民政府关于转发《××市人民政府关于转发〈××省人民政府关于转发人事部×××同志恢复名誉后享受××级待遇的通知〉的通知》。

三、写作练习

（一）请结合材料拟写标题。

1．国务院同意了财政部的《关于国营企业奖金税暂行规定》，并转发给各省、自治区、直辖市人民政府及国务院各部委、各直属机构。

2．××公司制定了《2015年年终奖金发放办法》并发给各部门且要求认真执行。

3．国家发展改革委已将《国家发展改革委关于降低国内成品油价格的通知》下发，北京市发展和改革委员会需将其转发给各下级单位。

4．××市公安局办公地址迁移，为不影响事务处理和工作，需告知各单位。

（二）根据材料拟写通知。

1．全国市场营销协会决定于2012年9月10～16日在广西壮族自治区南宁市召开一年一度的营销协会年会，于8月28日发出会议通知。会议的内容是研究和探讨当前营销学的有关学术问题和热点问题，全国市场营销协会的会员均可参加。会期为7天，9月10日报到，报到和开会地点是南宁军区空军招待所。要求每位与会者于会前半个月交来相关学术论文一篇，邮箱为nxky@163.com，论文文档名称为"作者+论文题目"，会务费自理。

2．××区教育局向××市教委送交了一份《××区教育局关于中小学开展爱国主义教育的情况报告》，市教委认为这个报告写得很好，要将此报告批转给××市所有区的教育局。

（三）修改下面两份通知。

1.
×市教育局、×市财政局关于颁发
"大专院校校办工厂财务管理试行办法"的通知

各区县教育局、财政局：

我们在总结×大学校办工厂生产财务管理经验的基础上，拟定了"大专院校校办工厂财务管理试行办法"，并报经市人民政府同意。现发给你们试行，请将试行中的问题和意见及时告诉我们，以便进一步研究修订，特此通知。

2013 年 8 月 7 日

2.
××省教育厅批转教育部
《关于做好 2013 年高校招生工作的意见》的通知

各地市教育局、各高等学校：

现将教育部《关于做好 2013 年高校招生工作的意见》批转给你们，请认真贯彻执行，不得有误。

××省教育厅
二〇一三年四月十五日

知识拓展

一、指示类通知与事务类通知的异同

指示类通知与事务类通知都是发文机关对收文机关在某项工作上的具体信息说明或布置安排。但指示类通知多见政策性内容，带有强制性、指挥性和决策性。事务类通知多是某些工作的具体安排、要求或信息，不具有决策性但涉及具体工作的实施。

二、发布类通知、批示类通知的异同

发布类通知、批示类通知都属于复合式通知，由通知文件本身与被发布或被批示的文件构成。

发布类通知是印发本机关单独或联合制定的法规、条例、办法等规章，为引起下级机关重视或要求下级机关贯彻执行时使用。而批示类通知是批转下级机关或转发上级机关、同级机关、不相隶属机关的公文、计划或办法时使用。

批示类通知中的批转类通知和转发类通知，发文意图和写作内容不同，前者必须先"批"再"转"后提要求，后者无"批"只"转"后提要求。

通　　报

任务导入

2013 年 9 月 15 日，××大学自动化学院电子工程专业的刘敏和路烨一同外出为班级采购宣传用品，路遇一歹徒抢劫路人，面对手持凶器、穷凶极恶的歹徒，两位同学毫不畏惧，智斗歹徒，最终将劫犯制服并及时报警。社会各界对两位大学生评价极高，此事在校园内也成为美

谈。学校学生处为弘扬社会正气，表彰两位同学，特发通报。请问：通报该如何写才能达成校方意愿？

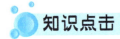 知识点击

一、通报的概念

通报是一种适用于表彰先进，批评错误，传达重要精神和告知重要情况的公文。

通报和通知都具有传达和告知的作用，在这一点上，它们都属于传达和告知性公文。但通报又可用于表扬和批评，因此，它又属于奖励和告诫性公文。

通报是一种下行文，但有时也可面向社会普发。

二、通报的特点

（1）告知性。通报是在特定范围内普遍告知、传达情况，或者表彰、批评，以达到宣传和教育的作用。

（2）真实性。通报必须以具体事实为基础，不管表扬性的还是批评性的通报，内容必须完全真实，否则，通报的作用将适得其反。

（3）典型性。通报所涉及的事例应具有普遍性、典型性和代表性，事实越典型，其警示和借鉴意义越大，否则，只有个性没有普遍意义的题材，无法反映、揭示规律，就不具有广泛的指导、宣传、教育价值。

（4）时效性。通报应适时发布，它涉及的事实较为具体，对发生的时间、地点等要素都要进行交代，其内容总是跟特定时期背景紧密联系，因此，通报的制发应迅速及时，以免事过境迁，失去其沟通情况、宣传教育的积极作用。

三、通报的分类

（一）按通报内容与性质划分

1. 表扬通报

表彰通报是用来表彰先进单位或个人的。通过介绍先进事迹、推广典型经验，号召大家学习。

2. 批评通报

批评通报是用来批评严重错误的，如对重大责任事故的处理、对违纪案件处分决定的公布等，希望被通报者和大家吸取教训，以示警戒。

3. 情况通报

情况通报是用来传达重要精神、沟通重要情况的。常见的情况通报内容主要有工作进展情况、落实情况、评比检查结果等，为让下级单位对一些重要事件或全局状况有所了解，上级机关应适时发布情况通报。

（二）按通报发布形式划分

1. 直述式通报

直述式通报是由发文机关直接表述被通报事件，是单体行文。

2．转述式通报

转述式通报是发文机关将下级机关报送的通报、报告、简报、总结、计划等，以通报名义加以转发，间接叙述被通报事件，是复体行文。

四、通报的结构与写法

1．标题

通报的标题由发文机关、事由、文种组成，如《××市第二中学关于对×××打架斗殴事件的通报》、《××市人民政府关于张潇秉公办事不受礼的表彰通报》、《××局关于2013年各部门报送公文、简报情况的通报》。

2．主送机关

除普发性的通报外，其他一般通报都应标明受文对象和范围，书写格式与一般公文相同。

3．正文

通知正文的写法，因种类不同而有所区别。

（1）转述式通报和直述式通报的正文写法有所不同。

转述式通报中被转述的下级机关报送的通报、报告、简报等已作为附件出现，正文中不必直接详细叙述所要通报的事实。正文开头要交代转发的文件名称，并对转发事实加以分析、评论，然后说明转发的目的并提出要求。直述式通报中无转发文件作附件，应围绕通报事实完整表述。

（2）直述式通报，不同内容的通报，其正文写法有所区别。

① 表扬通报和批评通报正文一般由主要事实、事实评析、奖惩决定及希望要求四部分组成。

表扬通报正文，首先简明扼要介绍有关单位或个人的主要事迹或先进经验，写清事情的时间、地点、人物、事件与结果；然后对上述事件进行分析、评论，指出其意义或典型所在，或肯定成绩、概括经验；接着可以提出表扬或其他表彰决定；最后提出号召，让大家学习。有时，还可以具体归纳出学习哪些方面。

批评通报正文，先简要写清被通报单位或个人的主要问题、情节等错误事实的起因和经过；然后对事实进行分析评论，重点分析事件发生的原因，指出事件的性质及其危害；接着应提出处理结果；最后写出从中得到的经验、教训和今后要求，为防止此类事件再次发生，可提出对症下药的方法和措施，也可重申纪律提出告诫。

② 情况通报正文一般以通报情况为主，有时也可加以分析和评论。行文一般先叙述情况；然后分析情况并加以议论，阐明情况的性质和意义；最后提出指导性或参考性的意见。

4．落款

落款包括发文机关署名、印章与发文日期。

五、通报的写作要求

（1）通报观点要鲜明。叙述与评议要详略得当，事实叙述必要，评议观点突出。提倡什么，反对什么，要是非分明，忌含糊其辞。

（2）通报文风要简朴。文字表述要简洁明快，言之有据，不管是表扬还是批评，都切忌夸张渲染。

例文评析

例　文　一

×市卫生局关于医生张×滥用麻醉药品造成医疗事故的通报

各区县、各乡镇医疗卫生单位：

　　2012 年 7 月 15 日晚 7 时 25 分，×县×镇×村农民李×因下腹部疼痛，被送到×镇卫生院治疗。该院夜班医生张×以"腹痛待诊"处理，为病人开了阿托品、安定等解痛镇静药，肌肉注射杜冷丁 10 毫克。7 月 16 日下午 5 时许，该病员因腹痛加剧，再次到该卫生院治疗，医生刘××诊断为"急性阑尾炎穿孔，伴腹膜炎"，急转市第二人民医院治疗，于当晚 7 时施行阑尾切除手术。手术过程中，发现阑尾端部穿孔糜烂，腹腔脓液弥漫。切除了坏死的阑尾，清除了腹脓液约 300 毫升，安装了腹腔引流管条。经过积极治疗，输血 300 毫升，病人才脱离危险，但身心受到了严重的损害。

　　急性阑尾炎是一种常见的外科急腹症，诊断并不困难。×镇卫生院张×工作马虎，处理草率，在没有明确诊断以前，滥用麻醉剂杜冷丁，掩盖了临床症状，延误了病人的治疗时间，造成了较为严重的医疗事故。这种对人民生命财产极不负责任的做法是错误的。为了教育张×本人，经卫生局研究，决定给张×行政记过处分，扣发全年奖金，并在全市范围内通报批评。

　　各单位要从这次医疗事故中吸取教训，加强对职工的思想教育，增强职工的责任感，以对人民高度负责的精神，端正服务态度，提高服务质量。同时，要加强对麻醉药品的管理，认真执行××省卫生厅《关于严格控制麻醉药品使用范围的规定》，严禁滥用麻醉药品。今后如发现违反规定者，要首先追究单位领导的责任。

×市卫生局（印章）
2012 年 7 月 22 日

　　简析： 这是一则批评通报。通报先从时间、地点、人物、事件、结果等方面简要叙述通报的错误事实；然后评析了事故的性质、严重后果及不良影响，并做出相关处分决定；最后对所有从事卫生事业的单位与职工提出杜绝此类事故的要求，并提出"一把手"问责制。事实概述中注意到对数据的使用，事故的严重性不言而喻；对事故的发生及责任人错误行为的分析深刻到位；希望要求的提出严肃具体，能够达到通报发布的教育和警示作用。值得借鉴。

例　文　二

××大学关于我校一名硕士研究生坠楼事件的情况通报

　　5 月 19 日中午，××大学××学院一名 2012 级硕士研究生坠楼离世。××市××区刑侦支队经调查后初步认定，该学生系高空坠落身亡，排除他杀可能。

　　事件发生后，学校高度重视，迅速成立了由分管校领导以及保卫处、学生工作处、××学院等单位主要领导组成的应急工作小组，积极协助警方开展调查。学校主要领导多次听取工作小组情况汇报，安排全力做好亲属抚慰、在校师生心理疏导工作。

同时，在配合警方确认学生身份后，学院当天下午即与学生亲属取得联系，告知其姐姐及姐夫翔实情况，通知其父母尽快赶到学校。5月20～21日，学校先后两次派车到××站将该学生的父亲、母亲、大姐、大姐夫、二姐夫、大伯、两位叔叔、堂兄等9名亲属接到学校，安排入住酒店，同时派两名教师住进宾馆陪同，根据亲属需求随时提供帮助，学生亲属期间产生的食宿费用全部由学校垫付。××学院、学生工作处、保卫处负责人等多次到宾馆看望安慰。

对于学生亲属提出的查看事发现场、学生所在实验室、宿舍，调看事发当天相关监控录像，与学生的老师、同学、室友见面了解相关情况等要求，学校都给予了支持和协助。为防止学生亲属因伤心过度身体出现意外，学校专门安排校医院医生陪同，为了方便与警方见面，学校派专车予以协助。

在此期间，学生亲属执意要求在校园内烧纸进行祭奠，虽然此举违反了相关管理规定，但学校本着对亲属的理解和同情，仍然在做好教学秩序维护和安全防护措施的情况下同意其按家乡风俗祭奠。

学校对于该学生的离世深感痛心惋惜，对其家庭痛失亲人深表同情，学校和亲属同样迫切希望尽快查明学生坠楼原因。考虑到其家庭的情况，学院还计划组织师生为其父母捐款。但事件的调查和处理都由公安部门负责，为此学校全力配合公安部门的工作，提供相关监控录像，配合公安部门调查学生在校情况，相关结论只能由公安部门依据调查结果确定。

学校已于5月25日通过官方微博发布情况通报。目前工作小组仍在与亲属积极沟通，希望各方舆论以事实为依据，不要传播与事实不符的信息，伤害逝者亲属、亲朋的感情，伤害学校的声誉。针对目前网络上有人发布关于该事件的一些不实之词，凡是对学校造成诽谤的，学校将保留追究法律责任的权利。

××大学（印章）

2015年6月1日

简析：这是一则情况通报，且为普发性情况通报。通报中围绕坠楼事件的发生、处理过程及社会舆论进行叙说，实事求是，文辞简约。

例　文　三

最高人民法院关于××省××县人民法院
×××同志模范事迹的通报

全国地方各级人民法院：

××省高级人民法院通报的××县人民法院×××同志的模范事迹很好。现印发给你们。

我们认为，×××同志是一个司法好干部。他那种热爱司法工作、坚定的无产阶级立场、勤勤恳恳的学习态度、忘我工作的精神、不怕困难的共产主义风格，以及实事求是、关心群众和廉洁奉公的优良作风，都是值得表扬和学习的。特予以通报表扬。请法院系统全体干警，认真阅读此文件，对照自己，从中吸取教益，进一步提高工作觉悟，提高工作效率。

表扬好人好事，从正面进行活的思想教育，是我们干部工作的一个重要方面。望各地将对干警的思想觉悟关注工作常态化，更应定期挑选部分典型材料抄送我们。

附件：××省高级人民法院关于××县人民法院×××同志模范事迹的通报

最高人民法院（印章）

2012 年 12 月 12 日

简析： 这是一则转述式通报，是上级机关转述下级机关报送的一份表彰通报。表彰通报的具体事实部分附件中已有表述，上级机关转述通报时，只对下级通报事实的典型意义做出评析并表扬，同时对其他下级机关提出转述式通报发布的希望和要求。此通报语言简明扼要，评析重点突出，附件规范必要。

例 文 四

×× 学院关于表彰刘敏、路烨同学勇擒歹徒事迹的通报

各单位：

2013 年 9 月 15 日下午 5 点左右，自动化学院电子工程专业刘敏和路烨两位同学一起外出采购班级宣传用品，在批发市场南侧见一歹徒抢夺一年轻女子的挎包转身逃跑。刘敏同学急中生智，高喊"有警察"，趁歹徒惊吓发愣脚步放缓，两位同学紧追上去，刘敏同学将手中刚买的用品猛然砸向歹徒，路烨同学就势扑上去把歹徒按倒在地，周围群众协助拨打了 110，歹徒最终被送上警车。

在两位同学与歹徒的扭打中，刘敏的脸被歹徒抓破，鲜血直流，路烨手臂也受了轻伤，但两位同学不顾自己的伤痛，直至把歹徒擒住。刘敏、路烨两位同学临危不惧、智斗歹徒的行为表现出了新时期青年大学生的无畏精神和智慧，同时更赢得了广大社会群众的赞誉和认可，值得广大同学学习。

鉴于两位同学的突出表现，在关键时刻能经受严峻考验，特在全院范围通报表彰，并分别授予"见义勇为好青年"荣誉称号。希望全校同学向刘敏、路烨同学学习，做一个新时期合格的大学生，为社会、为国家做出应有的贡献。

×× 学院（章）

2013 年 9 月 22 日

简析： 这是一则表彰通报。开篇先概述通报事项的主要事实，然后就两位同学的行为评析其典型精神与社会意义，最后写明表彰决定并对全校学生提出学习要求。层次分明，语言简明，格式完整规范。

 **思考训练**

一、填空题

1. 通报是一种适用于_____，_____，_____时使用的文书。

2. 从行文方向看，通报一般是_____。

3. 按内容与性质，通报可分为_____、_____、_____三大类。

4. 通报具有_____、_____、_____、_____等特点。

二、判断题

判断对错，错误的请说明理由并予以改正。

1. ××材料制成有限公司就 2013 年上半年生产安全检查情况通报全公司。

2.
关于李××的通报

各系、处、室，各班级：

我校 10 级计算机应用 1 班学生李××，2012 年 11 月 30 日中午到学院饭堂吃饭的时候，看到排队打饭的人多，就要强行插队打饭。有同学劝他要遵守纪律时，他还大声说："关你屁事！"一位纠察队员走过来阻止他，他不管三七二十一，拿起搪瓷饭碗打在纠察队员的头上，致使那位纠察队员头部受伤。李××的行为引起了在场其他同学的公愤，有人甚至叫嚷要把他拉到派出所去关押起来。

据查李××平时学习也不够刻苦，上学期期末考试有一科不及格。经决定，给予李××以记大过一次处分。

希望广大同学以此为戒，努力学习，争取在学年考试中取得好的成绩。

××学院

2012 年 12 月 20 日

3.
关于给予王洋同学表扬的通报

各单位，我校艺术设计专业 1403 班学生王洋数年如一日，长期帮助孤寡老人陈××，为表彰先进，决定给予王洋同学通报表扬。

××职业学院
10 月 21 日

三、写作练习

1. ××公司司机张×上班时间以磨合汽车为由，驾驶公司新购轿车并带 3 位朋友去承德游玩，严重违反组织纪律。公司为严肃工作纪律，做出通报批评等相应处分，并在公司内部通报。请拟写通报标题。

2. 2013 年 7 月 2 日晚，××大学服装设计专业的李××、王××、陈×× 3 位同学违反规定，在宿舍内用大功率电器做饭，险些造成火灾。请你代学校制发一份批评通报。

 知识拓展

通知与通报的区别

通知与通报虽都具有知照作用，但两者有明显的区别。

区别一：功能不同。通报不具有发布、传达要求下级机关执行和有关单位周知或者执行的事项及批转、转发公文的功能，通知却具有这些作用；通知不具有表彰先进、批评错误的功能，而通报却具备这方面的功能。

区别二：目的不同。通报的目的在于宣传教育或信息沟通，知照目的明显；通知的目的在于通过具体事项的安排，要求收文机关在工作中照此执行办理，知照目的最终还要落实于具体

工作的执行或处理。

区别三：制发时间不同。通报的制发时间在事情发生之后；通知的制发时间在事情发生之前。

区别四：告知对象不同。通报的发送范围较广泛，可下达给应知范围内各级各类单位、部门甚至工作人员；通知一般有明确的告知对象。

区别五：表达方式不同。通报多用叙述、说明和议论等方式，而通知多用叙述、说明的方式。

 辨析训练

一、判断对错并说明理由

1．2015年6月26日安徽省宁芜高速公路发生重大交通事故，为严防类似事故再次发生，公安部交管局结合此事故下发通知分析原因及严重后果。

2．通报可以用来任免干部。

3．××省教育厅要将制定的《关于示范专业建设实施办法》以文件的形式发给省属各高校，可以用通报发行。

二、回答问题并说明理由

1．2014～2015学年第一学期初，为保证开学后教学秩序的正常进行，××中学对所有教师的学期初教学备课准备情况进行检查，请问：教师们会通过什么文件知晓检查工作并做好相关准备？又会通过什么文件了解检查的情况和结果？

2．××省交通厅以加强交通管理为内容的公文，要使全省周知执行，适用什么文种达成行文意图？

三、思考题

1．情况通报与工作总结有何不同？

2．批评通报与处分决定有何不同？

第三节　报告　请示　批复

学习目标与要求

1．掌握报告与请示、批复的适用范围。

2．熟练掌握报告与请示、批复的结构和写作规范。

3．明确请示与报告的区别。

4．模拟写作，培养撰写报告、请示及批复解决公务的能力。

报 告

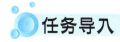

任务导入

刘烁身为××大学自动化学院团委副书记，学期初比较忙，既要处理团委的日常事务，还要完成学期初重要的文字工作，即汇总团委上一年的工作情况并以书面报告的形式上报给学院党委。请问：刘烁当怎样完成这项文字工作？你对此写作知识了解多少？

知识点击

一、报告的概念和用途

报告是一种向上级机关汇报工作、反映情况，回复上级机关的询问时使用的公文。

报告属上行公文，应用相当广泛。

（1）报告可以用于定期或不定期地将全面工作或单项工作的进展情况、结果向上级书面汇报。

（2）报告可以反映社会、政治、经济等方面出现的值得注意的新情况或重大方针政策出台后的贯彻情况等。

（3）报告可以向上级机关汇报错误事件的原因、过程、处理情况或意见、主要教训和改进措施等。

（4）报告可以答复上级机关对某问题、某项工作、某个事件的询问。

（5）报告可以向上级机关报送公文、资料、物件等。

二、报告的特点

1. 行文的单向性

报告是下级机关向上级机关行文，旨在为上级机关提供情况，做到本单位的"下情上达"，不需受文单位批复，属单向行文。这一点与双向行文的上行文请示不同。

2. 内容的陈述性

报告是下级机关向上级机关反馈信息、沟通上下级机关纵向联系的一种重要形式，属陈述性上行公文。表现方式上，主要运用叙述和说明的方式，概括地叙述工作的进程与有关情况、动态，即使需要论述道理时，也要在叙述的基础上采用叙议结合的方式进行。

三、报告的分类

1. 工作报告

工作报告是向上级机关汇报工作情况的报告，主要用以总结工作，反映某一阶段或某个方面贯彻落实政策、法令、批示的情况，它可以使上级机关全面了解下级机关的工作情况，以便做全面的工作指导，如《××市人民政府关于治理××河水质污染问题的报告》、《××学院2015年人才引进工作报告》等。

2．情况报告

情况报告是指用于向上级机关反映工作中的重大情况、特殊情况和新动态等的报告。上级机关根据下级反映的情况，及时采取措施，指导工作，这就是情况报告的意义，如《××市政工程总公司关于×高速公路×路段塌方事故的报告》。

3．答复报告

答复报告是针对上级机关向下级机关提出询问或要求进行书面答复的报告。这种报告内容针对性最强，上级询问什么就答复什么，不能答非所问。对待上级机关的询问，一定要慎重，如果不了解真实情况，要经过深入的调查研究后再做答复，如《×县市政管理局关于县长信箱收信情况的答复报告》。

4．建议报告

建议报告除汇报工作、反映情况外，还侧重提出建议和意见，请求上级机关批转有关部门参考或执行，如《×××省工商行政管理局关于严禁假冒伪劣产品出境的报告》。

5．报送报告

报送报告是以报告的形式，向上级机关呈报其他文件、物件等时使用的报告，如《××市水务局关于报送20××年工作总结及20××年工作安排的报告》。

四、报告的结构与写法

报告一般由标题、主送机关、正文和落款组成。

（一）标题

报告的标题，一般有以下两种写法。

（1）发文机关+事由+文种，如《××局关于××厂抗灾救灾工作情况的报告》。

（2）事由+文种，如《关于进一步加强公共场所防火工作的报告》。

（二）主送机关

报告的主送机关一般是具有隶属关系的直接上级机关或业务主管部门，通常只有一个主送机关。

（三）正文

不同种类的报告，其正文写法不尽一致，但基本格式是相似的，一般由前言、主体、结语三部分组成。

1．前言

前言主要交代报告的缘由，概括说明报告的背景、根据、目的、意义或内容梗概，然后用"现将有关情况报告如下"等过渡语转入主体写作。

2．主体

主体是报告的核心部分，说明向上级机关报告的具体内容，一般包括主要情况、存在问题、经验教训、今后打算等。不同种类的报告，正文中4个方面可有所侧重。报送报告正文通常非常简略，只需写明"现将×××报上，请查收"即可，真正有意义的内容都在所报送的文件里。

3．结语

不同种类的报告一般都有不同的结尾用语，不能千篇一律，另起段写。工作报告和情况报告常用"特此报告"，建议报告惯用"以上报告如无不妥，请批转有关部门执行"，答复报告多用"专此报告"，报送报告则用"以上报告，请审阅"等字样。

（四）落款

落款要注明发文机关名称、印章和发文时间。

五、报告的写作要求

1．工作报告

（1）写明工作进程、成绩与经验、问题与不足、改进的措施、未来的打算。

（2）主次分明，重点突出，点面结合。

（3）要客观全面报告工作情况，实事求是，从客观反映的成绩或问题中揭示出一定规律。

（4）报告不得夹带请示事项。

2．情况报告

情况报告重在反映情况，如突发情况、意外事故，工作中出现的新事物、新问题、新动向。报告应及时，详略要得当。

3．答复报告

答复报告应根据真实、全面的情况，针对上级询问和要求，陈述理由，实事求是地回答。

4．建议报告

建议报告应侧重建议或意见，可分点陈述。

5．报送报告

报送报告将报送的材料（文件、物件）的名称、数量写清楚即可，结尾用"请查收"或"请收阅"等。

例文评析

例　文　一

×市政工程总公司关于×高速公路×路段塌方事故的报告

×市建设委员会：

×年×月×日9时54分，×高速公路×路段发生塌方事故，造成了重伤10人、轻伤16人，2辆出租车严重受损，3辆货车有轻微变形，路段损坏650米的严格后果，中断车辆通行近30小时，直接经济损失达300万元人民币。

事故发生后，当地交通局、公路管理局的负责同志立即随救援车和救护车赶赴事故现场，组织抢救、抢修工作。当地武警官兵、消防指战员、工地工人近200多人闻讯也赶到现场救援，抢救时间持续近30小时。以交通局杜局长为指挥长成立了临时现场救援指挥部，一切有组织、有指挥地进行着，将受伤同志及时送往就近的医院抢救。

经调查分析，这次事故的主要原因是工人违章施工，按照施工程序应分两次浇筑的混凝土却一次浇筑；还有就是当时桥面上有30人在施工，使得桥面负荷过重，这是此次事故的主要原因。

这次事故很惨重，使国家和人民生命财产蒙受巨大的损失，在当地产生了很大负面的影响，性质是非常严重的，我们的心情十分沉痛。这次事故的发生说明了我们市政工程总公司基础工作薄弱，管理不善，思想政治工作不落实，反映了我们作风不扎实，对安全工作抓得不力，在安全生产中管理不严，职工纪律松弛的问题长期没有得到解决。

为了使全公司职工从这起严重事故中吸取教训，×月×日我公司召开了副处以上干部会议，通报了这次事故，提出了搞好安全生产的紧急措施。要求各部门、各单位必须把安全工作放在第一位，各级领导干部要树立安全第一的思想，并向全体职工进行安全教育，使每个职工都牢固地树立起对国家、对人民极端负责的观念，认真落实岗位责任制，严格遵守劳动纪律，一丝不苟地执行规章制度和操作规程，发现问题立即解决；同时，各单位要切实解决职工生活中应该而且可以解决的问题，解除职工的"后顾之忧"；动员广大职工干部迅速行动起来，以这次事故为教训，采取措施，堵塞漏洞，保证施工安全。

我公司对这次事故的主要责任者，已按照法律程序提出起诉，追究刑事责任；对与事故有关的领导也做了严肃的、正确的处理。我公司决定对市政总公司第一分公司总经理×和党委书记×同志给予行政记过处分。这次事故虽然发生在下一级单位，但我们也应负有重要的领导责任，为接受教训，教育全公司职工，恳请市建设委员会给我们以处分。

××市政工程总公司（印章）

二〇〇七年五月二十日

简析：这是一则情况报告。报告简述了塌方事故的事实及对该事故的处理过程，分析了事故发生的原因、负面影响，汇报了对相关负责领导的处分结果，并提出今后杜绝发生此类事情的要求和措施。

例 文 二

关于粮食政策性财务挂账停息的报告

国务院：

根据中共中央、国务院关于妥善解决粮食财务挂账问题的一系列文件精神，结合各地清理粮食财务挂账的实际情况，经过反复研究，对粮食财务挂账实行停息的有关政策提出如下意见：

一、停息的前提条件。在中国农业发展银行设立粮食财务挂账专户，将核实后的政策性挂账、企业自补挂账、其他挂账分别转入专户，逐年进行考核。一是当年不挂新账；二是在 5 年内按规定的比例逐年解决已清理的旧挂账；三是粮食企业政企分开、划清政策性业务与经营性业务，建立两条线运行机制。凡是达到上述 3 个条件的，中央财政按规定对挂账实行停息。

二、停息的原则。以各省、自治区、直辖市人民政府清理核实后上报的 1991 粮食年度末挂账数为基础，对政策性挂账部分，由中央财政给予停息，并由各地签订责任书。以省、自治区、直辖市为单位，属粮食主产区和经济贫困区的，其政策性挂账实行全额停息，属非粮食主产区和非经济贫困区的，其政策性挂账按 50%停息。根据 1992 年、1993 年全国平均人均粮食产量确定，粮食主产省有 11 个，分别是辽宁、吉林、黑龙江、江苏、浙江、安徽、江西、山东、湖北、湖南、四川；根据 1992 年人均地方财政收入确定，经济贫困省、自治区 13 个，分别是河北、山西、内蒙古、河南、广西、贵州、云南、西藏、陕西、甘肃、青海、宁夏、新疆；北京、天津、上海、福建、广东、海南 6 个省、直辖市属非粮食生产区和非经济贫困区。对应由企业自补挂账和其他挂账，由各地区别情况，在 5 年内逐步解决。

三、停息的时间和办法。从 1994 年 10 月 1 日开始停息，到 1999 年 12 月 31 日结束。

四、凡是停息后再新增加粮食财务挂账的省、自治区、直辖市，中央财政将从核定的停息基数中相应扣除新增挂账。

五、有关粮食挂账停息的具体财务处理办法由财政部会同有关部门另行制定。

如无不妥，请批转各地各部门执行。

财政部（印章）

审计署（印章）

××××年×月×日

简析：这是一则建议报告。报告中详细给出了关于粮食政策性财务挂账停息的几条建议，结尾规范用语，妥帖准确。

例 文 三

中共××区委
关于报送 2013 年××区工作总结的报告

中共××市委：

现将《2013 年××区工作总结》报上，请审阅。

附件：2013 年××区工作总结

中共××区委（印章）

2014 年 1 月 10 日

简析：这是一则报送报告。报告格式完整规范，内容简洁清晰明了。

例 文 四

××大学自动化学院团委
2014～2015 学年工作报告

学院党委：

2014 年，在院党政领导和上级团组织的正确领导下，在其他系部的大力支持和帮助下，学院团委团结带领全院广大团员青年，以"三个代表"重要思想和科学发展观为指导方针，紧紧围绕学院改革发展的中心工作和上级团组织的工作要求，以加强青年学生思想政治教育为先导，以提高青年学生的综合素质为主线，以丰富多彩的主题活动为依托，努力为广大青年学生的健康成长和全面成才创造良好的环境，搭建广阔的舞台，各项工作在继承中发展，在开拓中前进，并取得显著成绩。现将一年来的主要工作汇报如下：

一、重视学生思想道德教育工作，深入开展思想教育活动，积极构建团员青年健康向上的精神家园

思想道德教育是各级各类学校共青团工作的一项根本性任务，学院团委紧紧抓住这一重点，充分发挥共青团的组织优势，在做好调查的基础上有的放矢地开展工作，不断提高广大团员青年的思想道德水平。

（一）每月中旬定期给全院团干部进行不同形式的政治理论培训，每学期各支部要有 3 次形式多样的思想教育活动，用"一面旗帜"、"一条道路"和"一个理论体系"武装大学生，增强大学生对国家的责任感和对祖国发展的信心，坚定他们为国家奉献聪明才智的信念，使我院广大青年学生建立起社会主义核心价值观体系。

（二）响应上级号召，在 2014 年 5 月和 10 月，分别开展了以"我与中国梦"、"建和谐校园我先行"等为主题的思想教育活动，倡导了社会主义的价值观，弘扬了中华民族的优良传统。

二、加强组织建设，不断增强团组织的战斗力和凝聚力

加强团组织的自身建设，尤其是基层团组织建设，是共青团组织实现有所作为和完成各项工作目标的根本保障。今年上半年，我们按照团市委《关于"抓基层打基础抓落实"进一步转变工作作风的实施意见》中提出的工作一起要求，学院团委把团的组织建设的着力点放在活跃基层、打牢基础、狠抓落实上，不断深化基层团组织建设，强化团干部工作能力的培养，努力实现全院共青团组织整体水平的提高。

（一）在充分调研的基础上，我们重点加强了团组织工作制度的建设，对共青团工作的各项规章制度进行了修订。在团总支工作运行机制方面，学院团委根据学院实际情况，下移工作重心，建立基层团组织交流互助工作制度，强化团委机关干部联系基层工作制度，促进全院共青团组织横纵双向间的工作交流与协作，促进了学院团内资源的有效整合，实现了共青团组织共同发展的目标，共青团整体工作水平有了较大提高。

（二）做好基层团支部建设工作，尤其是学年第一学期新生班级团支部的组建。民主选举或改选，保证了基层团支部工作班子应有的活力和吸引力；同时，我们为全院所有的团支部配备了《团支部工作手册》、《团章》等相关的工作簿册、工作资料，进一步促进了团支部工作的规范化、制度化建设。

（三）开办了不同层次的团干部、学生会干部培训班，加大对团干部、学生会干部的培训力度，重在培养全院学生干部的组织协调能力、交流沟通能力，提高他们的工作水平。

（四）认真完善推优工作环节和程序。我们修订和完善了"推优"工作制度，对推优工作做到严格考察、严格程序、严格质量，使推优工作走向良性发展的道路。推优工作为党组织输送了一批批优秀的青年团员，为党的建设贡献了一份力量。

三、积极开展社会实践活动，培养广大青年团员的奉献精神和社会实践能力

为积极响应团省委、团市委关于大学生暑期"三下乡"社会实践活动的号召，我院团委与学生处大力开展社会实践活动，培养了学生的创新精神和实践能力。

（一）建立了社会实践与专业实习、志愿服务、勤工助学、"三下乡"相结合的社会实践活动体系，学院团委组织广大学生参加服务进社区、社会调查等实践活动，并大力开展敬老助残、环境保护、无偿献血、文艺演出、形势政策宣传、家政服务等活动，使得青年学生在政治思想、专业知识、人格培养等方面有了不小的收获。

（二）院团委结合自身优势，在 2014 年暑期，组织了部分学生干部赴山东×市社会实践服务队，此次社会实践活动取得了良好的效果，使学生们了解了当地实情，增长了社会见识，强化了社会责任意识。

四、以全面提高学生综合素质为目标，进一步丰富和活跃校园文化生活，努力创造良好的育人环境

院团委充分发挥校园文化活动在学风建设中的育人功能，坚持做好规划，突出特色，创造精品的原则，以学校人才培养目标为导向，积极构建起具有我院特点的，符合时代特色的，以

思想教育、科学技能、文艺娱乐和体育健身为主题内容的校园文化活动建设体系。

（一）以五四运动、国庆节、"一二·九"运动纪念日、元旦、新生入校、毕业生离校等重要节庆日为契机，开展丰富多彩的群众性活动；着力举办好每年一届的校园科技文化艺术节和社团文化节，提高科技含量，突出文化品位。

这一学年，院团委按照"建设校园文化精品"的思路，策划并组织了迎新生系列活动、第六届校园科技文化节、纪念五四运动 95 周年暨"青年文化月"等，积极推进高雅艺术进校园活动的开展，努力营造良好的校园文化氛围。

众多丰富多彩的活动，如辩论赛、网页设计大赛、"挑战杯"创业规划设计大赛、英语口语演讲比赛、校园歌会、校园歌手大赛、主持人大赛等，已经成为校园文化活动中的"品牌"，受到广泛关注，广大青年团员参与的热情不断高涨。这些活动的开展较好地培养了青年学生的人文素养和综合素质，有效提高了校园文化活动的层次和水平，促进了高雅、文明、富有挑战、敢于创新的育人环境的形成和建设。

（二）重视学生社团在校园文化中的重要作用，院团委采取有力措施扩大社团规模，在鼓励扶持的同时注重规范引导，通过"星级社团"的评比活动，不断提高社团的办团质量，充分调动学生主动参与校园文化建设的积极性。

（三）创新机制，注重总结，院团委组织年度学院十大"魅力人物"评选，确保团员意识教育的长效性。

为了表彰学院涌现出的各类先进典型，除五四表彰和青年志愿者表彰之外，院团委又在 2014 年年底特别组织了学院年度十大"魅力人物"的评选。

这项特色活动旨在打造我院学生特有的精神风貌和整体形象，充分发挥榜样的引领作用，激发同学的创造潜能和成才欲望，营造勤奋学习、锐意进取的校园氛围。评选之后，借助有关媒体的宣传，通过隆重的颁奖晚会，扩大"魅力人物"的影响，他们的榜样作用和示范效应得到提高。评选活动在学生中引起巨大反响，受到了师生的广泛关注。活动作为制度确定下来，将每年举办一次，使团员意识教育活动的成果能不断得到巩固。

五、以素质技能培训为核心，以全面提高学生就业创业能力为目标，不断推进大学生创业成才教育

当前形势下，大学生就业问题已经成为广大青年学生最为关注的问题。去年下半年，学院团委把帮助广大学生提高就业创业能力作为共青团组织服务于青年学生成才的重要内容，在全面提高学生综合素质、有针对性地帮助学生提高就业创业竞争方面做出了有益的探索和尝试。我们针对广大学生对就业创业的迫切需求，从服务于学生成才的需要出发，充分发挥共青团组织整合社会资源的优势，通过多种活动帮助学生树立正确的择业观、就业观，大力营造"处处建功、行行立业"的就业风尚；创办了校园"科学创业论坛"，邀请知名专家学者、成功人士、优秀校友举办讲座、座谈，激发青年学生的创新、创业意识，帮助学生树立正确的成才观。

过去的一学年，在上级领导的关怀和支持下，我院的共青团工作已经取得了一定的成绩，但工作中还存在着许多不足，如团员队伍建设、形式要进一步创新、思想政治工作的效率有待进一步提高等问题，在以后的工作中要力求改进。在新的学年工作中，学院团委将继续抓住机遇，迎接挑战，团结一心，开拓进取，力争为我院共青团事业的发展作出更大的贡献。

特此报告，请审阅。

××大学自动化学院团委（印章）

二〇一五年一月八日

（资料来源：史英新．应用文写作[M]．北京：高等教育出版社，2009．有改动．）

简析：此篇报告属于工作报告中的综合报告。报告中侧重汇报了做了哪些工作、收到了什么效果、积累了什么经验、存在什么问题等，主要便于上级了解掌握情况，为下一步决策提供信息。格式完整规范，内容清晰具体，很值得借鉴。

思考训练

一、填空题

1. 报告是一种向＿＿＿机关＿＿＿＿＿＿、＿＿＿＿＿＿，＿＿＿＿＿＿时使用的文书。
2. 从行文方向看，报告属于＿＿＿＿＿＿。
3. 报告中不得夹带＿＿＿＿＿＿。
4. 按内容分类，常见报告一般有＿＿＿＿＿、＿＿＿＿＿＿、＿＿＿＿＿、＿＿＿＿＿＿、＿＿＿＿＿。
5. 报告具有＿＿＿＿＿＿、＿＿＿＿＿＿等特点。

二、判断题

判断对错，错误的请说明原因。

1. ××大学人文学院写例行工作报告，一向学校汇报2013年全年工作，二在报告中请示2014年增设汉语国际教育专业的事项，三是建议将专职辅导员列入职称评审系列。
2. ××市人事局将过去一年的工作情况以报告形式下发各下级单位与部门。
3. 报告标题：××市第二中学开展财经纪律自查向上级的书面报告。

三、写作练习

（一）根据内容提示，拟写标题。

1. ××职业学院2015年招生工作结束，需将招生工作情况书面上报××省教育厅。
2. 深圳市南山区政府在对"2·27"重大火灾事故进行调查和处理后，向深圳市政府书面汇报。

（二）根据材料撰写报告。

1. ××大学商学院发动全体学生会成员、团员青年参加每周六上午的"青年志愿者"社会服务活动，群众反映非常不错，取得了很好的成绩，受到了有关单位和部门的高度赞扬，还受到了相关单位的表扬信和感谢信，为学校和学院争得了荣誉。请以××大学商学院的名义用书面报告将活动情况汇报给学校。

2. ××职业学院工学院机械制造专业1504班组织全班同学2013年4月5日去××山春游，回校途中发生交通事故，一名同学重伤，4名同学轻伤。请以××职业学院工学院的名义，给学校写一份报告，汇报事故的发生情况及处理结果。

知识拓展

一、公文报告与会议工作报告的区别

公文中的报告与会议工作报告虽有联系，但两者不是一种文体，写法上有区别。会议工作报告是一种会议文体，是供有关人员在会议上宣读的，文字较长，其开头、结尾与中间部分的

写法都与公文报告有区别。

二、公文报告与行业文书中的报告的区别

一些专业部门从事业务工作时会使用一些标题中带有"报告"二字的行业文书，如"审计报告"、"评估报告"、"立案报告"、"调查报告"等，但与作为行政机关法定文种的报告，从行文目的到文种写作结构和格式规范都不相同，注意不要混淆。

请示　批复

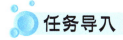

刘烁身为××大学自动化学院团委副书记，学期初比较忙，既要处理团委的日常事务，又要按惯例完成书面汇报工作，还要完成本学期的另一项文字任务：学院第五届学生代表大会的筹备召开，需报请院党委批准。

学院党委在了解了团委的报批文件及实际工作情况后，回文批准同意。

请问：在这项往返互相行文中用到哪两类文书写作？怎样完成写作？你对此写作知识了解多少？

请　示

一、请示的概念

请示是一种适用于向上级机关请求指示、批准的公文。

请示是典型的上行文，属陈请性公文，只适用于有直接隶属关系的上下级之间。它的使用范围比较广泛，机关、单位在遇到属于本机关职权范围内无权处理或确实难以处理的问题与事项时，就应向直属的上级领导机关或直属的上级主管业务部门行文请示。上级机关在收到下级机关的请示后，要予以回复，对所请示的事项明确表态，这样可以维护政令的一致性，保证党和国家各层次的管理工作步调统一并提高行政效能。

二、请示的特点

1. 针对性

只有本机关无权决定或无力解决但又必须解决的事项，才可以用"请示"行文；同时，请示是为了请求上级机关给予指示、决断或答复、批准，因而请示针对性较强。

2. 单一性

一份请示，只写一个问题，这样上级领导机关才能及时批复，因此不能将几件事情放在一份请示中一起提出；请示报请的上级主送机关只能有一个。

3. 呈批性

请示的目的是针对某一事项取得上级的指示或批准，上级机关对呈报的请求事项无论是否同意，都必须给予明确的"批复"，属于双向行文。

4．超前性

请示必须是事前行文。

5．隶属性

发文单位必须按照隶属关系向直接的主管机关发文请示。

三、请示的分类

1．求示性请示

求示性请示就是请求指示的请示，这里的"指示"是指上级机关针对请示事项给予政策、认识上的解答。

适用情况包括：有关方针、政策的界限难以界定的问题，遇到的新情况和难以解决的问题，把握不准或无章可循的事项，情况特殊、有意见分歧无法办理的工作，需请示上级机关指示意见。

2．求批性请示

求批性请示就是请求批准的请示，这里的"求批"是指上级机关针对请示事项给予批准、认可。

适用情况包括：本单位无权决定，按有关文件和政策规定，需上级审核、批准后才可办的（如机构设置、人员编制、财政支出、资产购置等）；工作中遇到了人力、财力、物力等方面的困难，需上级帮助解决的，需请示上级机关批准。

四、请示的结构与写法

请示的主体由标题、主送机关、正文、落款四部分组成。

（一）标题

请示的标题通常由请示的发文机关+事由+文种组成，如《××省财政厅关于<会计人员职权条例>中"总会计师"是行政职务还是技术职称的请示》、《××学院关于增设英语专业（本科）的请示》。

注意：请示的标题在使用动词时，不能与文种词语重复，即一个标题中不能出现两个请示。在表述主要事由时，一般只宜使用一个动词，如《××学校关于请求批准购买××的请示》，这个标题中的"请求批准"与"请示"表意重复，应删去前者。

（二）主送机关

主送机关应为有隶属关系的直接上级机关，一般只能写一个上级机关名称。

（三）正文

请示的正文一般由请示缘由、请示事项、请示要求三部分组成。

1．请示缘由

请示缘由部分写请示问题或事项的原因、背景或理由，说明"为什么要请示"。它是请示事项能否成立的前提条件，也是上级机关批复的根据，因此应开门见山，应力求客观、具体、合理、充分，这样，上级机关才好及时决断，予以有针对性的批复。

在叙述时，做到既不空洞抽象，缺少事实，也不堆砌材料，烦琐冗长。在分析时，应和叙述内容紧密结合，言简意赅，不讲空洞的大道理。尤其注意行文语气，不可摆出论辩架势或使用教训口气。

2．请示事项

请示事项是请示正文的核心，是提出请求上级机关指示、批准的具体事项，有的还要提出自己对解决问题的建议和意见，供上级机关参考。

3. 请示要求

请示要求是请示的结语，要明确提出请示要求，一般另起一行书写，常用的请示规范结语如"以上妥否，请批示"、"特此请示，请批复"、"以上意见妥否，请指示"、"以上意见，如无不妥，请批准有关单位执行"等。

需注意的是，求示性请示不涉及请求"批准"的内容，因此不能用"请批准"、"请予审批"等结语。

（四）落款

与其他公文相同，落款包括发文机关署名、印章及发文时间3项内容。

五、请示的写作要求

（1）坚持"一文一事"的原则。一份请示，只能写一件事情，不能将几件请示事项夹在一份请示里一起表达。

（2）不能多头请示。一份请示，只能送给一个直接上级领导机关，不能同时主送两个或两个以上机关。如其他上级领导机关也需知道请示内容，可以用抄送的形式来处理。

（3）不能越级请示。这一点，请示与其他行政公文是一样的。如因特殊情况或紧急事项必须越级请示时，要同时抄送越过的直接上级机关。

（4）不能主送个人。除个别领导直接交办的事项外，请示一般不直接送领导个人。

（5）不能同时抄送下级机关。请示是上行公文，行文时不得同时抄送下级以免造成工作混乱，更不能要求下级机关执行上级机关未批准和批复的事项。

例文评析

例　文　一

××省经济研究中心关于嘉奖刘××的请示

省总工会：

我中心是省政府的事业机构，负责全省的经济研究工作。由于中心尚无工会组织，故未能及时参加工会的有关活动。近闻总工会正在全省开展评奖活动，故将为我中心刘××同志立功一事请示如下：

刘××，男，52岁，1964年大学毕业，现为副研究员。该同志长期从事农业经济的研究工作，做出了许多卓著成绩，多次受到领导的好评，并为农业生产创造了显著效益。其中《×××××××》和《×××××××》两篇论文分别荣获全国农学会一、二等奖，《×××》一书被评为全国科普鼓励奖，其本人已被编入中青年科学家辞典。

根据×总发〔19××〕××号文件精神，刘××同志符合立功条件，望予嘉奖。

以上妥否，请批示。

省经济研究中心（印章）

一九九〇年×月×日

（资料来源：郑崇田，郑红. 公文范例与病例选析[J]. 应用写作，2000，（11）.）

简析：这是一篇求批性请示。层次清晰，陈述有序，事项明确，有理有据。

例 文 二

北京市计委
关于暂缓调高旅游专项资金在交通建设附加费中分配比例的请示

北京市人民政府：

2012年9月7日，北京市委、市政府《关于加快发展旅游业的决定》（北政字〔2012〕8号），同意建立旅游建设发展专项金，其部分资金来源于交通建设附加费的分配，并将此分配比例从原来的5%调高到10%。对此，我委认为该措施无疑有利于筹集资金，促进旅游业发展。但当初决定征收旅业交通建设附加费的目的，主要是筹集地铁资金，现要提高旅游业专项资金在交通建设附加费中的分配比例，必然减少地铁资金的来源。地铁工程建设年度投资高达30亿元，筹资任务十分艰巨，而今年地铁资金缺口更大，需开拓更多的资金来源。因此，任何减少筹集地铁资金的做法都会导致工期拖长和投资增大，不利于工程建设。

鉴于此，我委建议在地铁建设期内，暂缓调高旅游专项资金在交通建设附加费中的分配比例，仍执行旅游专项资金在交通建设附加费中占5%的分配比例不变。

特此请示，请批复。

北京市计委（印章）
二〇一二年五月十日

（资料来源：张文英. 新编应用文写作教程[M]. 天津：南开大学出版社，2013. ）

简析：这是一篇求示性请示。理由充分必要，分析利害，抓住了请示的重点，使得上级部门很难拒绝。

例 文 三

共青团自动化学院委员会
关于召开第五届学生代表大会的请示

自动化学院党委：

为进一步凝聚我院学生，激发学生参与学校建设的热情，根据本学期我委的工作计划，结合我院的实际情况，拟于2015年3月25日召开第五届学生代表大会，以进一步加强我院学代会的组织建设。经多方面准备，现已具备召开大会的条件。

当否，请予审批。

附件：1. 自动化学院第五届学生代表大会筹备情况
　　　2. 自动化学院第五届学生代表大会的策划方案

共青团自动化学院委员会（印章）
2015年2月10日

简析：这是一篇求批性请示。请示缘由客观充分，事项单一，附件必要，值得借鉴。

 思考训练

一、填空题

1. 请示适用于向上级机关请求_____、_____。

2. 从行文方向上看，请示属于_____。

3. 请示内容应坚持_____原则；一般只主送___个_____上级_____；需同时送其他机关的，应用_____形式，但不能是其_____机关。

4. 请示具有_____、_____、_____、_____、_____等五大特点。

二、判断题

判断对错，错误的请说明原因。

1. ×市×区区属图书馆为办好图书事业，满足该区群众读书的要求，特向区政府请示增加经费。

2. ××县农林局向县政府上报工作请示，文中一是请示了2015年增建农技站的事项，二是请示对困难地区减免乡政府提留费用。

3. ×市×区电视广播学校是受区政府和市教育局双重领导的单位，该校就2014年需增加教育经费一事，特向两个上级机关请示。

4. 为提高工作效率，减少公文抄送环节，可以越级请示，不用抄送越过的上级。

三、写作练习

（一）根据内容提示，拟写请示标题。

1. ×市公安局拟购置一批警用装置需一笔款项，请求市政府拨给。

2. 湖北省人民政府制定的《武汉市城市总体规划（2010—2020年）》，请求国务院批准方能发布实施。

3. ××县邮政局所在地区邮政业务量激增，需要在芙蓉街增设一处邮政营业所，需报请省邮政管理局批准。

4. 财政部下发的《会计人员职权条例》规定"总会计师"既是行政职务又是技术职称，××省财政厅结合实际工作情况，对此条规定有不同的理解，需请求财政部批示。

（二）根据材料撰写请示。

1. ××市向阳小学的教学楼年久失修，严重影响了师生的安全。学校决定在2014年暑假对教学楼进行大修，但尚缺经费35万元，需请市教育局增拨。请你代××市向阳小学写一份请示。

2. ××公司市场部拟于2014年9月10日派组(部长×××等3人)到日本东京市××设备公司检验引进设备，此事需向公司请示。该市场部曾与对方签订过引进设备的合同，最近对方又来电邀请前去考察。在日考察时间需20天，所需外汇由该局自行解决。各项费用预算，可列详表。请代市场部完成请示的写作。

（三）评析下面的请示有何不妥，并予以改正。

××市第二职业中学

关于申请解决我校学生宿舍拥挤等问题的请示

××市人民政府、市教委：

　　教育问题是摆在全党全军全国人民面前的头等重要的问题，要提高教学质量，就必须从基础设施抓起，必须重视学生的基本学习条件和生活环境。

　　我校今年由于住校生急剧增加，已有的学生宿舍已无法容纳，现在住校生住宿情况极度拥挤严重影响了学生的身心健康。为解决这一困境，我校需要再建一栋学生宿舍。另外，我校图书馆也尚未达标。

　　特此请示。

××市第二职业中学

2013 年 7 月 5 日

 **知识拓展**

请示与报告的区别

　　请示与报告都属于上行公文，二者的写作结构格式有点类似，都用叙述为主、叙议结合的表现方法。目前一些基层单位在撰拟公文时，常将请示与报告混用，该用请示行文的，却写成了报告，甚至写成了"请示报告"，不伦不类，这是完全错误的。其实，请示与报告是有明显区别的。

（一）行文目的不同

　　报告是下级机关向上级机关汇报工作、反映情况或提出建议时使用的公文，为的是下情上达，让上级机关及时掌握情况，更好地指导下级机关正确贯彻执行方针、政策，防止工作失误。请示则是下级机关向上级机关请求指示、批准时使用的公文，要求上级机关对所请示的事项给以答复、审批或给予解决。

（二）行文时间不同

　　报告的写作时间比较灵活，事前、事中或事后皆可行文；而请示必须事前行文。因为请示的事项必须得到上级机关明确指示或批准后方可付诸行动，"先斩后奏"是违反组织原则的。

（三）内容的含量不同

　　报告有综合性的和专题报告，可以"一文一事"，也可以"一文数事"；请示没有综合性的，必须坚持"一文一事"、"一事一请"的原则，因为一文数事，有时会因其中某一事项被卡住而耽误其他事项的批复，从而影响办事效率。

（四）结尾用语不同

　　报告的结尾用语不具有期复性，请示则要用期复性或期准性的结尾用语。

 **辨析训练**

　　一、过去国家规定全国运动会必须由北京、上海、广东轮流举办，随着社会的发展，许多省、自治区、直辖市都有条件申请举办全国运动会，为此国家体育总局特向国务院行文，请代

拟标题。

二、请示和报告是一种公文的两种形式，可以混用，也可以请示和报告一起用。这种观点对吗？请说明理由。

三、评析下面的写作有无不妥，若有，请说明理由并予以改正。

1.　　　　　　**××省××县工商局重建办公大楼的请示报告**

××县人民政府、××市工商局：

去年七月 15 日凌晨××地区发生 7.0 级地震，我局办公大楼被毁坏，无法再使用，成为危房。现决定重建办公大楼，共需资金 325 万元，还需扩征土地 2 亩。

特此报告。

××县工商局
二〇一三年二月五日

2.　　　　　**关于××公司造船用钢板参加冶金部评选的请示**

冶金部钢铁司：

根据冶金部的〔（2013）冶钢字 102 号〕文件《关于评选二〇一三年钢铁优质产品的通知》要求，现将我们二〇一三年冶金部钢铁优质产品 4C（D）造船用钢板的申请表报上，请审阅。

××公司
二〇一三年七月八日

3.　　　　　**关于要求增加校第十届运动会经费的报告**

校领导：

我校第十届运动会将于今年 5 月 16 日举行，此次运动会规模盛大，经反复测算，原定的 2.5 万元经费不够用，现要求再增加 1 万元经费。

特此报告，望领导批准。

××学院公共体育教学部
四月 10 日

批　　复

 **知识点击**

一、批复的概念

批复是一种适用于答复下级机关请示事项的公文。

批复是答复性的下行公文，是针对下级机关报送的请示公文被动制发的文件，专指性较强，主送单位通常是单一的，即直接发给报送请示公文的单位。

二、批复的特点

1. 行文的被动性

批复的写作是专门为答复下级机关请示事项被动而为的。先有请示，后有批复；没有请示，就谈不上批复。批复属被动行文，跟其他公文有所不同。

2．内容的针对性

批复是针对请示提出的事项或问题给出具体指示或表明是否同意或可行，必须针对请示内容一一答复，而不应涉及与请示内容无关的话题，以便于下级机关贯彻执行。

3．效用的权威性

请示的事项必须在征得上级机关的指示或批准后方可进行，因此批复中提出的答复意见具有一定的权威性。下级机关对批复的答复必须认真贯彻执行，不得违背。

4．态度的明确性

批复的内容要具体明确，不能有模棱两可的语言，使得请示单位不知如何处理。

三、批复的种类

1．指示性批复

指示性批复是用于答复下级机关的求示性请示的批复。往往对下级机关求示性请示中的问题做出具体明确的解释和答复，或提出处理意见，具有指导下级工作的作用。

2．批准性批复

批准性批复是用于答复下级机关的求批性请示的批复。是对下级机关求批性请示中的事项或困难的解决请求，进行认可和审批，具有表态性的特点。

四、批复的结构与写法

（一）标题

标题应写明批复机关名称、内容与文种"批复"，如《国务院关于安徽省宿县城关镇改设宿州市的批复》；还可以在标题中标明批复机关对下级机关请示问题的态度，如《国务院关于同意在沈阳市进行经济体制综合改革试点的批复》。

（二）主送机关

主送机关请求指示和批准的下级机关。

（三）正文

批复的正文包括批复引语、批复意见和结尾3个部分。

1．批复引语

引语要明确点出批复针对的请示公文，一般引用下级机关请示的来文日期、公文标题或字号，如"你省9月8日《关于铜川市人民政府迁移办公地址的请示》（陕政字〔2012〕33号）已收悉，经研究同意（或经研究答复如下：）"。

引语也可简要引述来文所请示的事项，如"你厂关于修建办公楼的请示已收悉，经研究批复如下："。

2．批复意见

批复意见是批复的主体，应针对下级机关请示的事项，或者做出明确的解释或指示，或者表明同意与否的态度。

在批准性批复中，一般存在3种情况：一是予以同意或批准；二是如不同意或不批准，需说明理由或根据；三是"基本同意"或"原则同意"，同时应给出修正意见或补充处理方法。

3．结尾

结尾应使用批复规范的结尾用语，如"此复"、"特此批复"。也可没有结尾语，批复意见写完就结束。

（四）落款

落款包括发文机关名称、印章与成文日期。与其他公文写法相同。

五、批复的写作要求

（1）答复要有针对性。批复必须是有针对性的一请示一批复，请示要求解决什么问题，批复就答复什么问题，不能答非所问。

（2）批复要迅速及时。下级机关请示的事项或问题一般都是亟待解决的，因此上级机关的批复不能拖拉，否则耽误下级机关的工作。

（3）态度要明确鲜明。上级机关对下级机关的请示答复态度要鲜明，忌含糊其辞、模棱两可，否则下级机关无法操作执行。

例文评析

例 文 一

国务院关于武汉市城市总体规划的批复（节选）

湖北省人民政府：

你省《关于审批<武汉市城市总体规划（2006—2020 年）>的请示》收悉。现批复如下：

一、原则同意修订后的《武汉市城市总体规划（2006—2020 年）》（以下简称《总体规划》）。

二、武汉市是湖北省省会，国家历史文化名城，我国中部地区的中心城市，全国重要的工业基地、科教基地和综合交通枢纽。《总体规划》实施要以科学发展观为指导，坚持经济、社会、人口、环境和资源相协调的可持续发展战略，统筹做好武汉市城乡规划、建设和管理的各项工作。要按照合理布局、集约发展的原则，推进经济结构调整和发展方式转变，大力发展高新技术产业，不断增强城市综合实力和可持续发展能力，完善公共服务设施和城市功能，逐步把武汉市建设成为经济繁荣、社会和谐、生态良好、特色鲜明的现代化城市。

三、重视城乡统筹发展。（具体略）

四、合理控制城市规模。（具体略）

五、完善城市基础设施体系。（具体略）

六、建设资源节约型和环境友好型城市。（具体略）

七、创造良好的人居环境。（具体略）

八、重视历史文化和风貌特色保护。（具体略）

武汉市人民政府要根据本批复精神，认真组织实施《总体规划》，任何单位和个人不得随意改变。你省和住房城乡建设部要加强对《总体规划》实施工作的指导、监督和检查。

国务院（印章）

二〇一〇年三月八日

简析：这是一篇批准性批复。引语规范明确，答复态度用"原则同意"，之后具体分 8 点提出补充意见和要求。写作格式和内容都值得借鉴。

例　文　二

自动化学院党委
关于同意召开第五届学生代表大会的批复

共青团自动化学院委员会：

　　你团 2 月 10 日《关于召开第五届学生代表大会的请示》（×字〔2015〕9 号）收悉。经研究同意召开第五届学生代表大会。请严格按照《××大学学生代表大会章程》组织实施。

　　此复。

自动化学院党委（印章）
2015 年 2 月 14 日

　　简析：这是一篇行文简单的批准性批复。引语规范、意见明确，格式完整规范。

 **思考训练**

一、填空题

1．批复是针对_____机关报送的_____而做出答复的公文。

2．从行文关系上看，批复属于_____。

3．试写出批复的几大鲜明特点：_____、_____、_____、_____。

4．××市教委同意市第二中学开设第二课堂的请示，批复标题应写为_____。

二、判断题

判断对错，错误的请说明理由并予以改正。

1．批复是针对有关部门的请求做出的答复。

2．批复跟请示一样，也应一文一事。

3．

关于要求拨给抢修校舍专款请示的批复

××镇教育办：

　　你们的请示收到了。这次强台风的破坏，使你镇校舍损失惨重，造成许多班级无教室上课。经研究，可考虑拨专款 15 万元，以给你镇抢修教室，不足部分请自筹解决。

　　此复！

某县教育局

三、写作练习

根据给出的例文撰写表示同意的批复。

××县邮政局关于增设中兴街邮政营业所的请示

××省邮政管理局：

　　为合理组织网点，扩大邮政服务，我局拟在中兴街设立邮政营业所一处。

　　中兴街地处县城西郊，驻街机关、工厂、学校较多，系单位和居民密集地带，但该处距县局约两公里，用户使用邮政很不方便。为缓解当地用邮困难状况，我局今年来定期组织流动服务组到该处服务，但由于没有固定居房，工作有诸多不便。且自 2006 年省有关部门公布我县

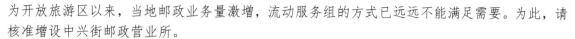

为开放旅游区以来，当地邮政业务量激增，流动服务组的方式已远远不能满足需要。为此，请核准增设中兴街邮政营业所。

当否，请批复。

附件：1．中兴街位置图
　　　　2．拟建局房平面图

××县邮政局（公章）

2012 年 7 月 9 日

第四节　函　纪要

学习目标与要求

1．掌握函、纪要的适用范围。
2．熟练掌握函、纪要的结构和写作规范。
3．明确函的特点及其与请示、批复的区别。
4．模拟写作，培养撰写函、纪要解决公务的能力。

函

任务导入

因工作需要，上海国美电器有限公司需调青岛国美电器有限公司的销售部经理张××前往上海公司工作，两公司就张某的工作调动问题进行商洽。请问：双方该如何行文？

知识点击

一、函的概念

函适用于不相隶属机关之间相互商洽工作、询问或答复问题，请求批准和答复审批事项。

从主要作用来看，函应属于商洽性公文。函主要在平行机关或不相隶属的机关之间使用，基本用于平行方向。但有时上级机关对下级机关询问一般性的问题，下级机关向上级机关询问具体事项、报送统计报表或一些简单物件，答复上级机关询问的一般性问题等，也可用函来进行。

在行政机关的公务活动中，函不具有指挥、领导的作用，但它具有桥梁、纽带作用，同时也具有记载和凭证作用。

二、函的特点

1．使用的广泛性

函的适用范围不受级别高低、单位大小的限制，对发文机关资格的要求很宽松，不管高层机关还是基层单位都可用函行文。

2．主体的平等性

函的发文机关与收文机关是不相隶属的，双方之间没有领导与被领导或指导与被指导的关系，相互之间是平等的。

3．行文的往复性

函通常是两个单位之间就某一具体事项进行商洽，双方有来有往，一问一答，而不是一方的单向行文。

三、函的分类

1．按行文方向划分

（1）（发）函，指主动发出去的函，是主动行文，具体行文时可直接写为"函"，据此跟复函区分开。

（2）复函，指根据收到的（发）函被动进行回复的函，是被动行文。

2．按内容和用途划分

（1）商洽函，即不相隶属机关之间商洽工作、联系事宜的函，如联系参观学习、邀请讲学、洽谈业务、商调人员等，如《北京金岭信息科技有限公司关于对新员工进行技能业务培训的商洽函》、《北京科技职业技术学院培训处关于对新员工进行技能业务培训的复函》。

（2）询答函，即不相隶属机关之间相互询问和答复有关具体问题的函。此类函涉及的多数是问题而不是具体的工作，如《××市技校招生办公室关于技校学生收费标准的函》、《××市物价局关于技校学生收费标准的复函》。

（3）请批函，即向不相隶属的有关主管部门请求批准或对方答复审批某些事项的函，如《××学院关于请求批准离职教师张×等户口转出办理的函》、《××市公安局关于同意张×等户口转出办理的复函》。

四、函的结构与写法

函的写法较为灵活，但规范性的函一般由标题、主送机关、正文、落款4项组成。

（一）标题

函的标题，由发文机关+事由+文种（函或复函）三部分组成，其中文种部分要明确区分"函"与"复函"。

（二）主送机关

主送机关即收文机关，（发）函的主送机关与复函的发文机关是一致的，复函的主送机关与（发）函的发文机关是一致的。

（三）正文

（发）函与复函的正文，一般应写明开头、主体和结语3项内容。

1．开头

开头主要说明发函的缘由。

（发）函，简要说明主动发函的原因、目的或工作中的困难和需要，或概述事情的原委，之后或可用"现将有关事项说明如下："等作为过渡语转入主体写作。

复函，则要以对方来函作为引据，引述来函的标题、发文字号，之后或可"经研究，现函复如下："等作为过渡语转入主体写作。引述写作如"你校《关于×××××××的函》（×函〔2012〕×号）收悉，经研究，现答复如下："。

2．主体

主体是函的核心内容，主要说明致函事项。

（发）函，不管是商洽工作、询问和答复问题，还是向不相隶属有关主管部门请批事项，都需直陈其事，用简洁得体的语言将需商洽、询问或批准的事项叙写清楚。

复函，只能针对对方来函的事项或问题进行具体回复，注意内容的针对性和态度的明确性。

3．结语

（发）函，如需对方答复的，可用"敬请函复"、"请予研究函复"、"特此函达，恳请函复"等；如不需对方答复的，可用"专此函达"、"特此函达，请予大力支持"等。

复函，可用"此复"、"特此函复"、"专此函告"等。

（四）落款

落款包括发文机关署名、印章和成文日期。

五、函的写作要求

（1）一函一事。函的内容要单一，不需在原则、目标、意义等方面做很多阐述，不需套话，只需直接说明商洽事项即可，应简短明快。

（2）语气恳切谦和。函为不相隶属机关间商洽事项所用，应注意措辞，语气要委婉恳切、平和有礼，不可强人所难，忌用下命令、做指示的指令性语言。

例文评析

例　文　一

北京市人事局办公室关于北京生源毕业生就业工作有关问题的函

各高等院校毕业生就业工作主管部门：

近年来，在各省市毕业生就业工作部门、各高等院校的大力支持和协助下，北京生源毕业生就业工作顺利开展，取得了较好的成绩。为进一步简化办事程序，做好毕业生就业服务工作，我们对北京生源毕业生就业工作程序进行了部分调整，现将有关事项函告如下：

自 2007 年起，对于北京生源毕业生，请按照如下程序办理就业派遣：

一、凡北京生源毕业生属中央在京单位接收的，请按有关规定直接派遣到该接收单位。

二、凡北京生源毕业生属北京市所属单位接收的，经该单位上级主管部门（市委市政府各部委办局、集团总公司、人民团体等单位）人事（干部）部门同意，可直接派遣到该接收单位。

三、凡北京生源毕业生属非公有制经济单位接收的，应经委托存档的政府所属人才服务机构同意后方可派遣，档案材料寄至该人才服务机构。

四、凡北京生源毕业生在集中派遣时仍未落实就业单位的，其就业报到证签署的报到单位名称统一由原来的"北京市人事局"改为毕业生生源所在地的区县人事局毕业生就业工作部门（生源地与现户籍所在地不一致的，可派遣至现户籍所在地区县人事局毕业生就业工作主管部门），即"北京市××区（县）人事局毕业生就业工作部门"，档案材料寄至该区（县）政府所属人才服务机构（北京市各区县人才服务中心通信地址附后）。

五、请按照人事档案转递有关规定通过正常渠道办理北京生源毕业生个人档案转递手续，勿将毕业生档案交由毕业生个人携带。

六、凡派遣回京的北京生源毕业生在办理就业派遣手续时，其户口迁移证中迁移地址请填写为毕业生家庭所在地或接收单位集体户口所在派出所。

特此函告，望大力支持为盼。

附件：北京市各区县人才服务中心通信地址

北京市人事局办公室（章）

2012 年 9 月 1 日

简析：这是一篇商洽函。发函机关希望各高校毕业生就业工作主观部门能够协助处理好北京生源毕业生的就业工作，并分条给出有关工作的具体操作参考，使得商洽内容有针对性。

例 文 二

××省文化厅关于委托××行政管理干部学院举办成人高等教育专业证书班的函

××省教委成人教育办公室：

为提高我省文化系统干部的管理水平和专业知识水平，我厅拟委托××行政管理干部学院举办文化管理专业成人高等教育专业证书班，学制为全脱产一年，从今年 7 月至明年 6 月，招收学员 80 名。我们将配合学院严格按照国家教委和省教委的规定举行入学考试，安排教学工作，确保质量。

特此函达，望予审批。

附件：文化管理专业证书教学计划表

××省文化厅（章）

2013 年 3 月 2 日

××省教委成人教育办公室关于委托××行政管理干部学院 举办成人高等教育专业证书班的复函

××省文化厅：

贵厅 3 月 2 日《关于委托××行政管理干部学院举办成人高等教育专业证书班的函》（×字〔2013〕9 号）收悉。经研究同意委托××行政管理干部学院举办成人高等教育专业证书班。请按相关规定进行教学安排。

此复。

××省教委成人教育办公室（印章）

2013 年 3 月 5 日

简析：这是一则请批函及其复函。收函机关与发函机关之间属于不相隶属关系，但关于举办成人高等教育专业证书班的工作必须由收函机关批准方可实施，因此用请批函是对的。篇幅短小，言辞简明，格式规范，可以借鉴。

例 文 三

上海国美电器有限公司关于商调销售经理张××的函

青岛国美电器有限公司：

因工作需要，拟调你公司××同志到上海公司工作。如同意，请先将该同志的档案、表现材料及健康检查表一并寄来。

特此函达，敬请函复。

上海国美电器有限公司（章）

2014 年 4 月 1 日

青岛国美电器有限公司关于商调销售经理张××的复函

上海国美电器有限公司：

你公司 4 月 1 日《关于商调销售经理张××的函》（×字〔2014〕12 号）函悉。关于张××到你公司工作问题，经研究同意。现随函附去该同志的档案等材料，请将报到日期尽快告诉我们。

此复。

附件：销售经理张××档案材料

青岛国美电器有限公司（章）

2014 年 4 月 3 日

简析：这是一篇商洽函及其复函。两平行单位之间就销售经理的工作调动问题进行联系商洽，内容简约明白，格式完整规范。复函写作针对明确，态度明晰。可以作为函与复函写作基本规范的借鉴。

思考训练

一、填空题

1. 函适用于＿＿＿＿之间相互＿＿＿＿、＿＿＿＿问题，＿＿＿＿事项。
2. 从函的主要作用来看，函的行文方向多见＿＿＿＿。
3. 函有主动行文和被动回复之分，因此分为＿＿＿＿和＿＿＿＿。
4. 复函正文的开头写作应明确其回复的针对性，必须写清已收来函的＿＿＿＿和＿＿＿＿。
5. 从内容上，函可以分为＿＿＿＿、＿＿＿＿和＿＿＿＿。

二、判断题

判断对错，错误的请说明理由.

1. ×集团公司拟行文到××大学联系本公司员工进修事宜，应该使用函行文。

2．向级别与本机关相同的有关主管部门请求批准某事项应使用函。

3．函是两单位间联系商洽工作用文，一函多事可节省时间。

4．下面复函的写作有否不妥，如有，请说明理由。

复　函

省审计局：

　　经研究，我校同意和你们联合办学，至于经费问题，各出一半，至于想往我校安排人员一事恐难成行。特此告知。顺致夏安

2003 年 8 月 30 日

三、写作练习

（一）请结合材料拟写标题。

1．××县工业局为请求购置防暑设备的经费，特向该县财政局制发文件。

2．××公司拟行文给××职业学院联系本公司员工进校培训事宜。

3．××市中等职业技术学校向该市物价局发函询问技校学生的收费标准，物价局就此问题做出具体回复。请拟写双方行文标题。

（二）根据材料拟写公文。

1．××职业学院拟于 2013 年暑假对×企业员工进行培训，需用梯形大教室 3 间，但本校符合条件的教室资源短缺，需向××中学租用。

2．××中学收到了××职业学校的商洽函，经研究同意在 2013 年暑假租借梯形大教室 3 间给××职业学校。请你代××职业学校回一份复函。

（三）指出下面函与复函的错误，并予修改。

1.
函

××大学财经系：

　　得知你们今年暑假要举办会计培训班。我们欲派 8 人前去学习。需要多少费用我们如数付给。能否接纳，请速回复。

××公司
2013 年三月五日

2.

××公司：

　　你们的函我们收到了，经研究同意派人来学习。所需费用为 9800 元，请通过银行汇给我们。

××大学财经系
6 月 8 日

 知识拓展

一、函与请示的异同

函与请示是两种不同的公文，函多为平行文，请示为上行文；函可以联系商洽工作，请示可以请求指示。

除此之外，函中的请批函与请示中的求批性请示有相似也有不同。

相同的是二者都以请求对方批准为行文目的。

不同的是，请批函用于不相隶属机关之间请求批准，求批性请示用于下级机关向上级机关请求批准；请批函收文单位应用答复审批的复函进行回复，求批性请示收文单位却用答复审批的批复进行回复。

二、复函与批复的异同

复函与批复都是被动行文，二者都是针对其他机关或单位来文进行被动回复的；在正文写法上，其注意问题也几乎一致，都需用引语规范明确对方的来文，都需针对来文事项清楚表态。

但二者的适用范围有本质不同，复函针对不相隶属机关的来函进行回复，批复只针对下级机关的报送请示进行回复。

三、公函、便函与信函的区别

（1）公函具有较完整的公文格式，用于商洽、询问、答复工作中较重要的问题和请求主管部门批准某些事项。它属于正式公文，要用带有文头的正式公文用纸并编排文号。

（2）便函用于询问、答复、联系、介绍某些一般性的公务事宜。它不属于正式公文，不编文号，不列标题，用机关信笺直接书写并盖上公章即可发出。

（3）信函是人们沟通情况、交流思想、商量事情使用的一种应用文，是个人或单位只要有需要就可以使用的一种日常用礼仪书信，要注意礼貌套语的运用及其写作格式。

 辨析训练

一、辨析填空

1．×公司因扩建须砍伐施工区内的几株百年梧桐树，需所在街道办事处绿化办公室同意，此事应用_____行文。

2．×市文化局请求该市政府拨给职工住宅部分修建款，应用_____行文。

3．×省财政厅同意本省农业厅申请购置防暑设备经费的公文标题为_____。

4．××校欲建一座教学实验楼，向所属市教委请求拨款，市教委的回文标题应为_____。

二、辨析对错

1．××市教育局向本市审计局发出一份申请批准的函被退回，对方要求用请示行文，这种做法对吗？

2．向有关主管部门请求批准用请示。

3．批复是针对有关单位的请求做出的答复。

三、辨析写作

长春市统计局向黑龙江省统计局发了一份请示，内容是希望参加该省举办的统计人员培训班，结果请示被驳回，说其行文错误。

1．对此你怎么看？

2．若黑龙江省统计局同意，请代双方单位分别行文。

四、辨析思考

函中的请批函、请示中的求示性请示与申请的使用区别是什么？

纪　　要

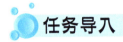 **任务导入**

××学院与中国文化管理协会演艺工作委员会、××影视文化有限公司，2014 年 5 月 6 日召开了合作开办影视专业的座谈会，会后学校需以纪要形式发布并传达会议精神。王洁负责学校办公室的文案工作，请问：她该怎样完成？

 **知识点击**

一、纪要的概念

纪要是一种适用于记载会议主要情况和议定事项的公文。

纪要产生于会议后期或会后，属于纪实性公文。

二、纪要的特点

1．广泛性

纪要可以上报，向上级单位汇报会议情况和结果；也可以发给平级单位或下级单位，以传达会议精神和议定事项，或要求与会单位共同遵守、执行。

2．纪实性

纪要必须是会议宗旨、基本精神和所议定事项的纪实，不能随意增减和更改内容，任何不真实的材料都不得写进纪要。

3．概括性

纪要是在会议记录的基础上概括、提炼而成的，必须精其髓、概其要，以极为简洁精练的文字高度概括会议内容和结论。既要反映与会者的一致意见，又可兼顾个别同志有价值的看法。有的既要，还要有一定的分析说理。

三、纪要的分类

按会议内容不同，纪要可分为决议性会议纪要和周知性会议纪要。

1．决议性会议纪要

决议性会议纪要主要记载和反映与会人员经过商议，对某些事项或问题做出的、需要共同遵守的一致决定。常见用于办公会议。

2．周知性会议纪要

周知性会议纪要是通过如实传达会议情况，以达到传递信息、交流经验目的的一种会议纪要。常见用于座谈会、经验交流会、学术研讨会等。

四、纪要的结构与写法

纪要的写法因会议内容与类型不同而有所不同。就结构来讲一般由标题、正文、落款三部分构成。

（一）标题

1. 单行标题

纪要标题一般用会议名称+纪要的方式，如《全国职业病防治技术工作会议纪要》、《××公司市场部开发研发会议纪要》。

2. 双行标题

在报刊上公开刊登的会议纪要标题也可由正、副两行标题组成，正标题阐述会议主要内容精神，副标题写明会议范围、名称和文种，如《维护财政制度加强经济管理——××公司部门领导及项目负责人座谈会议纪要》。

（二）正文

会议纪要的正文一般由两部分构成。

1. 会议概况

会议概况用简要文字介绍会议召开的目的、指导思想、会议时间、地点、名称、主持人或主持单位、与会人员、基本议程、讨论的主要问题、会议的效果和意义等。

2. 会议的精神和议定事项

会议的精神和议定事项是纪要的主体内容，要写会议研究的问题、讨论的意见、做出的决定、提出的任务、确定的措施等，是会后贯彻的依据。一般有以下几种写法。

一是归纳法，即将会议讨论、研究的内容归纳出几个问题来写。例如，有些会议规模较大，讨论的问题较多，就需分类整理归纳，也可列出小标题或标上序号。

二是概述法，即将会议的发言内容、讨论的情况综合到一起，概括叙述出来，以反映会议精神。一些小型会议的纪要多采用此种方法。

三是发言记录法，即按会议发言的顺序，把每个人发言中的主要意见写出来。一些座谈会的纪要常用这种方法。

归纳法和概述法的写作，常用"会议讨论了"、"会议认为"、"会议强调"、"会议指出"、"与会者认为"等语言来引出会议主要精神的阐述。

（三）落款

纪要的落款一般只写成文日期即可，可以不加盖公章。日期也可写在标题之下。

五、纪要的写作要求

1. 实事求是，忠实会议内容

可对与会者的发言进行概括和提炼，也可适当删节，但不可凭空增添内容和篡改原意。同时对没有取得一致意见的，一般不写入纪要；但少数人意见中的合理部分可注意吸收。

2. 明确宗旨，突出会议中心

有一定规模的会议往往涉及的问题较多，纪要不可能面面俱到，一定要抓住"要"点来写，要对会议记录做分析综合、加工整理、分裂归纳，切不可写成会议记录。

例文评析

例 文 一

××街道工作委员会会议纪要

时间：2013 年 5 月 16 日下午

地点：××街道办事处四楼会议室

出席：项小平　陈益民　王慧琴　梁文彬　潘江波

　　　李正军　伍亨建　吴杨波　张俊海　李灵平

列席：夏良友

记录：何　俊

　　会议由街道党工委书记项小平主持，就有关党员组织关系接转和超期未转正预备党员转正问题做出如下决议：

　　一、会议研究了"两新"组织党员党组织关系接转问题。会议认为我街道户籍人口，从街道辖区外"两新"组织党组织转来的党员，关系放街道党员服务中心支部，时间超过 18 个月，且本人确已回到原籍工作、生活的组织关系一律迁回村（居）社区支部。5 月 31 日后，暂停办理组织关系接转，直到换届选举结束。今后，要严格贯彻落实中央组织部《关于进一步加强党员组织关系管理的意见》（中组发〔2004〕10 号）决定，健全和完善类似情况的组织关系接转工作常态化、正常化制度，即辖区外转来的"两新"组织党员组织关系，在街道党员服务中心支部达到 18 个月，且本人确已回原籍工作、生活的，其组织关系原则上迁入户籍所在地党支部。在街道党员服务中心支部的党员，必须按照《中国共产党章程》第九条规定，按时交纳党费和参加有关组织活动，"党员如果没有正当理由，连续 6 个月不参加党的组织生活、或不交纳学费、或不做党所分配的工作，就被认为是自行脱党。支部大会应当决定把这样的党员除名，并报上级党组织批准。"

　　二、会议研究了到期未转正预备党员转正问题。针对少数村级党支部，长期不开展组织生活和少数支部内党组织关系庸俗化，导致该支部预备党员无法正常转正问题。党工委要求在 6 月 30 日前，有关党支部必须无条件召开支委会和全体党员会议，研究到期未转正预备党员的转正工作。今后，无正当理由和特殊原因，各支部必须在预备党员预备期满后 3 个月内召开相关会议，研究落实本支部到期预备党员的转正工作。

　　三、会议重申了严肃党的组织原则和组织纪律。街道党工委辖区各党支部和全体党员，要严格执行党章关于"党员个人服从党的组织，少数服从多数，下级组织服从上级组织，全党各个组织和全体党员服从党的全国代表大会和中央委员会"的组织原则。要强化纪律意识和组织原则，"党组织必须严格执行和维护党的纪律，共产党员必须自觉接受党的纪律的约束"，反对一切另立于上级组织之外和搞小团体的不正之风。今后，对凡是不执行上级组织决定且无正当理由的，街道党工委将视情对相关党组织负责人或党员个人，严肃有关纪律。尤其是，对个别村党支部借各种理由为明年换届工作，事前进行拉帮结派、打击异己等行为的，一经发现，将取消其参选资格或不予确认其当选结果。

简析：这是一篇决议性会议纪要。纪要中就会议讨论的两大问题进行归纳和概述，并用"会议研究了"、"会议认为"、"会议重申了"等惯用语综述了会议的综合意见和要求，层次清晰，真实记载了会议的主要内容和精神。

例 文 二

合作开办影视专业座谈会议纪要

2014年5月6日上午，×××副校长在我校行政楼二楼会议室主持召开了合作开办影视专业座谈会，参加会议的有中国文化管理协会演艺工作委员会导演×××、演艺中心副主任××，××影视文化有限公司副总裁×××，×市教育厅及学校、教务、人文学院等有关部门负责领导，现将会议内容纪要如下：

会议首先听取了×××校长对我校特别是人文学院基本情况的介绍，以及双方合作开展影视专业的优势及存在的困难。

会议指出，影视专业对提高学校乃至地方的知名度、毕业生的名气十分有利。但如果仅靠学校自身的实力开办影视专业，影响力太小，而学校、演艺委员会、影视文化公司三方面的合作，将可以大大提高知名度和号召力。地方政策将大力支持三方合作开办影视专业。××影视文化有限公司建有拍摄基地，也将积极推动优秀毕业生的造星工作，优秀毕业生可参与到影视文化公司作品的拍摄。

最后，会议达成一致，通过了双方的合作意向，同意在2015年合作开办影视本科专业。具体的合作条款和具体负责人选还需要进一步协商与考虑。

简析：这是一篇周知性会议纪要。纪要如实传达了座谈会议的情况，运用概括法并用"会议听取了"、"会议指出"等各种惯用语简要概述了会议座谈的内容和结论。

 思考训练

一、填空题

1. 纪要是一种适用于记载_____和_____的公文。

2. 纪要必须要忠实于会议的真实情况，因此纪要具有_____特点。

3. 采用归纳法或概括法的纪要写作，一般常用_____、_____等惯用语来阐述会议纪要的主要精神。

二、写作练习

1. ××学校为提高毕业生的就业率，进一步扩大学校在社会上的知名度，召开了毕业生就业工作会议。请为此次会议拟写纪要标题。

2. 2014年9月5～8日，×市卫生局召开了全市农村医疗卫生改革工作会议，出席会议的有全市各区县卫生局的负责人、全市各医院院长。副市长××到会并做了报告。会议讨论了如何加快全市农村医疗卫生改革工作的若干问题。请充分利用给出材料为此次会议拟写一份纪要（具体会议精神的写作部分可略）。

3．指出下面纪要的问题，并予以改写。

办公会议纪要

2013 年 4 月 15 日，××大学召开了办公会议，讨论了三个问题，并达成纪要如下：

一、本校第六届运动会定于 6 月中旬召开，运动会期间停课一天。

二、今年暑假改造装修第一教学楼，9 月份开学前完工。

三、改造本校大学生活动中心，暑假将向社会开放。

院长办公室

4 月 15 日

三、思考题

1．会议纪要与会议记录有哪些异同？

2．会议纪要与会议简报有哪些异同？

第三章　日常文书

第一节　日常文书概述

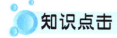 学习目标与要求

1. 了解日常文书的范畴。
2. 了解日常文书的特点。

知识点击

一、日常文书的概念

日常文书是指人们的日常工作、学习或生活中，办理公务、处理私事时所使用的一种实用性文书。它主要用以沟通感情、增进友谊、表达意愿、改善关系、联系事宜等。

在人们的社会交往活动中，学会写这类应用文，对于增进友好关系、促进事业成功、获得和谐生活等都有着不可或缺的意义。

二、日常文书的特点

1. 实用性

日常文书是人们在生活、工作、学习中经常使用的文书，是为某一特定事情或需要而使用的文书，具有很强的实用性。

2. 礼节性

日常文书的交际色彩非常浓厚，具有礼节性，其内容要关注对方的需要和感受，措辞一般要注重敬重、委婉、亲切、优美、大方等。

3. 书信性

日常文书大部分属书信体，承载传达信息、表达情感、记录凭证的功能，从内容到形式都具有浓厚的书信体色彩。

第二节　条据

学习目标与要求

1. 掌握条据的适用范围。
2. 掌握各类条据的结构与写法。
3. 模拟写作，培养撰写各类条据解决日常所需的能力。

新学期刚开学，××学院财会系每个新生班级需发两把墩布、3把笤帚、一个水桶，刘强是2015级会计电算化3班卫生委员，领到卫生工具后需写份领条。请问：该怎样写？

一、条据的概念

条据是人们处理日常临时性事务时使用的一种简单的应用文体。

"条"即便条，"据"即单据。条据是人们在借到、领到、收到或归还钱物时写给对方作为凭据的便条或单据。或者通过简单书面条子的形式要向有关人员托付事情说明情况时，也会用到条据。

二、条据的特点

1. 凭证性

条据的主要功能就是凭证作用。例如，请假条是作为请假的凭证，借条是作为钱物借还的凭证，而且借条需严密保管，供日后核对情况甚至要作为档案保存起来。

2. 便利性

条据写起来很简便，用起来很方便，虽然纸小，作用却很大。因此日常生活中被频繁应用。

3. 说明性

条据内容涉及时间、名称、数量、用途等重要信息，具有说明事实的性质，因此用语应具有说明性。

三、条据的种类

根据内容和用途，条据可分为两大类。

（1）说明性条据，主要指向有关人员说明情况、托付事情、传递信息用的条子，如请假条、托事条、留言条或便条等。

（2）凭证性条据，一般涉及借、欠、收、还、领个人或公家现金、财物，往往起到日后的凭证作用，当双方的借、欠等关系不存在时，条据可回收作废或撕毁，如借条、欠条、领条、收条（或收据）等。

四、条据的结构与写法

不同的条据其格式与写法也略有不同。

（一）说明性条据

说明性条据格式与一般书信相似，包括标题、称谓、正文、落款四部分。

1. 标题

首行居中写明条据名称即可，如《留言条》、《请假条》等，除请假条外其他说明性条据也可省略标题。

2. 称谓

标题下行定格书写对对方的得体称呼即可，如"王老师"、"子君兄"、"小王"、"老李"等。

3．正文

正文要交代需要说明的具体事情或有关要求等。注意语言简洁、礼貌周全。

例如，请假条要写明请假的理由、请假的起止日期和时间，结尾处常用"请予批准"、"望批准"等要求字样，也有再附加"此致敬礼"等致敬词的，托事条结尾处一般用"谢谢"等用语。

4．落款

条据的右下方应注明说明事项人的署名和年月日。若是常见面的熟人，落款处署名可用简称。原则上对方明白即可。

（二）凭证性条据

一般包括标题、正文、落款三部分。

1．标题

首行居中表明条据的性质，如"收条"、"收据"、"领条"、"借条"等 。

2．正文

标题下空两格书写正文。开头一般有较固定的惯用语，如"今收到"或"代收到"、"今领到"或"代领到"、"今借到"等。然后依次写清人、物品及其名称、数量、种类、规格等情况。借条或欠条还要写明归还的具体日期。结尾处可空两格用"此据"等字样，也可省略不用。

3．落款

条据的右下方应写明经手人姓名，有时可盖章。若是单位名称，除写明单位名称外，还应标明经办人姓名，表明对单据内容负责。署名下写日期。

五、条据的写作要求

（1）4项要素要清楚。条据应由当事方（或代办方）亲笔书写，要交代清楚4项要素，即写给谁、什么事、谁写的、什么时间写的，要一一写明。例如，借条上若有姓无名或有名无性，都会给对方留下行骗的口实和赖账的把柄；若不写明年月日具体日期，一旦发生纠纷，事实真相很难说清。

（2）书写应准确规范。语言应避免歧义，如将"买"写成"卖"或"借"写成"借给"，极易颠倒是非。涉及钱物数量要写清楚，数字必须大写，数字前不留空白，数字后要写明计量单位，金额后要写上"整"字，以防恶意添加或篡改。

（3）内容不可涂改。条据一般不涂改，应保证文面整洁。如确实需改动，应在涂改处加盖印章。

（4）表述应简明扼要。条据一般篇幅都很短，寥寥几行，用极简练的语言说清事项即可。

例文评析

例　文　一

请　假　条

李老师：

我因哥哥结婚需回老家一趟，特向您请假，请假时间自 2013 年 9 月 23 日至 9 月 26 日共 3 天。

特此请假，请批准。

请假人：王××

2013 年 9 月 18 日

简析：这是一则说明性条据请假条，请假条是因事或因病不能出勤，特向组织或领导请求给予假期的便条。假条语言简洁明了又符合规范，理由充分，期限清楚，用语礼貌。

例 文 二

爸爸：

　　妈妈提前上班去了，我有急事外出一趟，大概下午回来。饭菜都在桌上，您中午回来微波炉热热即可。

儿　王俊

9 月 8 日

简析：这是一则说明性条据留言便条。凡因故不能面谈而将有关事项简要写下来告知对方的便条都是留言条。这种条据可以没有标题和祝颂语。本文称呼得体明确，行文简洁明白，4 项要素齐备。

例 文 三

小王：

　　下午你去行政开会时，麻烦把我做好的报表捎给人力资源部张×老师，报表压在你桌上的键盘下。有劳费心，不胜感激。

刘坤

2015 年 4 月 14 日

简析：这是一则说明性托事条。请人代办某事，但因故不能当面相托，将所托之事留言告知时用托事条。本文拜托事项具体清楚，措辞有礼妥当。

例 文 四

借　条

今借到音乐学院男女服装共拾套，话筒共贰只。具体见汇总表。七日内归还。
此据。

商学院

经手人：王梓琳

2014 年 7 月 1 日

例 文 五

借　条

今借到刘清明人民币叁万元整。明年 12 月 1 日前还清。
此据。

借款人：吕福龙（手印）

2013 年 5 月 5 日

例 文 六

收 条

今收到机械系《应用文写作》补考试卷共陆拾捌份。

此据。

中文教研室

经办人：王静

2014 年 9 月 27 日

例 文 七

欠 条

原借王卫东的人民币壹万元整，已还陆仟元整，尚欠肆仟元整，三个月内还清。

此据。

刘宇（手印）

2012 年 10 月 15 日

例 文 八

领 条

今领到系里发放的墩布贰把、笤帚叁把、水桶壹个。

此据。

会计电算化 1503 班

经办人：刘强

2015 年 9 月 5 日

简析：例文四至例文八均为凭证性条据的借条、收条、欠条、领条。所借、收、欠、领的钱物数量清楚，数字与金额书写规范，归还日期明确无歧义。是可以借鉴的凭证性条据不错的范文。

 思考训练

一、填空题

1．条据的主要功能是_____作用。

2．条据一般包括_____条据和_____条据。

3．两类条据有着不同的性质和功用，区别主要体现在结构中的_____部分的写作。

二、写作练习

（一）评改下面的条据。

1.

请假条

赵老师：

我因事不能到校上课，特向您请假，请批准。

小雷

即日

2.

今借到李女士 8000 元。

此致

敬礼

王"半仙"

3.

今收到陆奶奶借给我的六百元。

谢谢。

灵儿

10 月 15 日

（二）根据材料撰写条据。

1．××大学教师佟雷因家人生病急需一笔钱，特向学校借款 5 万元，并许诺 2 年内还清。1 年内还了 3 万元，还欠 2 万元，佟雷许诺一定按期归还。请你代佟雷完成相关的条据写作。

2．刘芳下午就要离校实习了，但想起借图书馆的两本书还没来得及还，而且还有 3 天就到期了。情急之下，刘芳只能到同班好友李媛媛宿舍求助，但李媛媛不在宿舍。时间仓促，刘芳只能把需还的书放在李媛媛床上并留下便条，请李媛媛代她归还。请你代刘芳写则条据。

3．2012 年 6 月 28 日王向伟按照合同向房东缴了 2012 年第三季度的房租 1500 元，请你代替房东刘玉鲁写一张收条。

第三节　申请书

学习目标与要求

1．理解并掌握申请书的适用范围。

2．掌握申请书的结构与写法。

3．能够区分申请书与请示、函的实际应用。

4．模拟写作，培养撰写各类申请书解决实际需要的能力。

任务导入

王丽是江西省的一名女孩，2013 年考上××科技师范学院数学系，但家境贫寒，无力交付学费。但庆幸的是，按照国家政策，王丽可以向江西省农村信用社申请助学贷款。请你帮王丽完成文字写作。

知识点击

一、申请书的概念

申请书是个人或集体向上级或有关组织、机关、企事业单位或社会团体表述愿望、提出请求时使用的一种文书。

申请书是一种日常应用文，也是一种专用书信，它的使用范围很广泛。

二、申请书的特点

1．请求性

申请书是申述理由并有所请求的。无论是个人对党团组织或其他社会团体表述意愿、希望时的申请，还是个人或单位在工作、生活等方面对上级或有关部门有所请求时的申请，均是请求满足己方要求的，因此请求性是申请书的一个根本特点。

2．一事一请

申请书的事项是需要组织、上级批准的，因此申请的写作应一事一请，内容要单纯。

3．书信体格式

申请书的"书"是书信的意思，同一般书信一样，也是表情达意的工具，同时，申请书需对方批准，语言与措辞应礼貌得体，因此，它必须按照书信的格式行文。

三、申请书的分类

从内容与用途上划分，申请书可分为以下几种。

1．思想政治方面的申请

思想政治方面的申请一般是指加入某些进步的党派团体，如入党申请、入团申请、加入学生会的申请等。

2．学习工作方面的申请

学习工作方面的申请是指求学或实际工作中所写的申请，如入学申请、转学申请、奖学金申请、工作调动申请、带薪进修申请、办公物资申请等。

3．日常生活方面的申请

日常生活中，柴米油盐、吃穿住行，常常会遇到一些问题，这需要个人申请才可以被组织或单位考虑、照顾或给予解决，如户口迁移申请、困难补助申请等。

四、申请书的结构与写法

申请书一般都有固定的格式，包括标题、称谓、正文、祝颂语、落款5个部分。

1．标题

首行居中写标题，一般由申请内容和文种构成，如《助学金申请书》、《入党申请书》等，字体稍大、醒目即可。

2．称谓

标题下空一、两行顶格写称谓。可以称呼接受申请书的组织、机关、单位或团体的名称，如"教务处"、"××市人事局"等；也可以是对对方单位负责相关事宜的领导的得体称呼，或具体所指，或笼统泛指，如"尊敬的王局长"、"尊敬的校领导"等。称谓后要加冒号。

3．正文

正文是申请书的主体，一般包括申请理由和申请事项两部分。

学习工作与日常生活方面的申请，一般先写个人或单位的现实情况或困难等申请理由，然后写明需接收申请的对方批准的申请事项，结尾处用简单明白的惯用语言提出希望或要求，如"恳请批准"、"请领导批准"等。

思想政治方面的申请的正文写作要特殊些。一般先要表明申请入党的愿望，再严谨详尽地阐明申请入党的理由，具体包括：写清对党团或组织的认识；说明加入的动机；谈个人政治、思想、学习或工作等方面的主要表现，并结合党员标准分析个人优缺点，尤其要勇于剖析自身存在的不足，进而明确今后努力方向；最后表明决心和态度，并表示愿意接受组织对自己的教育和考察，如"请组织批准"、"请党组织在实践中考验我"等。

4. 祝颂语

祝颂语一般用"此致敬礼"之类的惯用语表示敬意即可，也可视具体情况没有祝颂语。

5. 落款

在正文右下方署名申请人姓名或申请单位名称，另行相应位置用阿拉伯数字完整标注年月日。若是单位申请，应在署名和日期处加盖公章。

五、申请书的写作要求

（1）申请理由充分合理、具体有条理，要实事求是，忌虚夸杜撰。
（2）申请事项应具体明确、直截了当，且要一文一事，忌一文数事。
（3）态度诚恳朴实，用语准确简洁。

例文评析

例 文 一

入党申请书

敬爱的党组织：

我是 13 级食品科学 1 班的张硕。我申请加入中国共产党。

中国共产党是中国工人阶级的先锋队，同时是中国人民和中华民族的先锋队，是中国特色社会主义事业的领导核心，代表中国先进生产力的发展要求，代表中国先进文化的前进方向，代表中国最广大人民的根本利益。党的最高理想和最终目标是实现共产主义。中国共产党以马克思列宁主义、毛泽东思想、邓小平理论和"三个代表"重要思想作为自己的行动指南。每每翻开党章，我会不断想起许多事情，想起中国共产党的伟大。而其中最刻骨铭心的当属汶川大地震，这是一场巨大的灾难，它不仅掠去了数千亿人民的财产，更夺走了数万四川同胞的生命。显然，灾难不是我铭记的重点，历历在目的是中国共产党的先进事迹。面对这样巨大的灾难，党中央领导人第一时间站了出来，他们用实际行动挽救了无数同胞的生命，甚至因此献出了自己宝贵的生命。这就是我眼中的中国共产党，没有华丽的"外表"，却拥有平凡的伟大。

正是这样的中国共产党，深深地吸引我朝党组织靠近。加入党组织不知不觉中已成了我的一个梦想，我梦想着能有一天也能像他们一样为社会付出，为人民付出，以体现我生命的最大价值。

从入少先队到入青年团再到今天继续向党组织的靠近，我的身边总有他们在默默支持鼓励我。他们即是我的老师，正是他们的谆谆教导，让我的思想觉悟有了极大提高。

为使自己能更进一步，我一直在努力奋斗。在思想上，抽时间学习党章已成为我的一个习惯，同时我会时刻关注时事政治，从中我能学到很多东西，更能加快我的思想的前进步伐；在学习上，我时刻牢记"学习是学生的天职"，对待学习不敢有一丝的怠慢，自入大学到今天，两学年共获得 2 次国家奖学金、1 次校奖学金，今后我定会更加不懈地学习；在生活上，我坚决反对铺张浪费，秉持勤俭节约的优良传统，注重寝室生活，以打造和谐寝室为己任；我还会经常参加体育锻炼，参加 2 次我校大学生运动会并取得良好成绩，运动是塑造健康身体的最好选择，而健康又是为社会和人民做出贡献的本钱。

　　梦想还在远处，我知道我距离党组织还有一定的距离，我身上还存在着不少缺点，如处理问题不够成熟等。但我会竭尽全力去克服自己的缺点，尽快提高自己，以使自己更加靠近党组织。我将用党员标准严格要求自己，完善自己，积极开展各项工作，让自己成为一名合格党员。

　　请党组织在实践中考验我！

　　此致

敬礼

申请人：张硕

2015 年 9 月 3 日

　　简析：这是一位在校大学生写的一篇入党申请书。基本遵循"入党愿望—对党组织的人士—入党动机—个人表现—分析优缺点—今后努力方向—决心与希望"写作思路。格式规范，条理清楚，言辞恳切，语言质朴。对于同样有入党意愿的在校大学生，此文值得借鉴。

例 文 二

投标申请书

××市招标投标管理办公室：

　　我公司根据现有施工能力，决定参加××工厂××厂房工程投标，保证达到招标文件的有关要求，并遵守工程各项规定。

　　特此申请，请批准。

　　附件：××公司简介

投标单位：××建筑工程公司(章)

负责人：×××

2012 年 8 月 5 日

　　简析：这是一篇日常用申请。格式规范，语言简明，理由虽看起来过于简单，但实际附件发挥了充分作用，也是不错的学习模板。

例 文 三

助学贷款申请书

江西省农村信用社：

　　我是××科技师范学院数学系 2013 级的贫困学生，来自九江市的一个偏僻农村。现家中有 6 人，爷爷、奶奶、爸爸、妈妈、妹妹和我。爷爷、奶奶年老在家，妹妹在县城读高中，爸爸、妈妈在家务农，且妈妈体弱多病，全家的开支主要靠农作物。由于家乡田少人多，加上去年又遇洪水，农作物歉收，全家人均收入不足 400 元。我进大学时的学费大部分是靠亲戚朋友借来的，今年要把学费交齐就更加困难了。

为不因经济困难而影响自己的学业，能及时、足额地把所欠学费交清，于是，我特向贵社提出助学贷款。我借款的额度是 8000 元，计划毕业后 4 年内还清本息。我父母也同意我贷款，并同意承担连带保证责任。贷款后，我保证履行还贷义务，按时归还贷款本息。同时，继续努力学习，争取以优良的成绩来回报省农村信用社对我的关心和扶持。

望省农村信用社批准为盼。

申请人：王丽

2013 年 5 月 10 日

简析：这是一篇大学生入学用助学贷款申请。该文理由充分，态度诚恳，语言得体。家庭困难实在具体，申请款项明确清楚，态度决心恳切周全。

 思考训练

一、填空题

1. 申请书是_____向_____表述_____、提出_____时使用的一种文书。
2. 申请书写作时用的是_____格式。
3. 申请需组织或领导尽快批准，因此为确保其实用，内容写作应_____。

二、写作练习

1. 2005 年 10 月，李芳芳调入信息中心通信部任话务员。在过去 5 年时间里，同事关心和帮助，领导信任和栽培，她学到了很多知识和本领，和大家相处得非常愉快，她很喜欢这份工作。2010 年 10 月，由于父母希望她回老家工作，便于生活上互相关照，她给单位领导写了封离职申请书，希望能在 2010 年 12 月 31 日正式离职，并保证积极配合做好交接工作。请你代李芳芳行文。

2. 因父母工作调动，刘强举家迁入南方某市。刘强现为××学院电子工程 2014 级新生，学制为 3 年。因与父母分隔两地，有诸多不便。近日，通过家人联系，新居所在地××学院同意接收他入学。刘强要转学，母校要求他提交转学申请。请你代刘强写一封转学申请书。

 知识拓展

一、申请书与书信的异同

申请书与书信既有相似又有不同。二者都可笼统视为书信，都为传情达意，都需注意措辞和态度的礼貌得体，都可用书信格式书写。但仍存在区别，主要体现在以下几个方面。

（1）写作目的不同。申请书是为请求组织或领导批准而写的，需要对方在最短时间内批准，是一种专用书信；而一般书信写作目的不确定，往往只为传情达意，不需要对方对书信里的事情做出批准表态。

（2）写作内容含量不同。一般书信可以一文一事，也可一文多事；而申请书则必须是一文一事，否则会影响对方的批准。

（3）写作结构不完全相同。申请书是应用文体，应有标题；书信一般不需标题。一般书信往往结尾处需用祝颂语；但申请书可用希望或要求结尾，视情况可没有祝颂结语。

二、申请书与求批性请示、请求批准的函的异同

相同点：申请书与求批性请示、请求批准的函都有请求对方批准的目的和功用。

不同点：三者有着不同的用法，需谨慎判断具体情形准确运用。

（1）当个人事情需请批时，只能用日常应用文申请书。因请示与函都是公文，二者只能解决公务需要，因此不能以个人名义行请示或函。

（2）当集体事情需请批时，一要视事情的重要程度来定。若单位或组织的一般性事务请批，用申请即可，如办公室或办公计算机等办公物资的请批。若单位或组织的重要性工作请批，要视行文方和收文方的关系而定，不相隶属关系时，请批行文方用函即可；上下级关系时，请批行文方用请示即可。二要视行文单位级别而定。级别较高，多用请示或函；级别低，一般用申请即可。

辨析训练

根据给出情景回答问题或完成相关写作。

1．××大学材料系教师王××因学校离家较远，值班或加班时无法回家，需请求学校批给一间教师公寓。王老师应用什么文字写作才能解决问题？为什么？

2．××市市属图书馆为办好图书事业，满足该市群众读书的要求，特请求市政府增加经费。该图书馆该用哪种文种行文最贴切准确？为什么？

3．工学院最近新进教师较多，为不影响教师办公，以院里名义统一请求校后勤资产处批准教师用办公计算机共6台。请你替工学院完成相关文字写作。

4．××省农业厅新建办公大楼需购置新办公设备，要请求该省财政厅批准。请代农业厅完成相关文字写作。

第四节　启事　海报　声明

学习目标与要求

1．掌握启事、海报、声明的适用范围。

2．掌握启事、海报、声明的结构与写法。

3．能够判断区分启事、海报、声明的具体运用。

4．模拟写作，培养撰写启事、海报、声明解决实际需要的能力。

启　事

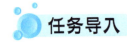

　　××学院读书俱乐部为丰富学生的校园文化生活，计划于本学期5月份在全校范围内举行"我的大学"征文比赛。马晓军是负责此次活动的俱乐部宣传委员，请问：他该拟写什么样的文字才能将活动目的告知全校？

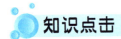

三、启事的概念

　　启事是机关、团体、企事业单位或个人，向社会公开告知、说明事项的日常用文书。

　　启事可以张贴、散发或通过报刊、电视、广播等媒体进行广泛传播。因此，启事具有广告性质和信息传递的作用。

　　由于其篇幅短小精悍，运用方便灵活，随着社会经济的发展，使用频率越来越高，已成为经济生活不可或缺的常用文书。

四、启事的特点

1．周知性

　　启事的内容必须是需要向社会大众公开陈述、告知说明的有关事项。因此，周知性是其主要特点。为使其事项得以广泛周知，它往往可采用多种发表途径和发布形式。

2．商洽性

　　在周知这一功用上，启事和通知、通告一类公文有些相似，但启事又不像公文那样具有行政强制性和约束力。启事的发文单位或个人与告知对象之间不存在行政隶属关系，不能硬性规定别人必须阅读或办理执行，而只能以商洽语气向社会大众陈述，告知对象可以参与，也可不参与。

3．祈请性

　　既然启事是用商洽方式陈述告知相关事宜，那么在写作上就应多侧重请求语气的使用。

三、启事的分类

　　启事种类繁多，根据内容大体分为以下几类。

　　（1）寻访类，如寻物启事、寻人启事等。

　　（2）招取类，如招领启事、招工启事、招聘启事、招生启事等。

　　（3）征求类，如征文启事、征物启事、征婚启事、征地启事等。

　　（4）变更类，如改期启事、更名启事、迁址启事、出租启事等。

　　（5）经营类，如开业启事、停业启事、庆典启事等。

　　其他还如邀集亲友、校友、会友、社会同仁等举行某种活动，如校庆启事；书刊出版发行的预告，如新书出版启事等，都可用启事形式告知大众。

四、启事的结构与写法

1．标题

　　第一行居中，字体比正文稍大，标明事项内容和文种，如《征稿启事》、《招领启事》、

《招聘启事》等。有时为醒目，还可加上单位名称或事由，如《××招聘语文教师启事》、《××公司开业启事》、《"我爱校园"征文启事》等。

2．正文

启事的正文一般简明扼要地交代有关事项，提出具体要求。正文的具体内容应根据启事的不同性质来决定。

例如，寻人启事应先详细说明走失者的身份特征，如姓名、性别、年龄、体貌特征、衣着装束、说话口音等。其次交代走失于何时何地。最后详细说明寻找人的联系方式或通信地址。另加酬谢之类的内容。同时应附走失人的照片。

又如，招聘启事的正文较为具体，一般应先简介招聘单位的情况，使应聘者在做出选择时有所依据。其次交代招聘单位所要求的具体条件，如性别、年龄、专业、学历等。最后写出联系人的具体联系方式。视需要也可注明启事的有效时间。

再如，征文启事的正文包括征文主题、参赛对象、题材及字数要求、评选方式、征文截止日期、注意事项等内容。

其他变更类、经营类等启事，除简单说明理由之外，也可不写理由，只需写明所告知的事项即可。

3．落款

正文右下方写明署名和日期。落款处应署启事单位名称或个人姓名的全名，若为单位，视情况应盖上公章。

五、启事的写作要求

（1）内容明确完整，简洁通俗。启事的效果取决于启事的内容表述是否具体明白、表述清楚，不应遗漏任何应启之事，而且文字应简洁通俗。

（2）用语恳切文明，无强制性。只有态度诚恳，言辞有礼，才能使公众产生信任感，进而达到预期效果。切忌用强制性和约束性的语言。

（3）勿将"启事"错写成"启示"。"启事"与"启示"是人们日常生活中用得较频繁但又容易混淆的两个词。"启示"是"启发指示，使人有所领悟"之意，与"启事"的"公开陈述事情"完全不同。

例文评析

例　文　一

招聘启事

××中学隶属于××市教育局，是一所公办的全日制中学。因办学发展的需要，需向社会公开招聘教师若干名。

一、所需学科及人数：语文 6 人、数学 4 人、英语 4 人、物理 3 人、生物 1 人。

二、招聘条件：有良好的敬业精神和较强的教育、教学能力，研究生及以上学历，年龄在45 周岁以下，高级、特级教师年龄可适当放宽。

三、工作经验：至少有 3 年以上教学经验。

四、待遇：凡被聘用者，可办理正式调动手续，家属工作、子女入学问题学校帮助解决安排，年薪和待遇从优。

五、报名方法：凡有意者，请在 5 月 6 日前登录××市教育局官方网站首页点击"教师应聘系统"报名，如实填写个人信息；并请将学历证书、职称证书、教师资格证、身份证等复印件，以及近期个人彩色两寸照片两张，在 5 月 8 日前寄往××市教育局人事科。初审合格者，请关注××市教育局网站首页通知栏"2013 年××中学教师招聘面试名单"参加面试试讲。

联系地址：××省××市教育局人事科

联系人：丁老师　陆老师

电话：×××××××

××市教育局（印章）

2013 年 3 月 8 日

简析：这是一则招取类招聘启事。正文因涉及事项较多，采用分条列项的方式陈述，先将招聘学校情况及招聘缘由简要说明，其次将招聘内容、条件、待遇、经验要求及报名方法、联系方式等具体内容一一表述清楚，语言简洁，条理清晰，格式规范，能较好实现启事的宣传作用。

例 文 二

××商厦北区开业启事

××商厦北区装饰工程已顺利完工，其间的二三楼服装商场、四楼餐饮美食城、五楼电影娱乐城均定于今年 10 月 1 日正式开业，届时欢迎各界人士光临光顾。

××商厦（印章）

2012 年 9 月 15 日

简析：这是一则经营类开业启事。这种启事写作较简单，除基本格式规范之外，正文只需将关于开业的相关告知事项用简明语言陈述清楚即可。值得借鉴学习。

例 文 三

"我的大学"征文比赛

为进一步弘扬大学文化精神，促进校园和谐，激发我院大学生的创作热情，校读书俱乐部特举办"我的大学"征文大赛，望广大同学踊跃投稿。

一、征文范围

全校在校生。

二、征文内容

描写校园自然风光、人文景观或反映健康向上的校园文化生活，展现我校独特的文化和自然魅力。

三、征文要求

内容真实、文笔优美，以细腻的个人感受抒发对大学或大学生活的喜爱之情。体裁不限，字数 1200～1500 字，诗歌 30 行以内，来稿注明"征文比赛"字样。

四、征文时间

即日起至 2013 年 4 月 28 日。

五、投稿地址

69#楼 A305 读书俱乐部，电子版稿件发送至邮箱 dsjlb001@163.com。

六、评奖及奖项

征文结束后，我部将组织校内外专家对参赛作品进行评选，设特等奖 1 名，一等奖 4 名，二等奖 6 名，三等奖 6 名，获奖作品将在校报、学校网站上发表，并对获奖同学将颁发荣誉证书和奖品。

联系人：马晓军

联系方式：××××××××

××大学读书俱乐部

2013 年 4 月 2 日

简析：本文是一则征求类征文启事。语言简洁，事项明确，能清楚明了地传达征稿的内容、要求、日期、投稿地址及相关事宜，能起到告知和宣传的作用。作为征稿启事范例，值得参考和借鉴。

 思考训练

一、简答题

1. 启事的适用情形是什么？

2. 启事的特点有哪些？

3. 启事有哪些常见种类？

4. 启事的写作结构由哪几部分构成？写作注意问题是什么？

二、评析题

评析下面的启事，并说明理由。

1.
寻人启事

家姐，45 岁，女，贵州人，自 3 年前外出打工，至今与家人无联系，家里人很担心。请知情的好心人速速告知。必有重谢。

2.
征婚启事

你要想找一帅哥就别来了，你要找一钱包就别见了。硕士学历以上的面谈，女企业家面谈（小商小贩除外），省得咱们互相都会失望。刘德华和阿汤哥那种才貌双全的郎君是不会来征你的婚的，当然我也没做诺丁山的梦。您要真是一仙女我也接不住，没期待您长得跟画报封面一样看一眼就魂飞魄散。外表时尚，内心保守，身心都健康的一般人就行。要是多少还有点婉约那就更靠谱了。心眼别太多，岁数别太小，会叠衣服，每次洗完烫平叠得都像刚从商店里买回来的一样。说的够具体了吧。

自我介绍一下，我岁数已经不小了，日子小康，抽烟不喝酒。留学生身份出去的，在国外生活了十几年，没正经上过学，蹉跎中练就一身生存技能，现在学无所成海外归来，实话实说，应该定性为一只没有公司、没有股票、没有学位的"三无伪海龟"。人品五五开，不算老实，但天生胆小，杀人不犯法我也下不去手，总体而言还是属于对社会有益无害的一类。

有意者电联，非诚勿扰。

3．修改下面这则启事

本人 3 月 6 日在小区内丢失手机一部，三星牌，内有照片及重要资料，请捡到的好心人速与我联系，必有重谢。

郑先生：电话×××××××

3 月 7 日

三、写作练习

1．××服装青岛专卖店于 9 月 28 日开业。××是中国驰名商标，是全国服装界前 10 强服装品牌。9 月 28 日～10 月 10 日开业期间，全场商品 8 折优惠。专卖店地址：青岛市××路 21 号，电话×××××××。根据材料写则开业启事。

2．××公司因业务发展需要，现面向社会招聘行政文秘两名，能协助领导完成接待工作、会议准备工作、文件处理工作及其他事务性工作等。要求为文秘及中文相关专业毕业，本科及以上学历，有较强的文字功底，能熟练应用各类办公软件，试用期 3 个月，转正以后工资 2500 元。根据材料写则招聘启事。

3． **好司机拾金不昧，拾巨款归还失主**

12 月 10 日下午，家住怡园小区的刘经理夫妇给客运公司送来一面锦旗，表扬好司机章浩。原来，昨晚后半夜，刘经理夫妇打的回家，不慎将装有 3 万元现金的黑色皮包遗忘在车上。第二天早晨，小章发现了车里的包，忙根据包里的名片与失主联系，原物归还，并婉言谢绝馈赠。刘经理夫妇感激万分。

这是一则消息。请根据消息中的相关信息，分别以刘经理夫妇和司机名义写一则"寻物启事"和"招领启事"。

 **知识拓展**

启事与公告的区别

日常应用中，人们常把启事和公告混为一谈，如"招聘公告"、"招商公告"等。这是对两个文种的职能不甚了解造成的一种混乱现象。二者的区别主要表现在以下两个方面。

（1）文种的性质与使用者不同。公告是国家行政机关的法定公文，由国家领导机关依照特定的程序制发；启事只是普通的日常应用文，一般的企事业单位、团体或个人都可以使用。

（2）文种的功用及受众者不同。公告是向国内外公布国家的重大事项；而启事内容宽泛，受众可以是任何对象。

海　报

 **任务导入**

××大学文史学院为丰富学生的校园文化生活，提升学生的实际写作水平以及文学创作热情，计划 3 月中旬邀请当代著名作家×××进校为大家开办"我与写作"的知识讲座。此工作由院宣传部负责，于伟作为宣传部长应怎样完成讲座的告知任务？

知识点击

一、海报的概念

海报是机关、团体向公众报道或介绍文化、娱乐、体育活动及报告会等消息时所使用的一种张贴性应用文。

海报通常张贴在有关演出的场所，或较为醒目的地方，告知有关活动的事项。多见于戏剧、电影、比赛、文艺演出、学术报告会等活动。

作为信息传播的工具，海报以新颖的形式与装饰美来吸引读者的注意。标题大而醒目、信息传递快，使海报在进行政治、公益、文体和各种公共活动的宣传时，成为强有力的传播媒介。海报已然成为人们生活中不可缺少的部分。

二、海报的特点

1. 画面大

海报要张贴在公共场所，它受周围环境和各种因素的干扰，所以必须以大画面及突出的形象和色彩才能满足人们的远视需要。

2. 艺术性强

海报往往诉诸人们的短暂视觉，为给往来的人们留下印象，海报还要考虑画面设计，以突出的标题、图形、标志、对比强烈的色彩或大面积空白、简练的视觉流程等，成为视觉焦点。从形式上看，海报更具广告视觉艺术的典型性。

三、海报的分类

从形式上分，海报有文字海报和美术海报两种。

从内容上分，海报有电影海报、演出类海报、学术类海报。

电影海报是宣传即将上映电影的一种海报，一般包括电影的名称、放映的时间、地点及内容介绍等。这类海报一般张贴在影剧院门口或入口，还会配上华美的宣传画，将电影中主要人物画面形象地画出，以增强吸引力。

演出类海报是为文艺晚会、戏剧演出、音乐会、杂技、体育比赛、演讲活动等演出活动而宣传的海报，有的还加以美术设计。一般张贴在各街道、影剧院、商业闹市、车站、码头、宣传栏等公共场所。

交流类海报是为学术性讲座、报告、沙龙或交流会、座谈会等活动而张贴的。一般张贴在举办活动的学校、单位或企业内。

四、海报的结构与写法

海报往往以图文并茂的多样形式吸引大众注意。这里只介绍一般海报的文字写作，通常情况下包括标题、正文、落款三部分。

1. 标题

标题在正文上方居中位置，字体稍大。大体有以下几种写法。

（1）直接由文种名"海报"构成。

（2）直接写活动的内容，如《影讯》、《球讯》、《书画展览》、《周末舞会》、《学术讲座》、《第五届校园主持人大赛宣传海报》等。

（3）活动内容前加上举办单位名称，如《中国作家协会举办丁玲作品研讨会》、《香港科技大学机械工程理学硕士招生宣传海报》等。

（4）也可是一些极富描述性、煽动性的文字，如《麦蒂王者归来，阿泰重装上阵——敬请关注周日 NBA》等。

2．正文

海报的正文一般要写清楚活动的目的和意义，活动的内容、时间、地点，参加的具体方法，主办单位名称，注意事项等。

正文的写作形式可灵活多样，常见的有 3 种形式。

（1）一段式。内容简单，只用三言两语，一段成文。

（2）分项排列式。内容稍多的可分项目，分项排列成文。

（3）附加标语式。为渲染吸引、画龙点睛，有时正文前或正文末可加上排列整齐的标语或一段话。

3．落款

右下角署上主办单位的名称及海报的发文日期，署名在上，日期在下。

五、海报的写作要求

1．内容真实

海报为吸引大众，可适当用描述性、鼓动性的文字，但不可夸张失实或文不对题，务必要实事求是。

2．语言简明

海报为便于阅读，要在短小的篇幅中写明活动的基本内容，文字表达一定要简练、干脆，切不可拖泥带水、啰嗦冗长。

例文评析

例 文 一

××市第五中学"情系母校"校友交流会海报

五中 3 年，他们茁壮成长，获益良多。现在，初入大学的他们想用自己的方式回报母校，向母校展示五中学子走入大学校园之后的精神风貌；他们会为学弟学妹提供高中学习生活规划、学习方法、高考志愿填报等多方面的体会与交流，排疑解惑，让学弟学妹们更好地把握高中生活。

2013 年 6 月 24 日，他们专门回到母校参加自发组织的××市第五中学"情系母校"校友交流会。

高一年级、高二年级、高三年级学生和家长自愿参加。

时间：6 月 24 日下午 5:00。

地点：第五中学大礼堂。

××市第五中学教务处

2013 年 6 月 20 日

简析：这是一则交流类海报。文中用简洁的文字说明了校友交流会的目的和意义，并明确了交流会的名称、内容、时间、地点及参加人员等基本信息。标题采用举办单位+活动内容+文种的完整式，格式完整规范，语言明白简练，能起到传递具体信息的作用。

例 文 二

"春天"话剧社纳新海报

招演员——如果你曾迷恋灯光下的舞台，想象灵魂离开自我进入另一个人的躯体，在那个虚拟而真实的时空里喜怒哀乐，体验另种生活。如果你是，请入座。

招编剧——如果你初尝人生百味，愿意用酸甜苦辣体察人生的况味，像大厨一样用人生五味为人们调制精神的菜肴。如果你是，请入座。

招舞美——如果你钟爱赤橙黄绿，愿意用绚丽的色彩描述你对这个世界的感受，像画师一样用线条、色彩表达你对舞台的理解。如果你是，请入座。

本学期"春天"话剧社面向全校纳新，共有6个组部：

编导组（编剧+导演）

表演组（角色表演）

道具组（道具的设计制作及演员化妆）

宣传组（话剧宣传及社内行政事务管理）

影后组（话剧影视片花制作）

技术组（话剧 VI 设计及海报画册制作）

希望加入话剧社的同学将个人简历电子版发至邮箱 chthj121@xina.com。简历内容：姓名、个人照片、专业班级、联系电话、欲加入的组部及个人简介。我们将根据简历择优通知面试（编导组和道具组需笔试，表演组和宣传组需面试，影后组、技术组需提供个人作品制作小样）。简历投交时间截止至 2012 年 12 月 25 日下午 5 点，逾期不予受理。

"春天"话剧社

2012 年 11 月 15 日

简析：这是一则服务于演出的剧社纳新海报。标题采用较简单的活动内容与文种的写法，写法醒目。正文之前先用鼓动性语言作为引语渲染吸引大众并引入下文，具体说明纳新组部及报名方式和要求。格式完整规范，语言虽有鼓动但诚挚热情并不夸大其词。

例 文 三

知 识 讲 座

为丰富我院大学生的校园文化生活，提升学生的实际写作水平及文学创作热情，特邀请当代著名作家王××先生进校为我院师生做一场的知识讲座。

讲座题目：《我与写作》。

时　　间：2013 年 11 月 13 日 14 点整。

地　　点：图书馆报告厅。

欢迎全校广大师生踊跃参加。

××大学文史学院

2013 年 11 月 10 日

简析：这是一则交流类海报。标题直接用活动名称，鲜明突出海报内容，极易给人留下深刻印象。正文中说明举办讲座的意义和目的，以及讲座的名称、地点、时间、参加人员等基本要素，一目了然，清晰明白。很值得借鉴。

 思考训练

一、简答题

1．什么情形下适合用海报？

2．海报的特点有哪些？

3．常见海报有哪几类？

4．海报的一般写作结构由几部分组成？

5．海报制作时应注意什么事项？

二、改错题

指出下面海报的问题，并予以改写。

1.
球　　讯

今天下午我院和航院男子篮球队，将举行友谊赛，欢迎大家前来观看。

院学生会体育部

即日

2.
校 园 讲 座

为加强学术交流，提高学生的专业素质，我院将聘请××大学机械系教授刘教授来做精彩的学术讲座。

地点：校礼堂

举办单位：校院办

3.

××市人民医院邀请省心血管疾病专科医院医务人员一行三人到我院进行讲学和手术示范，共 15 天。欢迎各类先天性心脏病病人速来我院联系住院检查，安排手术治疗，安排满为止。

××市人民医院住院部五楼心脏外科

三、写作练习

1．请为××市华艺影城即将上映的电影《爱你没商量》写一则海报，时间、地点、票价、主要演员及影片简介自拟。

2．××大学准备在 2014 年 11 月 15 日举行校园歌手大赛决赛，请你代校学生会写一份宣传海报。

3．假设你校 9 月 23 日邀请校友兼知名企业家路××先生来校做名为《职业生涯规划与自我规划》的讲座，请你代校团委拟一份海报。

**知识拓展**

海报的由来与演变

海报这一名称，英文翻译为 Posters。最早起源于上海。旧时，上海人通常把职业性的戏剧演出称为"海"，而把从事职业性戏剧的表演称为"下海"。作为剧目演出信息的具有宣传性的招徕顾客性的张贴物，也许是这个关系的缘故，人们便把它叫作"海报"。

"海报"一词演变到现在，它的范围已不仅仅是职业性戏剧演出的专用张贴物了，而变为向广大群众报道或介绍有关戏剧、电影、体育比赛、文艺演出、报告会等消息的招贴物，有的还加以美术设计。因为它同广告一样，具有向群众介绍某一物体、事件的特性，所以，海报又是广告的一种；但海报具有在放映或演出场所、街头广以张贴的特性，加以美术设计的海报，又是电影、戏剧、体育宣传画的一种。

声　明

**任务导入**

王××，原为北京××公司员工，离职后经常以原公司名义进行一些商业活动。北京××公司了解情况后，面向全社会声明公司对此事坚决抵制并追究其法律责任的态度。请问：声明该如何拟写？

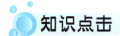**知识点击**

一、声明的概念

声明是个人或单位就有关事项或问题向社会表明自己立场、态度的应用文体。无论国家机关、企事业单位、社会团体或个人均可以使用，无论公事还是私事都可以使用。

声明在日常生活和工作中应用广泛，在报刊、电视上我们经常可见，其主要作用是表明立场和观点、警告他人、保护自己的合法权益等，如商业声明、政治声明等。

二、声明的特点

1. 周知性

声明所涉及的内容必须是需向社会大众公开说明的有关事项，为达到周知目的，它往往采用多种发布途径和发布形式，既可抄写张贴在公共场所，也可在报刊登载，还可利用广播和电视媒体播放。

2. 严肃性

声明的事项都是重要而严肃的，不是任何事情都可以使用这种文书，写作声明的态度一定要严肃、认真，不可使用幽默诙谐的语气。

三、声明的种类

常见的声明主要有以下两类。

一是正式文件,是针对某重大的国际、国内问题或直接涉及国际利益的问题,表明一国、一党或一团体的态度、反应、立场、政策的重要外交专用文书。

二是任何机关单位、团体组织或个人均可使用的事务类文书。按不同内容,种类也有很多,如遗失声明、道歉声明、搬迁声明、澄清声明、除名声明、委托声明等。

四、声明的结构与写法

声明通常由标题、正文、落款三部分组成。

1. 标题

声明的标题有以下几种写法。

一是只写文种"声明"。

二是在文种前加上事由,如《澄清声明》、《免责声明》等。

三是在前两种写法的前面加上声明者名称,如《第四轮六方会谈共同声明》、《××车友会自驾游活动免责声明书》等。

2. 正文

声明的正文一般需写这样几方面内容:一是说明发表声明的原因;二是言简意赅地表述声明的主要内容,如声明的事项或问题,以及表明有关立场、观点、态度或做法等;三是结尾可用惯用语"特此声明",也可省略。

例如,政治声明,一般是政党和国家的领导机关及其领导人就政治上的重大问题而发表声明,表明立场和态度。文辞庄重,文风严肃。

又如,挂失声明,当遗失一些重要物件,如身份证、护照、营业执照等,为防止他人冒领冒用而必须发表声明,相关政策法规也规定必须对外界公布。此类声明的正文写法较简单,写清所遗失物品及相关号码即可。

再如,商业声明,往往是自己的某种合法权益受到侵害,为维护自己的合法权益、引起公众关注,并要求侵权方停止侵害行为而发表的声明。它的正文可长可短,把事实说清即可。

3. 落款

声明的右下方写明声明的单位或个人姓名,署名下一行写日期。有些简单的声明正文中已提及单位名称,此处可以不署名。

五、声明的写作要求

(1)事实清楚。事实清楚有利于公众了解情况,办理有关事项。尤其是警告性的声明,文种指出的侵权事实一定要清楚、确凿,这样才能让声明有充足的依据。

(2)语言得体。声明是为说明真相或表明态度而发表的,其关乎的事项都是重要而严肃的,因此态度要严肃,观点要鲜明,措辞要严正。

(3)行文简洁。

例文评析

例 文 一

澄 清 声 明

我们注意到,近期有媒体刊载一篇题为《中金对深发展方案忍无可忍 公开征集投票权》

的文章。该文章多处将"山东中金资本管理有限公司"简称为"中金公司",并在题目中将其略写为"中金"。我公司特此郑重声明:我公司的正式中文名称为中国国际金融有限公司,《中金对深发展方案忍无可忍 公开征集投票权》一文中所指的"山东中金资本管理有限公司"与我公司没有任何关系;中国国际金融有限公司从未发布任何向深发展流通股股东征集投票权的声明,亦从未授权任何第三方发布此类声明。

如有任何问题,敬请联系中国国际金融有限公司公关部,电话(010)65051166。

中国国际金融有限公司

××××年×月×日

(资料来源:张文英. 新编应用文写作教程[M]. 天津:南开大学出版社,2013. 有改动.)

简析: 这是一则公司用的澄清真相的声明。本文写作格式完整规范,标题醒目明确,正文中写清了声明原因和声明事项。语言得体,态度严肃。

例 文 二

北京××公司声明书

王××,身份证号 3706××××××××××××××××,原北京××公司员工。2013 年 5 月 5 日已离职,与本公司脱离关系。最近王××以本公司名义在社会上进行一些不法商业活动,在社会上给公司带来极恶劣的影响。本公司严正声明王××在外的一切商业行为一概与本公司无关,同时将追究王××的相关法律责任。特此声明。

北京××公司

2013 年 10 月 9 日

简析: 本篇声明首先澄清了侵权者与公司间的关系,其中侵权者的信息具体明确、真实清楚,增强了声明的可信度。同时公司严正指出侵权者的违法事实,以及由此造成的严重后果和不良影响,最后义正言辞地阐述了公司的态度与立场。

 思考训练

一、简答题

1. 声明在什么情况下使用?

2. 声明的作用和特点是什么?

3. 声明写作结构由几部分构成?写作时应注意哪些事项?

二、评析题

评析下面的声明,并说明理由。

1.

声 明 书

本人李媛媛,是××服装公司第五车间员工,原签劳动合同已到期,现郑重声明:因个人原因,在此自愿放弃与公司续签劳动合同的权利,此后两不相干。

特此声明。

声明人:李媛媛(签字)

2012 年 10 月 1 日

2.

声　明

本人因工作疏忽，将××材料公司的送货单遗失。本人保证凡是由此引起的不良后果自己愿意承担责任。

特此声明。

×××
5.7

三、写作练习

1．近日有媒体对于××街道办事处接受社会慈善捐款用于资助该街道一名生病居民治疗的事进行了不实报道，认为慈善捐款挪作他用，这引起了社会公众和部分居民的误解。街道办事处为澄清事实、说明情况，并感谢社会慈善捐款，需发表一份澄清声明。

2．戴峰于 2008 年去新西兰读书，毕业后定居在新西兰。家里的老母亲一直由姐姐照顾。2013 年老母亲去世，留下了位于青岛四方区的一栋单元楼。根据《中华人民共和国继承法》的有关规定，戴峰是法定继承人之一，对母亲遗留的房产享有继承权。可是多年来姐姐为伺候老母亲付出了很多，因此戴峰决定发表一份声明放弃继承权。

知识拓展

一、启事与海报的异同

启事和海报都是日常生活中不可缺少的常见文书，都具有告知性与广告性的特点，都注重宣传效果，文字都力求准确简明。但两者又有着明显区别。

（1）使用范围不同。启事告知的范围更广，招工招生、寻人寻物、更名改刊、开业搬迁等均可使用启事；海报通常多用于宣传文化、娱乐、体育、报告会等信息。

（2）发布方式不同。启事除了张贴外，还可登报、上电视广播；而海报一般只用来张贴悬挂，很少登报或使用广播电视等媒体。

（3）制作形式不同。启事除寻人启事可配以照片之外，一般只用文字说明，不需图画装饰；而海报除文字外，还可用美术设计，如配美术字、图案或画图等，用图文并茂的形式增强宣传效果。

（4）适用对象不同。启事是单位或个人都可以用；而海报多见单位用，个人一般不用。

二、启事与声明的异同

启事与声明都属于可以张贴、登报、散发的应用文体，但两者仍有区别，主要表现在以下几个方面。

（1）适用范围不同。声明的范围可以很宽，上至国家与国家之间，下至普通百姓都可用；而启事的范围较窄，国家和国家之间不用启事，党政机关也很少用。因为声明的严正性是启事所不能及的。

（2）说明内容不同。声明的内容往往比较重大，甚至标题中可见"严重声明"、"严正声明"等字眼；启事的内容一般不严重，不及声明重要，也就是对日常生活中的不触犯原则问题的一些事项的说明。

（3）发布态度不同。声明重在对某个事物或问题严正发表一方或几方的立场、观点和态度；

启事则主要说明解释自己的言行，以寻求他人或公众给予理解、帮助和支持。

（4）语言特点不同。声明重在对某些重要事项进行说明和表明己方态度，因此言辞必须严正、严肃，不容怀疑和商量；启事却是以商洽语气向社会大众陈述，告知对象可以参与，也可不参与，用语多为商洽性的。

第五节　介绍信　证明信

学习目标与要求

1．掌握介绍信、证明信的适用范围。
2．掌握介绍信、证明信的结构与写法。
3．能区分介绍信与证明信的具体运用。
4．模拟写作，培养撰写介绍信、证明信解决实际需要的能力。

介　绍　信

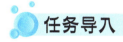

××公司为提升员工的专业知识水平，经联系决定派3号车间王××主任及另3名骨干员工到××大学进修学习。公司需为4人开具一封介绍信随身携带。请问：介绍信该怎样写？

知识点击

一、介绍信的概念

介绍信是机关团体、企事业单位派人到其他单位联系工作、了解情况或参加各种社会活动时使用的一种日常专用书信。

二、介绍信的特点

1．证明性

介绍信是机关团体必备的具有介绍和证明作用的书信，它是被介绍人员与接收单位或个人之间相互认识、信任及沟通之初的一个桥梁，其旨在证明被介绍人员的身份，以防止假冒。

2．时效性

介绍信相当于一个在一定时间内的有效证件，介绍的是关于某项工作的有关人员的信息，因此，介绍信一般都要开列出一定的时日期限，或者不开列具体时限但相关工作的始末时间即为介绍有效的具体期限，这是一种在限期内才具备有效性的一种文书。

三、介绍信的类别

从介绍信的使用情况看，介绍信可分为以下几种。

1．手写版介绍信

手写板介绍信是一种较便捷的介绍信，对用纸、书写没有严格要求，一般采用公文信纸或单位自制的信笺书写，最后加盖公章即可。但正因此容易被伪造，所以在更为正规的场合最好少用手写版介绍信。

2．印刷版介绍信

印刷版介绍信是一种正式的介绍信，内容格式等事先铅印成文，使用者只需填写相关信息再加盖公章即可，因此，这种介绍信可以提高工作效率，是公用介绍信使用较多的一种。它一般分为带存根和不带存根的两类；带存根的介绍信一式两联，存根联由开具介绍信一方留档备查，正式联由被介绍人随身携带。

四、介绍信的结构与写法

介绍信一般由标题、称谓、正文、落款四部分组成。

1．标题

首行居中写"介绍信"3 个字，字体可比正文字体稍大。

2．称谓

标题下一行顶格写明联系单位名称或个人的得体称呼，称呼后加冒号。存根联介绍信往往留作自己单位备查，可省略称谓。

3．正文

正文在称谓下一行空两格写。常用惯用字样"兹介绍"、"兹有"、"今介绍"、"现介绍"等领起正文，主体内容包括以下几项。

（1）说明被介绍者的姓名、年龄、政治面貌、职务等，若不止一人还需注明人数。政治面貌和被介绍者的年龄也可省略。

（2）写明要接洽或联系的事项。

（3）向接洽单位或个人提出希望或要求。常见表述如"请接洽"、"敬请大力支持"、"请接洽并予协助"等。

（4）结尾处还可写上"此致敬礼"等表示祝愿和敬意的话。存根联介绍信可以省略。

4．落款

正文右下方署上出具介绍信的单位名称，下行同位置写上介绍信的成文日期，并在落款处加盖单位公章。

介绍信介绍的情况在较长时间内会有一定的变异性，因此，一般可以的话都应在落款下面注明有效期限。

介绍信写好后，一般需装入公文信封内，信封写法与普通信封的写法相同。

五、介绍信的写作要求

（1）情况属实。被介绍人的姓名、身份务必要真实，不得弄虚作假。

（2）语言简明。介绍信虽功能强大，但篇幅短小，写作简便，用语定要简明扼要。

（3）加盖公章。为避免造成不必要的麻烦，介绍信务必加盖公章，接洽单位或个人需认真核对公章。

（4）书写工整。介绍信书写不得涂改，若有涂改要加盖公章，否则此介绍信将被视为无效。

例文评析

例 文 一

介 绍 信

中关村知识产权促进局：

　　兹有我公司××同志，前往贵处联系办理申领专利资助金事宜。

　　请予以接洽。

单位：北京市××公司（公章）

2012 年 9 月 3 日

（本介绍信即日有效）

　　简析：这是一份正式的介绍信。信中信息较为简单，只需明确被介绍人的姓名及联系事项，格式规范，用语简明，同时因涉及钱款问题，结尾处标注有效时限。同类介绍信可借鉴写作。

例 文 二

介 绍 信

××大学：

　　兹介绍我公司 3 号车间王××主任及另 3 名骨干员工共 4 人，前往贵校进修学习，时间为即日起至 6 月 7 日。

　　敬请接洽并予协助。

××公司（公章）

2013 年 2 月 7 日

　　简析：这是一份手写式介绍信。信中明确了被介绍人的姓名、身份、人数以及接洽事项，也标注了有效期限，用语规范，格式完整，结语要求礼貌得体。

 思考训练

一、简答题

1．什么情形可以考虑用介绍信？

2．介绍信的特点是什么？

3．介绍信的基本结构有哪几部分？写作时注意什么问题？

4．手写和印刷两类介绍信的使用有何不同？

二、写作练习

1．按省语委要求和安排，7 月 18～25 日为省内中小学、高校教师普通话省级测试员培训时间，山东省××学院欲派王×、谭××、刘××3 位教师前去××大学报到并参加培训。学院需开具介绍信由 3 位教师随身携带。请完成此份介绍信。

2．评析下面介绍信的问题，并予改写。

我厂技术人员小张等同志要去你局办理技术专利申报事项。请接收。

××厂
10.9

证　明　信

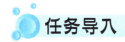 **任务导入**

×××，自 2008 年大学毕业以来，一直在××市一家很有实力的公司工作。该同志为人善良，有同情心，自大二至今，多年一直默默资助贫困村××3 名儿童的生活和学习。2013 年他资助的一个孩子的父亲得了肺癌，为给孩子父亲筹备治病用巨额费用，争取最佳治疗时间，他在公司和社会上发起了捐款倡议。但有些人对此不理解，甚至歪曲真相、诋毁其名声。为澄清真相，还其公道，公司特出面证明。请问：证明信该怎样写？

 **知识点击**

一、证明信的概念

证明信是单位或个人为证明某人身份、职务、经历等情况，以及证明某个事件原委、真相的日常专用书信。

证明信的作用贵在证明，是持有者用以证明自己身份、经历或某事真实性的一种凭证，所以证明新的首个特点就是它的凭证作用。同时，证明信具有的凭证作用，使其在司法诉讼活动中，可作为证据在法庭上出示。

二、证明信的种类

根据分类标准的不同，其种类也不同。

（1）按用途划分，证明信有存档用证明信、证件用证明信、情况属实说明的证明信等。

（2）按格式划分，证明信有手写式和印刷式两种。

手写式证明信，一般都是单位负责人根据真实的档案或调查得来的材料，组织书写的一种证明信，篇幅可长可短，如学生所在系部给学生出具的考试用证件丢失的证明信。

印刷式证明信，是一种事先把格式引号，只需填进主要信息内容的一种证明信。一般多见一式两联，留有存根，以备今后核查。

三、证明信的结构与写作

证明信也同普通书信一样，一般由标题、称谓、正文、落款四部分组成。

1．标题

标题位于首行居中，字体可稍大，证明信的标题通常有两种写法。

一种是单独以文种作标题，如《证明信》、《证明》等字样。

另一种是由事由加文种构成，如《关于×××同学××情况的证明》等。

2．称谓

标题下一行顶格书写受文单位的名称或个人的得体称呼，后加冒号。如果是供有关人员外

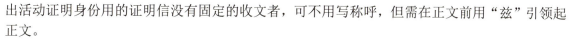

出活动证明身份用的证明信没有固定的收文者，可不用写称呼，但需在正文前用"兹"引领起正文。

3．正文

另起一行，空两格，写清需证明的具体事项等详细内容。结尾处可另起段空两格用"特此证明"收束全文。

4．落款

正文右下方写出具证明的单位名称或个人姓名，并加盖公章或私章。下行同位置写明具体的年月日。

证明信需证明的事实可能在一段时间内会有所变更，因此，可能的话在落款下面应标注证明信的有效时限。

若出具证明的是个人，证明信还需出具证明者所在单位签署意见，说明出具证明者的一般表现并对证明信上所写的材料做出表态，以供看证明信的单位鉴别证明信的可靠程度。同时，签署意见的右下方，仍需署名单位名称、日期，并加盖公章。

五、证明信的写作要求

（1）要实事求是，言之有据，证据确凿，不能隐瞒真相，弄虚作假。
（2）用语要准确、明晰，切忌含糊其辞、模棱两可。
（3）不能用铅笔、红笔书写，更不能涂改。

例文评析

例 文 一

证 明 信

××公司人力资源部：

　　×××，男，现年 38 岁，二〇〇〇年九月考入我校计算机系学习，系×××教授的研究生，二〇〇三年七月毕业并颁发研究生毕业证书，经查询，证书编号为××××××××××。由于×××过于大意，二〇〇七年不慎丢失研究生毕业证书。经核实，情况属实，即将给予补办。

　　特此证明。

××大学 （公章）

校长：×××（签名）

2010 年 8 月 5 日

　　简析：这是一份证明证件丢失情况属实的证明信，是由被证明人所在高校向现工作单位开具的证明其研究生身份的证明信。本证明语言准确、实事求是、严肃认真，为被证明人的工作提供了有力证明。

例 文 二

证 明 信

　　兹有×××同志，男，自 2008 年 8 月至今在我公司预算处工作。该同志工作认真负责，业务能力极强，多次被评为我公司优秀员工。更重要的是，该同志心地善良，富有同情心。经调查，自大二开始至今，该同志多年一直默默资助贫困村××村3名儿童的生活和学习。2013更在公司和社会上发起了为其中一名儿童父亲的肺癌治疗捐助费用的善举，据统计，此次捐助前后共5天，共捐款11万元整，因时间紧迫，此笔善款于6月13日晚已送达入住市人民医院接受治疗的孩子父亲手中。

特此证明。

××建筑公司（公章）

2013年6月20日

简析：这是一份公司为员工的慈善事实真相开具的证明信。证明了该员工的以往表现，将人名、工作时间、单位、工作表现，以及该员工多年来有目共睹的一系列慈善善举，尤其是关乎有争议事实的数据都写得很清楚。因为是面向社会大众出具的证明，所以称谓可以省略。

 思考训练

一、简答题

1. 什么情况下可使用证明信？
2. 证明信的作用和特点是什么？
3. 证明信写作的基本结构组成有哪些内容？
4. 证明信写作应注意什么问题？

二、写作练习

1. ××电器有限公司华北区技术总部工程师卫玉良同志（男，41岁）、技术员兰勇同志（男，33岁），根据售后反馈，前往山东、河南、山西、河北等省检查并重点修理该公司生产的××牌空调。请你代该公司草拟一封证明信。

2. 期末考试期间，××大学计算机系软件工程专业的大二男生刘××，不慎将学生证丢失，按学校规定，没有学生证需二级学院开具证明，否则不允许进入考场。请你代学院给刘××开具一份证明信。

3. 评析介绍信的问题，并予改写。

我公司车间主任王主任前年5月入职，工作期间表现良好，多次被评优。

特此证明。

××公司

5月8日

 知识拓展

一、介绍信与证明信的区别

介绍信与证明信都是日常生活、工作中常用的专用书信，都是从本单位角度来证明本单位的人和与之有关的事的，都带有凭证的作用，写作上都借用书信格式。但二者不能混用，区别表现在以下几个方面。

（1）适用情形不同。介绍信是国家行政机关、企事业单位或社会团体为了本单位人员外出联系工作、了解情况、参观学习、出席会议等事宜而开具的一种专用书信；证明信是用来证明某人的身份、经历或证明某一事情真相的专用书信。

（2）具体功用不同。介绍信主要是单位对所属工作人员去外单位公办时的身份介绍之用，同时会写明持信人此行要办理的具体事项；证明信则只是证明持信人的身份，不对其拟办事项进行言明，也不承担其他的法律责任。

二、推荐信

情景案例：×××，自 2008 年建筑本科专业毕业以来，一直在××市一家很有实力的××建筑公司工作。2013 年因要照顾家里老人的身体，需回老家另找一家同类公司工作。鉴于他平时的优秀表现，现单位××建筑公司希望可以帮他找到一个不错的单位或岗位。请问：公司需用什么文字才能帮到他。

推荐信（或推荐书）是向有关单位或个人推荐人才的日常专用文书，也是一种专用书信。

在当下人才竞争的时代，推荐信就是解决人才需求问题的一个途径。用人单位可以通过推荐信找到本单位所需的合适人才，竞聘者也可以通过推荐信找到较为理想的单位或岗位。供需双方通过推荐信达到相互了解、双向选择的目的。

第四章　事务文书

第一节　事务文书概述

 学习目标与要求

1. 了解事务文书的范畴。
2. 了解事务文书的种类及特点。

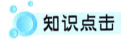 知识点击

一、事务文书的概念

事务文书是机关、团体、企事业单位及个人在处理日常事务时用来沟通信息、安排工作、总结得失、研究问题的使用文体。它虽不是法定公文，却是各机关单位使用最广、最多的一类文书。

实际上，事务文书也是管理类文书，其处理的日常事务也为公务，但与《条例》中规定的15 种公文仍区别很大。

一是无统一规定的规范文本格式。

二是不能单独作为文件发文，需要时只能作为公文的附件行文（如计划、规划、总结等）。

三是必要时它可以公开面向社会，或提供新闻线索（如简报等），或通过媒体宣传（如调查报告、经验总结等）。

二、事务文书的种类

常见事务文书一般有以下几类。

一是计划类，如计划、规划、方案、安排等。

二是报告类，如总结、调查报告、简报、述职报告等。

三是规章类，如制度、条例、守则、规则、章程等。

四是信息类，如讲话稿、大事记等。

五是会议类，如会议记录等。

三、事务文书的特点

（1）内容的事务性：为处理机构事务而作。

（2）使用的广泛性：事务文书使用范围广，各行各业中一定群体和个人都可以制订计划、做总结、搞调查等；上至国家机关，下至基层组织乃至个人，都离不开事务文书。

（3）**体式的规范性与灵活性**：事务文书的内容未被列入法定公文，因此其格式没有严密、统一的标准，但事务文书各文种具体上有相对固定的格式。

（4）**功能的有限性**：仅具参考性而无权威性与强制约束力。

第二节　计划

1．理解计划的概念。

2．了解计划的作用、特点及分类。

3．熟练掌握计划的结构和写作规范。

4．模拟写作，培养撰写计划解决实务的能力。

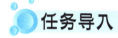

临近年末，毕业班的实习工作又提上日程，××大学人文学院中文系文秘专业负责教师王老师需指定本专业明年春天的实习计划。请问：计划该如何写？该注意什么？

知识点击

一、计划的概念

计划是单位或个人根据党和国家的有关方针、政策，以及上级的指示、要求，对未来一定时期内的工作、生产、学习等，拟定目标、内容、步骤、措施和完成期限的一种常用事务文书。

计划是计划类文书的统称。常见的"规划""要点""方案""设想""打算""安排""思路"等，都是人们对今后工作活动做出的部署和安排，都属于计划的范畴，但也有细微的差别。

安排、打算用于时间较短、内容具体，并偏重于工作步骤和方法的计划，如《新生报到期间校车时间安排》。

规划是带有全局性的、长远性的和方向性的计划，多指时效在 5 年以上的长远计划，如《××大学"十二五"发展规划》。

设想是初步的、尚未成熟确定的非正式计划，不一定很周全但可供参考，如《对养老保险制度改革的一些设想》。

方案是对某项工作从目的、要求、方法到具体步骤都做出较为全面部署与安排的计划，一般要求周密，专业性较强，如《××公司机构改革方案》。

要点是对未来一定时期内的全局工作或中心工作所做的简要安排，不是周到、详细的计划，如《2012～2013 秋季学期考务工作要点》。

二、计划的作用

计划是落实上级工作要求、保证正常工作秩序、提高工作效率的重要前提；计划也是上级传达布置任务和下级回报工作情况的重要渠道；计划还是检查和总结工作的主要依据，是激励团队加强合作的重要手段。"凡事预则立，不预则废"，可见做任何工作都应该先有计划，制订计划是日常生活中不可缺少的环节，这是古往今来人们从实践中总结的经验。

三、计划的特点

1. 目的性

计划总是为达到某种目标、完成某项任务而制订的，这是计划的基本出发点，也是工作的最终结果。

2. 预见性

计划是对实现目标的预定，是对工作进程、可能情况的预测。它要凭借超前意识预见到要做什么、如何做、可能会遇到什么情况或问题、采取怎样相应的对策等，这就需要建立在总结过去、分析当下、着眼未来、调查研究的基础上。

3. 可行性

计划是决策的载体之一，他要指挥或指导人们的行动，因此制订计划必须从本单位或个人的实际出发，实事求是。计划的目标不能过高或过低，既不是轻而易举就可达到的，也不是高不可攀的，而应该是执行者经过努力可以实现的。计划的步骤、措施、要求与时限都应写得具体、细致，以便于检查督促，对照落实。过于粗枝大叶或假大空的计划，对未来的行动不具有任何指导、约束、督促的意义。

四、计划的种类

计划种类的划分标准不一，常见的有以下几种。

（1）按内容划分，计划有工作计划、生产计划、学习计划、军事计划、旅游计划等。

（2）按性质划分，计划有综合性计划、专题性计划等。

（3）按时限划分，计划有短期计划、中期计划、长期计划；或者有周计划、月度计划、年度计划等。

（4）按范围划分，计划有国家计划、地区计划、单位计划、部门计划、个人计划等。

（5）按形式划分，计划有条文式计划、表格式计划、条文表格结合式计划。

实际应用中，一个计划可能兼及几个分类，如《××系 2013 年科研计划》，既属于按范围划分的部门计划，又属于按时限划分的年度计划，还属于按性质划分的专题性计划，也属于按内容划分的科研计划。

五、计划的结构与写法

计划一般包括标题、正文和落款三部分。

（一）标题

计划的标题一般有两类 4 种写法。

1. 完整式标题

完整式标题由制定者+时限+内容+文种组成，如《××公司宣传部 2015 年工作计划》、《王××2012 年考研复习计划》、《××局"十三五"工作规划》等。

2. 省略式标题

（1）省略制定者名称，如《2015～2016 学年春季学期英语四级备考计划》。

（2）省略时限，如《××厂职工培训计划》、《××小学拔河比赛安排》。

（3）省略制定者名称和时限，如《减肥计划》、《干事选举方案》、《城市绿化工作要点》。

若计划尚不成熟或未经批准，可在标题后或下方用圆括号注明"草案""讨论稿""初稿""征求意见稿"等字样，如《××学院留学生招收计划（讨论稿）》。

（二）正文

正文是计划的主体，一般包括前言、主体和结语三部分。

1．前言

前言解决"为什么做"的问题。主要是简要说明制订计划的依据和理由，介绍相关的背景情况，宏观概括今后总的工作任务。前言的写作力求简明扼要，力戒套话、空话、大话。有些简单的计划，或是大家熟悉的例行工作的计划，也可不写前言。

2．主体

主体解决"做什么"和"怎么做"的问题，是计划的核心内容。

（1）目标和任务。这部分要明确"做什么"，即所订计划要达到的目标、任务、指标和要求，如要做哪些事，或要解决哪些问题，或要达到什么效果，在数量上、质量上和时间上的具体要求等。内容上，既要符合实际情况，具有可操作性，又要是在可能范围内的最高目标，具有挑战性。要求上，行文上要做到条理清楚、层次分明，根据目标，分出轻重、主次、详略，多项任务要量化、细化，不能模糊。

（2）措施和步骤。这部分要明确"怎么做"，即详细说明完成任务的具体方法措施、行动步骤、时间分配、人力物力和财力的安排等。具体而有效的工作方法、步骤的确定，常常是计划得以顺利完成的关键因素之一。

以上主体的目标、任务、措施、步骤可分开写，也可一起写，具体逻辑安排视情况而定。

3．结语

一般可写执行计划时应注意的事项、需说明的问题，或提出要求、希望或号召等，具体可视情况而定，也可不写结语。

（三）落款

正文右下方署上制订计划的单位名称或个人姓名，下行同位置注明年月日。若计划标题已标制定者的名称，此处署名可省略。上报或下达的计划，要在落款处加盖公章。

六、计划的写作要求

1．态度要实事求是

制订计划要立足实际，计划中的目标、措施、步骤都应从本单位或自身实际情况出发，既要有理想的追求，又要脚踏实地，既要富有挑战性，又要留有余地。不浮夸虚假，不夸大其词。

2．内容要具体明确

计划制订后是要切实执行的，而不是为应付检查的官样文章。因此，计划的目标、任务、步骤、措施、人力、物力、财力、时间等，都应具体明确，而不能抽象笼统、含糊不清、职责不明。它应该让执行者明白什么时间、做什么、谁做、分几步做、每步用什么做、每步做到什么程度或达到什么效果或解决什么问题，总之，任务要明确、步骤要科学、方法要具体。

3．表述要简要条理

计划的语言要简洁明了、朴素自然，避免长篇大论、铺陈花哨，力求各项内容简要明确、具体清楚，做到层次分明、条理清晰。

例 文 评 析

例 文 一

中国建设银行××市××支行
关于开展文明礼貌教育活动月的安排

为贯彻××市人民政府关于开展"全民文明礼貌月"活动的指示精神，结合我行具体情况，决定关于3月份在全体职员中进行文明礼貌教育，特做如下安排：

一、活动任务

以礼貌教育为突破口，对全体职员进行职业道德、职业责任、职业纪律教育，树立学先进、当先进的良好风气，促进全年工作顺利开展。

二、活动安排

（一）从3月27日至4月5日，为学雷锋利民活动周。全行职员立足本职工作，搞好本岗位的利民活动。发薪水集中日期，会计部门要做好预约工作；出纳部门搞好钞币搭配，多开窗口；工、商、农信贷部门在贯彻银行有关规定的前提下，为贷款单位尽快解决急需用款问题；保险部门应积极主动登门办理保险手续；其他行政管理科室应积极开展为基层单位服务的工作。全行所有部门要团结一致，协同工作，把利民活动不断推向高潮。

（二）从3月6日至3月13日，为优质服务活动周。以提高核算和优质服务为中心，消灭现金和财务差错，实行安全操作。热情服务，礼貌待客，消除"冷、硬、顶"现象。

（三）从3月14日至3月20日，为访问群众解决困难活动周。党、政、工、团领导密切配合，走访本单位困难户，为之排忧解难。

（四）从3月21日至3月底，为美化环境、优化秩序活动周。大搞环境的净化、美化、绿化活动；工作中严格执行各项规章制度和操作规程。

三、活动要求

（一）各部门要制订计划，认真贯彻落实。

（二）各级领导要深入基层，检查活动开展情况。

（三）党团员要以身作则，发挥模范作用。

（四）月中和月末进行两次汇报，突出的情况要及时向办公室反映。

中国建设银行××市××支行

2012年2月25日

（资料来源：史英新. 应用文写作[M]北京：高等教育出版社，2009. 有改动.）

简析：本篇属于计划中的"安排"，结构格式完整规范，内容要素明确具体，前言、总目标、分项任务、步骤、方法措施及具体要求，项目齐备，语言简洁，层次清晰。

例 文 二

2014年个人工作计划

2013年即将过去，回顾毕业以来的第一个销售工作年，整体来看，收获了很多在学校里学不到的经验，当然由于经验不足，还是有许多不足和需改进、完善的地方。今年，我将一如既往地按照公司的要求，在去年的工作基础上，本着"多沟通、多协调、积极主动、创造性开展工作"的指导思想，发扬公司几代人艰苦创业的精神，确立工作目标，全面展开个人 2014 年销售工作，现制订工作计划如下：

一、对于老客户和固定客户，要经常保持联系，在有时间有条件的情况下，通过赠送小礼品和宴请的方式，保持感情的常态沟通，稳定与客户关系。

二、在拥有老客户的同时，要不断通过各种渠道快速开发新客户，推广公司新产品。

三、要有好业绩就必须得加强业务学习，开阔视野，丰富知识，采取多样化形式，把学习业务与交流技能相结合。

四、2014 年对个人的要求：

（一）每周要拜服 4 个以上的新客户，还要有 1～2 个潜在客户。

（二）每周一小结，每月一大结，将工作计划和总结常态化，明确工作中的失误，及时改正，不断进步。

（三）严格要求自己，学习亮剑精神，工作扎实细致，不断加强业务知识的学习，多读相关书籍和产品知识，通过网络等各种渠道查阅相关资料，与同行们交流，向他们学习更好的工作方式和经验。

（四）与公司同事要保持良好的沟通，加强团队服务意识，只有团队强大了，自己才可能快速成长。

（五）见客户之前要充分调研，多了解客户的状态和潜在需求，知己知彼，百战不殆。

（六）对所有客户的工作态度应一视同仁，加强产品质量和服务意识，为公司树立更好的形象，让客户相信我们的工作实力，才能更好地完成任务。

（七）为提升今年的销售任务，2014 年每月我将努力完成至少 2 万元的任务额，为公司创造利润。

以上是我 2014 年的销售工作计划，工作中总会有这样那样的困难，我定会向领导请示，与同事探讨，去努力克服，创造个人的辉煌。

制订人：江小鱼
2014 年 1 月 6 日

简析：这是一份个人用的工作计划。计划中就自己未来一年的销售工作进行了个人提升、与客户建立关系、处理好个人和团队关系等几个方面的安排，并将目标细化到数据，对未来一年个人的相关工作有一定指导作用。

例 文 三

人文学院中文系文秘专业实习计划

为突出高职教育优势，强化学生专业技能，根据文秘专业教学计划安排，在完成课堂的理论和实践教学环节后，集中安排第六学期进行专业实习。通过实习，一方面巩固所学知识，检验理论，强化技能，另一方面，让学生认识社会，适应社会，补充所学之不足，为毕业后尽快适应岗位要求，成为具有较强的办事、办文、办会和公关策划能力的文秘人才打下基础。现做出如下计划：

一、实习安排

（一）实习时间：2012 年 2 月 23 日开始实习，2012 年 7 月 3 日结束实习，返校办理毕业手续。

（二）实习地点：省内行政、事业单位及企业的办公、接待、管理等部门。由学生自主联系实习单位和学校统一集中联系相结合。师生通过各种渠道获取就业信息，向用人单位推荐或自荐优秀学生实习或就业。学校推荐实习单位有：××集团总公司、××省青年旅行社、××省公关协会、××服务中心、××青少年活动中心、××宣传干部培训中心等。

（三）实习内容：根据本专业所开设的《秘书原理与实务》、《秘书礼仪》、《办公自动化》、《实用文体写作》、《档案管理》、《公司秘书实务》、《公关实务》等专业课程，做好办公室事务管理、接待值班、处理信访、收发文件、写作文稿、整理档案、组织会务等工作，在工作实践中逐步进入职业角色，培养职业精神，锻炼职业技能。主要技能包括：办公室日常事务能力、信息收集处理能力、文书拟写能力、调研能力、公关与协调能力、办公自动化设备应用能力、用人单位需要的实际工作能力等。

（四）实习措施：本着统一安排、灵活行动、科学管理、严格考核的原则，组织专业实习。

1. 学生离校前，由系里统一进行毕业实习与谋职就业的相关教育，包括毕业实习动员、毕业论文与社会调查写作方法、就业趋势报告、就业技巧讲座等，并提前安排毕业论文指导教师。统一发放与毕业实习、求职就业相关的书面材料，包括实习单位联系函、实习鉴定意见书、学生就业推荐书（含各科学习成绩）、学生就业协议书等。

2. 学生实习期间，由系里组成实习领导小组，宏观指导重点巡视。

3. 由专业教研室负责拟订有关的毕业论文参考题目，发给学生（见附件 1），并安排相关的实习指导教师（见附件 2），进行专门的指导，提出具体的论文要求。

4. 学生自定实习计划，自觉遵守实习单位有关规章制度，完成实习工作，由实习单位出具实习鉴定，实习结束后，完成毕业论文、调查报告或实习报告，并将实习单位鉴定书与论文上交，以供系实习指导小组进行综合鉴定。

5. 系里组织教师对学生的毕业论文及实习报告进行鉴定，按优秀、良好、合格、不合格等级计入学生档案。在媒体公开发表的作品原则上以成绩优秀计入。

二、实习作业要求

（一）实习作业形式：学生应根据实习岗位具体情况，结合实习工作收获与体会，在下列作业中选择一项完成：

1. 毕业论文。参考附件 1 中的选题，也可做其他选题，但原则上选题不应超出文秘专业领域。毕业论文字数不少于 3000 字，须有摘要、关键词、注释、参考文献等相关内容，符合论文格式要求。

2. 调查报告。参考附件 1 中的调查报告选题，也可结合实习工作选题调查，完成报告，字数不少于 2000 字。

3. 实习报告。实习报告是对个人实习情况进行全面总结完成的报告，要写明实习岗位、实习基本情况及实习的得失体会，要求有独特的视角、鲜活的材料、真切的感悟和深入的思考，字数不少于 2000 字。

4. 实习部门要求完成的专题性或综合性写作材料，如 2000 字以上的通信、典型材料、专题调查、总结、报告等，须有媒体发表或实习部门证明。

（二）实习作业格式：

1. 发表作品提交电子版原稿及发表作品复印件，论文、实习报告等提交电子稿及打印稿。

2. 作业一律使用 A4 纸单面打印，左侧装订。字体字号参见附件 3 格式。

（三）提交作业时间：实习结束，将电子版实习作业发到实习指导教师邮箱。返校时携带打印稿统一上交系里。

人文学院中文系

2011 年 12 月 26 日

（资料来源：张文英. 新编应用文写作教程[M]. 天津：南开大学出版社，2010. 有改动。）

简析： 本文属于条文式计划，分条列项将专业实习计划的总体目标、具体时间、地点、内容、措施安排及具体的作业要求一一详细说明，内容具体明确，表述简要，条理清楚。

 思考训练

一、简答题

1. 什么是计划？计划有何作用？

2. 请列举出同属计划范畴的几类。

3. 计划常见的有哪些分类？

4. 计划写作应注意什么问题？

二、评析题

评析下面的计划。

1.

本学期学习计划

为了使自己成为全面发展的 21 世纪的新型人才，挖掘自己的潜力，特制订如下计划：

（1）上课认真听课，自觉遵守课堂纪律，做好各门功课的笔记。

（2）晚自习要先抓紧时间完成作业，然后进行阅读。

（3）多读课外书。课外活动时，要到阅览室阅读报纸杂志等课外读物。另外要到图书馆借书阅读。

（4）节假日充分休息后，尽量多学习。

3.12

2.

机械厂计划

根据上级部署，2013 年上半年拟抓好以下几项工作，力争实现经过努力可以达到的目标。

1. 举办两期骨干短期培训班。

2. 开好 3 个会：动员会、经验交流会、总结表彰会。

3. 搞好试点：全厂抓各科室，各科室抓好一两个班组和个人。

2012 年 12 月

三、写作练习

1. 结合本学期学习任务，制订一份个人学习计划。

2. 写一则《大学生学业生涯规划书》，主体内容包括"自我优缺点盘点剖析""外部环境分析""目标设定""行动具体计划""规划总结"等，其中，"目标设定"与"行动具体计划"应分年级写出具体内容。还要注意计划内容条款的可预见性与可行性，制订出的计划要预见某些因素的变化，并且计划能够有效执行。

3. 如果你是……（学校任一团体或班级干部），请你就自己负责的工作写一份计划。

 **知识拓展**

一、计划书与策划书

计划书是短期内的工作安排，工作的目标属于周期内的工作目标。策划书是为达成一个目标而做的阶段性整体规划，所容纳的内容不仅仅是工作计划，还有达成这个目标所需要组织的资源。如果把策划书的目标分解到各时间内完成就可以叫作计划书了。

换个角度说，策划书属于整合资源达成目标的一个谋划，属于总纲领，而计划书就是使用资源以期达成目标的执行过程，计划书明确到人和时间以及达成标准。一般来说，组织活动要撰写《××活动策划书》，其中落实工作要写计划书。

因此，策划书在结构内容上要比计划书更全面，需写明活动背景、活动的目的及意义、活动名称与地点、活动目标、活动形式、活动流程安排、经费预算、活动负责人及主要参与者、活动注意事项等内容。

二、策划书与企划书

策划与企划都有规划的意思，但企划范围指整个企业的规划，而策划则针对某个具体项目。

策划书是针对企业在某个范围内具体项目的提前预想，对某个具体事务进行从财务、投入资金量、广告、具体运作到最后的收益成果提出设想和具体操作。

企划书是针对企业管理层面的，涉及内容相对更广一些，如经营与企业文化、市场经营、企业管理思路等。因此，企划书一般需写明所有参与企划的人员姓名、工作单位、职务，企划书完成时间，企划目标，企划的缘由、前景资料、问题点及创意关键等重要内容，较详细的预算表与进度表，企划实施所需场地，参考的文献资料，完成本企划需注意的事项等。

第三节　总结

学习目标与要求

1. 理解总结的概念。
2. 了解总结的作用、特点及分类。
3. 熟练掌握总结的结构和写作规范。
4. 模拟写作，培养撰写总结解决实务的能力。

任务导入

2013年年末，一年的工作即将告一段落，回首一年的辛苦和付出，有累累硕果，也有遗憾不足，为对一年的工作做到心中有数，更有针对地开展新一年工作，××大学学生处特就一年来的工作进行年终总结。请问：总结该怎样写呢？又需注意什么呢？

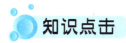

一、总结的概念

总结是组织或个人对以往的工作、学习、生活等进行回顾检查、分析研究，从中找出经验与教训，并获得规律性的认识，最终形成理论化、系统化的书面材料。

总结是总结类文书的统称，日常使用的小结、体会、做法、回顾等，也都属于总结。

如果说计划是对未来的展望与构想，那么总结则是对过去的回顾与思考。不论单位还是个人，在经过一段时间的实践之后，回顾一下，做了哪些工作或学了哪些东西？取得了哪些成绩？有什么成功的经验？存在哪些问题？有什么失败的教训？下一步有什么打算？这是一个人们的思想认识由感性阶段向理性层次不断提高的过程。人们可以通过总结更深刻更全面地认识过去，以便顺利开展以后的工作。善于总结才会不断进步。

二、总结的特点

1．材料的真实性

总结是人们对自身实践的本质的反映，因此，内容要完全忠实于客观事实，所用的典型事例和数据必须绝对真实，不能东拼西凑或添枝加叶，也不能夸大缩小或歪曲事实，更不能无中生有。

2．分析的客观性

总结一般是对以往实践活动的全面回顾（专门的经验总结和问题总结除外），既要充分肯定成绩，又要找出存在的问题。应始终坚持实事求是与辩证全面的原则，运用一分为二的观点分析，不能主观臆断或想当然夸大成绩、缩小问题。

3．结论的理论性

总结需回顾以往的实践活动，但绝不是对事实和情况的简单罗列，而应分析归纳，从中总结出普遍性、必然性、典型性、规律性的东西，这样才能对今后的工作起到借鉴和推动作用。由感性升华到理性，由实践升华到理论，是总结的根本所在。

三、总结的分类

总结的分类因划分标准的不同而多样化，常见的有以下几种。

一是按性质分，总结有综合性总结、专题性总结。

二是按内容分，总结有工作总结、学习总结、思想总结、生产总结等。

三是按范围分，总结有地区总结、行业总结、单位总结、班级总结、个人总结等。

四是按时间分，总结有年度总结、季度总结、月份总结、阶段总结等。

五是按功能分，总结有经验总结、问题总结等。

同计划一样，一份总结在实际应用中常兼及多个种类，如《××公司2013年工作总结》，可以归为综合性总结、工作总结、单位总结、年度总结等多种分类。

四、总结的结构与写法

总结一般包括标题、正文、落款三部分。

（一）标题

总结的标题写法较多样，一般常见的有3种。

（1）由单位名称、时间期限、内容、文种构成，如《××市规划局 2011 年工作总结》。也可省略单位名称，如《2012 年度考务工作总结》；还可省略单位名称和时限，如《学习小结》、《参观体会》、《活动总结》。

（2）文章式标题，单行标题，即用一句话或一两个短语概括总结的主体而构成标题。多见于经验总结，如《加强管理监督，防范金融风险》、《我们是怎样开展纪念改革开放三十周年活动的》。

（3）（文章式标题，双行正副标题。正标题概括总结的内容或要回答的问题，副标题表明单位名称、时限、内容和文种。多见于专题性总结，如《强化素质教育，培养合格人才——××大学 2014 年教学改革工作总结》、《严肃党纪国法，推进反腐倡廉——××市海关党委专项整风总结》。

（二）正文

1．前言

前言即正文的开头，一般简单概述总结的目的和内容等基本情况，常见的有以下几种写法。

（1）概述式，简要介绍基本情况，即交代实践活动的背景、时间、地点、条件等。

（2）结论式，提出总结的结论，使读者了解总结的核心所在。

（3）提问式，提出问题，点明总结的重点，引起读者的注意。例如，"一要改革，二要发展，这是当前经济面临的两大问题。怎样改革？如何发展？二者又是什么关系？对这些问题必须认真思考，给予正确的回答。"

（4）提示式，对实践活动的主要内容做提示性、概括性的介绍，它不概括经验，只提示总结的工作内容和范围。

2．主体

主体是总结的主要部分，通常可按四部分进行总结，这也是总结的传统写法。

一是做法和情况，叙述事情的经过和结果。即进行了哪些工作，完成了哪些任务，采取了哪些措施、方法和步骤，有哪些效果等。

二是经验和体会，总结成绩效果并提炼经验体会。即哪些做法是成功的，有什么经验体会。要着重分析取得成绩的主客观因素，在遇到困难时哪些应对措施是行之有效的。本部分是总结的重点，内容较多，应采取点面结合、详略结合、叙议结合的手法，用事实和数据说话，从成功的做法中提炼出有益于今后工作的经验。切忌一一罗列，写成流水账。

三是问题和教训，实事求是说明失误和不足。即遇到哪些问题，给工作或学习带来哪些损失或消极影响，找出导致失误或不足的主客观原因，将其作为今后引以为戒的教训。本部分的内容可根据总结的重点而轻重处置有所不同，若是以经验为主的总结，应写得简略些、概括些；若以教训和问题为主的总结，就应写得具体些、详细些。

四是今后的设想和努力方向。即针对总结的实际问题和教训，提出切实有效的改进措施；或说明今后努力的方向或奋斗目标，展望前景，以示决心。本部分以简要概括为宜。

除此之外，总结主体部分也可用其他写法，如阶段式，用于对周期长、阶段性显著的工作进行总结，把整个工作过程按时间顺序划分为若干阶段进行总结；并列式，以具体的工作项目为顺序，把要总结的内容按性质逐条排列，或以几个小标题概括几方面的内容，夹叙夹议，这种写法适用于专题性总结。

（三）落款

落款包括署名和时间两项内容，写在正文右下方。若标题里已有单位名称，此处可不署名。

五、总结的写作要求

1. 实事求是

实事求是是写好总结的基础，应如实反映基本情况、成绩与经验、问题与教训，不能只报喜不报忧，也不能任意拔高结论，不能片面，也不能前后矛盾。要切忌虚假。

2. 突出重点

要根据实际及写作目的或性质，内容有所侧重，不能主次不分、详略不分地平均用笔，也不能堆砌材料、事无巨细、记流水账。要切忌平淡。

3. 注重分析

总结的目的是回顾以往、指导未来，得出能够正面作用于今后工作的规律性的结论，或经验或教训。因此，总结要对材料进行深入挖掘，分析归纳，不能流于事实表面。要切忌肤浅。

例文评析

例 文 一

××医院2012年工作总结

刚刚过去的一年，是医院历史上事业发展最为迅速、成绩最为突出的一年，是医院克难奋进、艰苦创业，为实现快速发展奠定坚实基础的关键一年。2012年，全院门诊诊疗、出院人次、手术例数分别比去年同期增长30.14%、11.38%、12.0%。

今年，我院主要做好了以下几个方面的工作：

一、加强党建、精神文明建设，为事业发展奠定思想基础

（一）党的组织建设不断完善……（具体略，下同）

（二）强化全院教育，队伍素质明显提高……

（三）深入开展行业作风建设，治理商业贿赂工作继续深化……

（四）重视医院文化建设，凝聚力空前增强……

二、创新医院管理年活动方式，医护质量持续提高

继续推进"医院管理年"活动的深入开展，逐步建立了常态管理机制。成立了7个督导组，将科室分为两类61个考核单元，每3个月为一督导周期，对每个督导周期前5名和后3名科室严格兑现奖惩。

（一）医护质量稳步提高……

（二）病历管理日益规范……

（三）护理质量持续改进……

（四）门急诊管理逐步加强。加强了"一站式"服务中心管理。组织开展了年轻医护人员急救培训。

（五）诊疗流程不断改善……

（六）传染病管理不断规范……

三、坚持"科技兴院"战略不动摇，科研教学取得新进展

（一）人才梯队建设日益完善。2012年，共引进博士1名、硕士22名，全院博士、硕士总数达到85人。制定了医师定期考核管理办法。安排31名业务骨干到上级医院进修学习，另派2人赴荷兰、1人赴韩国、2人赴日本研修，有120余人次到国内外医院参加学术交流，42

人参加了本专科、研究生等后学历教育。推行继续医学教育 IC 卡管理，专业技术人员继续教育率 100%。

（二）学科建设实现突破……

（三）诊疗技术稳步提高。各科室积极开展新技术、新项目，加大向适宜技术转化力度。

2012 年度，院级科研课题立项 35 项，市级科研课题立项 2 项，完成科研成果鉴定 21 项。承担了省级医药卫生科研课题 1 项，市级科研课题 2 项。影像科徐锐等《曲尼司特药物洗脱支架的研制及血管成型术后再狭窄的研究》获山东省卫生厅青年基金项目。全院在中华系列杂志发表论文 43 篇，在核心期刊发表论文 132 篇，主编、参编著作 47 部，获得专利 20 项。

（四）临床教学取得新成绩……

（五）对外交流获得新进展……

四、积极创新发展思路，经济运行质量不断提高

坚持"量中增收、质中取胜、管中促效"，不断激发内在活力，转变经济增长方式，业务发展空间不断扩展。

（一）宣传途径不断拓展，良好信誉赢得更多病员……

（二）内部运行机制日益完善，节约意识深入人心……

（三）紧跟群众需求，经济增长点不断创新，服务领域逐步扩大……

五、基建、设备引进实现新突破，建设规模初步形成

第二门诊、加速器用房、洗衣房的建设工作进展顺利。修建了职工停车场，把方便车位让给患者。利用奥地利政府贷款 300 万美元购置的医疗设备全部到位。自筹资金添置的 GE1.5t 核磁共振等一批先进医疗设备投入使用。

六、加强科学管理，后勤保障能力逐步增强

总务后勤人员……

财务科……

设备科……

保卫科……

过去的一年是全院各项重点工作实现突破、整体工作稳步推进的一年，全体干部职工通过团结奋斗、艰苦努力，抢抓发展机遇，迎来了医院历史上最好的发展时期。

在这一年里，我院被评为山东省学习型组织先进单位、山东省十佳诚信医院、山东省"巾帼文明队"建设工作先进单位、全市工会工作先进单位、全市学习型组织标兵单位、全市办事公开示范单位、××年中国水上运动会组织工作先进集体，荣获市"五一劳动奖状"。骨一科被评为省护理服务示范病房，检验科被评为山东省临床实验室质量评价先进集体，护理部被潍坊医学院评为实践教学先进集体，外科被济宁医学院评为实践教学先进集体，小儿科被评为全市女职工建功立业示范岗，保卫科被市公安局集体嘉奖。

有 5 人被省卫生厅表彰……有 20 余人次受到市、县级表彰……

在肯定工作成绩的同时，我们也清醒地看到，当前医院在加快发展中还面临不少困难和挑战：

一是各级党委政府对关注民生的卫生工作更加重视，任务越来越重，难点问题越来越突出，社会各界和群众对卫生工作的关注程度也越来越高。

二是医改趋势日渐明朗。

三是政府对卫生事业补助政策非常明确。

四是医疗市场竞争日益激烈。

就我们医院自身而言，也存在很多问题：

一是忧患意识、发展意识不够强烈。

二是个别人员服务意识不强。

三是科室经济管理需要强化。

四是质量管理存在薄弱环节。

可以说，医院正处于事业发展的关键时期。我们只要坚定发展信心，紧紧抓住机遇，充分利用好这些有利条件，勇敢面对挑战，振奋精神、齐心协力、埋头苦干，就一定能够克服困难，实现医院的更好更快发展。

××医院

2012 年 12 月 26 日

（资料来源：http://www.diyifanwen.com/．有改动．）

简析：本文是一份综合性总结。文中前言部分对一年的基本工作情况和工作效果做了简要概括，正文部分就一年来的所有方面的工作分条列项进行具体分类归纳，用事实和数据证明或得出每条结论，兼顾了真实性、客观性、理论性的基本写作原则，既有成绩经验的概括和分析，也有困难和问题的归纳和总结。主次分明，详略得当。

例　文　二

2010 年个人工作总结

一年来，在领导的关心和帮助下，在全体同事的支持配合下，我服从工作安排，加强学习锻炼，认真履行职责，全方面提高了自己的思想认识、工作能力和综合素质，较好地完成了各项目标任务。现将 2010 年个人工作情况总结如下：

一、认真履行职责，积极开展工作

（一）努力做好行政管理工作

1. 协助领导做好行政管理工作，组织召开全体职工大会×次，中层干部会议×次，班子会议×次，支委会×次，党员大会×次，职工代表大会×次，工会委员会×次，团员会议×次。会议期间做好各项准备工作与会议记录，做到保密和及时归档。

2. 认真做好材料的撰写、打印、信息上报和档案管理等工作，确保及时撰写和上报。做好各种文件的收发、复印及誊印工作。及时请领导阅办，做好记录，按时布置，全年起草行政文件 31 个，党务发文 9 个。

3. 完成 2010 年行政工作计划、总结、人大汇报材料及年鉴、大事记的编写和上报工作。

4. 完成 2009 年度办公室工作档案的收集、整理和归档工作，完成各项统计报表的上报工作。

5. 与其他同事一起做好办公室电话业务咨询、投诉举报的接报和转报工作，全年共受理投诉举报 800 余件。

6. 完成或协助有关单位完成了区内食品量化分级管理授牌仪式表彰大会、人大代表视察、艾滋病宣传活动的筹备工作。能及时解决和安排上级单位布置的工作、其他单位的协调工作，做到重大问题及时上报。

（二）协助党支部、工会做好各项工作

1．完成 2010 年党务、工会、计划生育工作的计划和总结，以及职工之家的汇报材料。

2．对中层干部、党员进行了 2 次民主测评，召开 2 次民主生活会，并将总结报告及时上报。

3．组织捐衣、捐款 2 次共 3 万余元。

4．组织职工修养、女工体检、献血工作以及 2010 年新年联谊会的各项文体活动。

5．组织召开职代会 2 次，完成所务公开栏 2 期，配合工会一起探望生病职工及家属×人次。

6．每月及时审核、调整独生子女费、奶粉费及托费的发放，有计划地做好计划生育药具的发放工作。

7．建立党员及入党积极分子档案、科技创新档案等，完善了支部基础档案。

（三）全力做好团支部工作（具体内容略）

（四）办公室内部工作（具体内容略）

二、业务能力的培养（具体内容略）

三、坚持严于律己，努力做好表率（具体内容略）

四、存在的问题和建议

一年来的工作虽取得了一定的成绩，但距离领导和同事们的要求还有不小的差距。

（一）自身的问题

1．由于工作性质的限制，深入基层锻炼的时间、机会偏少，对业务工作的了解只局限于书本经验的理性认识上，缺乏实在的感性认识。

2．在工作中与领导交流沟通不够，有事只知埋头拉车。

3．由于自己是年轻干部，工作中缺乏强有力的管理，开展工作时缺乏魄力。

（二）今后工作的思路

1．"没有规矩，不成方圆"，办公室特殊的地位和工作性质要求办公室必须是一个制度健全、管理严格、纪律严明、号令畅通的战斗集体。要本着"从严、从细、可行"的原则，在原有各项制度的基础上，进一步修订完善办公室工作规范、考核制度、保密制度、文件管理制度，从而使办公、办事、办会等各项工作的开展更加规范有序。

2．办公室主任是所内最基层的管理者，既是指挥员又是战斗员，是领导意志、意见的体现，也是基层问题的反馈者，因此更要树立起良好的自身形象，在工作中成为同事的榜样，在感情上成为同事信任的伙伴。

3．工作中要学会开动脑筋，主动思考，充分发挥领导的参谋作用，积极为领导出谋划策，探索工作的方法和思路。

4．积极与领导进行交流，出现工作上和思想上的问题及时汇报，也希望领导能够及时对我工作的不足进行批评指正，使我的工作能够更加完善。

总之，在今后一年的工作中，我一定会进一步解放思想，紧跟所里的工作思路，与时俱进，开拓创新，在现有工作的基础上更上一个台阶。

办公室主任　刘××

2010 年 12 月 28 日

（资料来源：http://m.liuxue86.com. 有改动.）

简析： 这是一份个人年度工作总结。开篇概述一年工作的整体情况，接着具体从履行职责、业务能力、严于律己等几方面进行总结，最后分析了工作中的问题，并提出今后工作努力方向。整篇总结成绩与不足辩证分析，有事实有归纳，尤其注意借用数据说明，语言简洁明了，是个人总结不错的借鉴范文。

例 文 三

2013 年学生工作总结

2013 年，学生处在学校党委的正确指导下，在各相关部门的大力支持下，紧紧围绕学校的中心工作和整体发展目标，树立"服务、引导、教育、管理"的工作理念，以学生的全面发展为目标，着力提升学生综合素质，努力创新工作机制，拓展有效途径，扎扎实实地开展了一系列工作，取得了一定成绩。现总结如下：

第一部分　工作情况

一、贯彻落实中共中央的文件精神，进一步加强学生思想政治教育工作队伍建设

（一）举办了第三届学生管理人员的培训班和本年度学生工作经验交流会。着力提高辅导员政治思想素质、理论政策水平和科学管理水平。

（二）先后派出 11 名学生管理干部参加省教育工委组织的辅导员专题培训班，拓宽了视野，提高了能力。

一年来，学生辅导员队伍的整体素质有了明显提高，表现出强烈的工作热情和社会责任感。不管是日常工作还是重大活动，都能做到顾全大局，服从安排，团结协作，出色地完成了学校的各项任务。

二、加强学生的日常管理工作，强化服务意识

（一）规范化、制度化建设。结合我校学生工作的实际，对学生教育管理的各项规章制度进行了修订、补充和调整，对各项制度的落实提出了明确措施。编写了《新生入学完全手册》、《新生安全手册》，提高了学生教育管理工作的科学化、规范化和制度化水平。

（二）建立信息联系制度，畅通联系通道。设立学生宿舍信息员，坚持学生干部 24 小时值班制度。学生管理干部能经常深入班级、宿舍，及时了解学生思想动态、心理状况和生活中的实际问题；能全方位、全天候地为学生提供服务，并加强了对突发事件处理的力度，有效地保障了学校工作的稳定和有序开展。

（三）加强学风、校风建设。坚持严抓寝室卫生、寝室文明建设、安全检查、上课出勤率，深入开展创"文明寝室"、"和谐之家"、"文明班级"活动；创办了《学生工作简报》，使领导和各部门及时了解学生工作的动态。

（四）以政治理论学习为主线，不断深化学生的思想政治教育工作。以"十八大精神进课堂"系列讲座活动为主体，以各学院精心组织生动活泼、学生喜闻乐见的"十八大"主题活动为副翼，开展了"十八大"的宣传学习活动，掀起了学习贯彻"十八大"精神的热潮。学生参与面广，活动效果好，受到了校领导的好评，《××日报》、中国新闻网等相关媒体均给予了报道。

（五）坚持"公平、公开、公正"的原则，切实抓好优秀学生和奖学金的评比工作。

1. 认真做好 2012～2013 学年度省、校级先进集体、三好学生、优秀学生干部的评比与上报工作。共评出省级先进集体 2 个，省级三好学生 4 人，省级优秀学生干部 2 人。校级先进集

体 22 个，校级三好学生标兵 16 人，三好学生 819 人，优秀学生干部 368 人。

2．认真做好 2012～2013 学年度国家和学校学生奖学金的评定工作，有 23 人获得国家奖学金，共发放奖学金 178.4 万元。

三、完善大学生心理健康教育体系

（一）搞好日常心理咨询与辅导工作……（具体略，下同）

（二）开展有特色的心理健康教育活动……

（三）重视新生心理健康教育……

（四）进一步完善了心理健康教育中心网站，为学生了解心理健康知识，提供了一个更广阔的平台。

四、加大力度，创新家庭经济困难学生的资助工作

（一）加强领导，完善制度……

（二）积极做好国家助学贷款工作……

（三）积极开拓勤工助学岗位……

（四）做好励志奖学金以及国家助学金的评定发放工作……

（五）积极开展"爱心"资助活动……

五、注重学生的稳定工作和安全教育工作

（一）提高认识，落实责任制。建立了学生安全和稳定排查制度、信息反馈制度；加强学生部门节假日和日常值班制度。

（二）加强宣传。利用新生入学教育和主体班会形式对全校学生进行了广泛的法制宣传教育，提高了广大学生法制与安全意识。

（三）切实关爱学生。解决学生关心的实际问题，为学生排忧解难；切实做好困难学生的帮困工作，维护学校和社会稳定。

六、各学院、研究生处学生工作精彩纷呈，成果喜人

各学院、研究生处正积极参与各项全校性工作的同时，均结合各自特点开展了大量卓有成效、富有特色的学生活动……

第二部分　不足与建议

一、不足之处

（一）学工队伍配备相对薄弱，整体队伍素质还有待进一步提高。

（二）学生的日常行为规范、学风建设还有待于进一步加强。

（三）学生活动的质量不高，欠科学规划与管理。

二、建议

（一）切实加强学工队伍建设，提高队伍素质。组织学工队伍到省内外同类院校去学习取经，改变目前我校学工队伍的选聘制度。

（二）加强工作人员的配备和培养。学生处人员配备不足，结构不够合理，素质仍有待进一步提高。

第三部分　今后工作重点

一、加强学工队伍建设。制订好培训计划，规范日常交流、学习工作。组织每月一讲活动，努力拓宽学工队伍知识面，提高工作能力。

二、加强班集体建设。积极探索出具有时代性、针对性、实效性特征的班集体建设模式，全面提高大学生综合素质和创新能力。

三、加强各学院特色建设。开展学院学生工作特色宣传推广活动。要求每个学院的学生工作都要有各自的工作亮点和特色，并进一步提高与总结，向其他学院推广，以期推动我校整体学生工作再上新台阶。

四、进一步加强家庭经济困难学生的资助管理工作。主要是进一步完善制度和强化培训与管理，成立××培训学校，免费为家庭经济困难学生进行职业培训，在给予家庭经济困难学生经济资助的同时，着力提高其社会竞争力。

五、提升心理健康教育工作水平。加大心理健康知识的宣传，出版心理健康教育内部刊物，收集成功干预案例，加强对辅导员相关知识的培训，着力建立一支素质高、作风强的学生班级心理辅导员队伍。

××大学学生处

2013 年 12 月 20 日

（资料来源：史英新．应用文写作[M]．北京：高等教育出版社，2009．有改动．）

简析：这篇总结属于部门年度总结。前言概述了工作背景和总体情况，正文采用"情况与成绩—不足与建议—今后努力方向"的顺序明列标题，从三大方面分条条理分析总结。重点突出，主次清晰，叙议结合，层次分明，格式规范。

 思考训练

一、简答题

1．什么是总结？总结有何作用？

2．总结的写作特点有哪些？

3．总结常见分类有哪几种？

4．总结写作需注意什么？

二、评析题

（一）判断下列关于总结的说法的正误，不对的请说明理由。

1．写总结只需反反复复强调观点就可以了。

2．为了全面和清楚，总结应多用材料，尽情地写。

3．总结应详细写清楚过程，如记流水账。

4．写总结应报喜不报忧，便于以后工作。

（二）评析下面的总结写作有何不妥。

1．时光如流水，转眼已经到了大三。回头看看，喜忧参半，让人无限的回忆。美妙多彩的学习生活就这样在不知不觉中过去了。看看自己，看看过去，脑海里怎么是一片空白呢？

在高中学习中等，但喜爱排球，是学校的排球队队长。得过两次全市第一，一次第二，一次省第三，也因此获得了国家二级运动员的称号。可是到了大学，一个又一个令人沮丧的事情接踵而至，学校里竟然没有排球队，哇！真让我吐血，火热的心突然冷的成冰。原来还有的几个大专院校合并在一起，也没有比赛可打，学校自然也没有必要让排球队存在。学校里面的学生来自各地，水平都是平平常常，学校里以系为单位组织比赛，我们系好容易找出 12 个人，

又选出 6 个主力，结果我们第二。第一的××系，其中一名主力，还是我高中校队的替补，我不知道这个第二到底有多大价值。但总算还有点喜悦。

课程很少，老师都没有我想象的那么神秘莫测，我浑浑噩噩地过了两年。前几天我走进了人才招聘会，到了这里，我才真正地感觉到了就业的压力。一座仅仅 3 层的大楼里，几百个座位前却拥挤了 3 万多大学生，每个人手里都捧着一份自己精心设计的个人简历，脸上求职若渴的表情，究竟哪一个表情能打动招聘者的心？英语四级、计算机六级、学生干部等，似乎这些我们千辛万苦取得的证书和成绩如今都成了每个人都拥有的再简单不过的东西了。放眼望去，哪里才是我的天空？放眼再望去，这个专业，那个专业，我们的专业数来数去不过仅有五六家，真是只见人群不见招聘者呀！

哎！人的一生总要面对一些事情，我该怎么办呢？

2．这是一份个人总结的开头。

光阴荏苒，岁月如梭，一年的时光就这样匆匆逝去，我选择了这个阳光暖暖的午后，展望一年起伏的心情，希望对自己的工作做出公允的评判。

三、写作练习

1．请结合自己本学期的学习、生活，写一篇个人总结。

2．请结合你在学校或班级所担任的岗位职责，写一篇工作总结。

3．请对你刚刚过去的假期的社会实践活动情况进行总结。

以上写作要求：主体内容条理清楚，架构合理；涉及事项重点突出、感受真实；格式合乎要求，表达恰当。

计划与总结的关系

实际工作和生活中，计划与总结是使用频率最高的两类应用文，掌握这两种文体的基本知识及写作规范，对我们非常重要。

计划与总结有着密切的关联。简单说就是，事前写计划，事后写总结。计划是总结的依据，总结是计划的检验和提高；总结是为检查计划落实情况而写的，计划是在总结过去工作的基础上所订的；总结以计划为依据，计划以总结为基础；计划是始，总结是终，同时又是下一步计划的始，计划又是总结的进一步发展。二者相辅相成，孤立开来都毫无意义。

第四节　调查报告

1．掌握调查报告的概念。

2．了解调查报告的作用、特点和分类。

3．熟练掌握计划结构和写作规范。

4．模拟写作，培养撰写计划解决实务的能力。

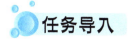任务导入

　　暑期在即，为让大学生真正接触、了解、深入社会，为自己的学习及个人成长乃至未来步入社会打下坚实的社会基础，××学院给所有在校生布置了假期社会实践作业——调查报告，并要求开学就要上交。市场营销专业大二学生王峰所在第二小组的题目是《大学生兼职状况》，请问：他们该做哪些准备？怎样完成他们的调查报告的写作？

知识点击

一、调查报告的概念

　　调查报告是根据特定的目的，对某种情况、某件事情、某个问题等客观事物进行调查、研究、分析、综合，从而揭示出其本质或客观规律，并将结论形诸文字的书面报告。有时也称"××调查"、"考察报告"、"调研报告"等。

　　调查报告的撰写分两个阶段：一是调查研究，即通过调查，掌握具体的数据和确凿的事实，对它们进行分析研究，透过现象发现本质，找出规律；二是书写报告，在调查分析的基础上，提炼观点，选取典型材料，写成书面报告。

二、调查报告的作用

　　调查报告是一种机关、企事业单位常用的实用文体，也是一种新闻媒体常用的文体。

1．提供决策依据

　　调查报告的重要作用之一是为各机关、团体和企事业单位制定决策时提供依据。调查研究是否深入、系统、翔实、科学，决定了做出的决策是否科学正确。例如，对新上市的股票运行情况的调查报告可以为国家扶持新生事物制定政策提供依据，对地区民众购车情况的调查报告可以为当地车险事业的优惠政策提供依据等。

2．解决社会问题

　　社会生活中存在很多问题，如贫富差距过大、留守儿童安全与教育、孩子假期去哪里、环境污染、贪污受贿以及各种丑恶现象和不良行径。针对某一问题，调查报告应深入调查、科学分析，达到弄清是非、鞭挞丑恶、解决问题的目的。

3．推广典型经验

　　成绩突出的单位或个人在工作中所取得的典型经验，是人们做好各项工作的有效方法之一。调查报告可以此为内容，着重介绍他们的具体做法和体会，进而上升到理论高度进行总结，这是推广先进经验的有力有效工具。

三、调查报告的特点

1．针对性

　　调查报告都是针对社会普遍关心的事情或亟待解决的问题而撰写的，因此，基于它的三大作用，调查报告必须能回答或解决这些问题，这是调查报告写作的关键所在。调查报告的针对性越强，其社会作用就越大。

2．真实性

　　调查报告是在调查事实的基础上，研究分析总结出本质、规律或经验，进而解决社会需要，

因此，调查报告的内容必须真实。不管是主要人物和事实，还是事件的时间、地点、过程及各种细节，都要绝对真实，不能道听途说、东拼西凑，也不能夸大或缩小，甚至歪曲真相。否则得出的结论就不具有可信度和说服力。但叙议结合时也不需追求事件的曲折波澜。

3. 典型性

所谓典型性，一是指调查对象要典型，收集的材料也要典型，只有典型的材料才能揭示出本质和规律；二是指调查得出的观点和结论应具有典型性，结论的典型性越突出，调查报告的社会作用就越大。

四、调查报告的分类

按内容和性质划分，调查报告可分为以下几种。

1. 反映情况的调查报告

反映情况的调查报告比较系统、深入地反映社会某一方面或某一地区、某一系统、某一单位、某一事件的基本情况，如《××产品市场占有情况调查》、《流动儿童教育——逐渐进入视野的研究课题》。

还有些情况，人们因难以了解真相甚至会以讹传讹，这时此类调查报告就可以反映重大事件的来龙去脉，通过澄清是非，表现事实的本来面目，如《关于一次造成重大经济损失的渎职事故的责任调查》、《关于三鹿奶粉事件的调查报告》。

2. 查明问题的调查报告

查明问题的调查报告，重在揭露和批判社会生活中存在的不良倾向或严重问题。通过揭露事实真相，揭示问题的实质和产生的原因，分析其造成的后果和危害，以引起有关部门的重视与警惕，从而达到明辨是非、吸取教训、解决问题的目的，如《中国农村环境污染调查》、《亏损，是怎样造成的？——××省 10 家亏损大户的调查》。

3. 总结经验的调查报告

总结经验的调查报告，着重反映具有代表意义的、先进的典型经验。通过介绍先进经验形成的过程和具体做法，揭示其规律性，阐述其典型意义，使典型经验得到推广，供人们参考学习，如《服务老百姓，诚信促业兴——××大药房以诚兴业的调查》、《关于邯郸钢铁总厂管理经验的调查报告》。

五、调查报告的结构与写法

调查报告一般包括标题和正文两部分。

（一）标题

1. 公式化标题

公式化标题可直接标明调查对象或主要问题，再加上"调查"、"调查报告"等字样，如《城市居民住房情况调查报告》、《当代大学生择偶观念的调查》。也可在前面加上"关于"或"对"等字样，如《关于本市饮用水质量的调查报告》、《对××医院"6·13"重大医疗事故的调查》。

2. 文章式标题

文章式标题即揭示主题或概括中心内容的标题。可用单行标题，如《铁路春运一票难求的症结何在》、《为什么大学毕业生择业倾向沿海和京津地区》、《区街企业承包合同存在问题及对策》、《调整教育政策 增加教育投入》。也可用双行标题，即正副标题，如《高校发展重在学科建设——××大学学科建设实践思考》、《发展大企业 增强竞争力——2011 年中国企业 500 强调查》。

（二）正文

调查报告的正文由前言、主体和结语三部分组成。

1．前言

前言是正文的开头部分，也称导语或引言，写法多样。可以说明调查活动的概况，如调查的起因或目的，调查的时间、地点、范围、方法、经过等；可以重点介绍调查对象的基本情况；也可以概括全文的主要内容或提示全文的主旨。但不论用何种方式，前言的写作都应简明扼要，切入主题。

2．主体

主体是调查报告的具体成果及核心部分，更是对调查研究的结论的逻辑论证部分。一般包括 3 个方面：一是表明主旨等本质或规律性的内容；二是提供事实材料；三是进行理论阐述。总之，主体论述要夹叙夹议，做到有事实、有分析、有结论，论据、论证、论点三要素齐全。主体的结构框架可以灵活把握，大致有 3 种。

一是横式结构。也称并列结构，即按照事物的性质对调查得来的材料进行归类，加上小标题，围绕主题分别进行阐述。反映情况的调查报告和总结经验的调查报告多采用这种方式。

二是纵式结构。即按照时间的先后顺序安排整理调查得来的材料，脉络较清楚。一般揭露问题的调查报告和反映重大事件来龙去脉的调查报告多采用这种方式。

三是综合式结构。即横式和纵式两种结构结合使用。一般常见的写法是在叙述事实的阶段采用纵式结构，在总结认识和经验教训时用横式结构；但也有两种结构互相穿插配合使用的其他情况。但不管使用哪种综合式结构，都是既考虑了事物的发展脉络，又照顾了事物的分类特征。

3．结语

结语是调查报告的结束语，写法形式多样，可灵活把握。可以总结全文，深化主题；可以指出问题，提出建议；可以提出问题，引发思考；也可以展望前景，发出号召；还可以意尽文止，不另结尾。

（三）落款

正文右下方写明调查者的单位名称或个人姓名以及完稿时间。如标题中已注明调查者，此处也可省略署名。

六、调查报告的写作要求

1．深入调查，掌握翔实材料

调查研究是调查报告写作的大前提。只有全面、深入、准确地开展大量细致周密的调查，尽可能掌握第一手资料，才能为写好调查报告打下坚实的基础。

2．认真分析，挖掘客观规律

在深入调查，占用大量材料后，要进一步去粗取精、去伪存真、由此及彼、由表及里，进行深入的分析归纳，从而揭示事物的本质和规律，真正体现调查报告的价值。

3．合理表达，做到叙议结合

调查报告的结论要想具有可信度和说服力，就必须做到材料和观点的有机统一，观点要统率材料，材料得说明观点，要叙议结合、以事明理。

例文评析

例　文　一

关于邯郸钢铁总厂管理经验的调查报告

河北省邯郸钢铁总厂（以下简称邯钢）是 1958 年建成的老厂。1990 年，邯钢与其他钢铁企业一样，面临内部成本上升、外部市场疲软的双重压力，经济效益大面积滑坡，当时生产的 28 个品种有 26 个亏损，总厂已到了难以为继的状况，然而各分厂报表中所有产品却都显示出盈利，个人资金照发，感受不到市场的压力。造成这一反差的主要原因，是当时厂内核算用的"计划价格"严重背离市场，厂内核算反映不出产品实际成本和企业真实效益，总厂包揽了市场价格与厂内核算用的"计划价格"之间的较大价差，职责不清，考核不严，干好干坏一个样。为此，邯钢从 1991 年开始推行了以"模拟市场核算，实行成本否决"为核心的企业内部改革，加大了企业技术改造力度，加强了企业内部经营管理，坚持走集约化经营的道路，使效益大幅度提高，实力迅速壮大。5 年来实现的效益和钢产量超过了 32 年的总和，邯钢已由过去一个一般的地方中型钢铁企业跃居全国 11 家特大型钢铁企业行列。

一、抓住"成本"这个"牛鼻子"不松手，抓住"成本否决"这个关键不留情，抓住"效益"这个中心不动摇，是邯钢管理经验的关键所在。

(一)关于"模拟市场核算"的具体做法。

……（具体略，下同）

(二)关于"实行成本否决"的具体做法。

……

(三)调整内部机构设置保证内部管理新机制的高效运转。

……

二、有效推进了企业经营机制和增长方式的转变，大幅度提高了企业的经济效益，是邯钢管理经验的成效所在。

(一)推进了计划经济体制向市场经济体制的转变。

……

(二)推进了增长方式由粗放经营向集约经营的转变。

……

(三)促进了企业内部管理工作。

……

邯钢的实践证明，国有企业适应建立社会主义市场经济体制要求，必须在转换经营机制的基础上转换经营方式，切实转变经济增长方式，这样才能充分挖掘企业的内部潜力，提高企业的整体素质和市场竞争力。邯钢的做法为国有企业实行从传统的计划经济体制向社会主义市场经济体制，从粗放型向集约经营两个有全局意义的根本性转变提供了借鉴经验。

河北省邯郸钢铁总厂
1996 年 9 月 16 日

简析：这是一份总结经验的调查报告。前言部分介绍了邯钢改革的背景及改革之后初见成效的概述。正文部分用了横式结构，分条列项，总结了两大方面、六大成绩。结语总结了全文主要内容，并号召大家学习借鉴。本文作者调查非常深入，用了很多数据来说明成效，这是调查报告写作最应注意的地方。

例　文　二

农村留守儿童问题调查报告

留守儿童问题如今已经成为一个社会性问题。基于中南林业科技大学资源与环境学院××年暑期三下乡活动成果和我们的强烈的社会责任感，我们针对留守儿童问题在湖南省永州市宁远县××村进行了实地的调查和走访。在当地人民政府的配合帮助下，我们的实践队员深入到典型留守儿童家中，与他们进行了面对面的交谈和沟通。通过对留守儿童个案的调查以及网上收集的关于留守儿童的原始资料，我们掌握了他们的一些共性，也对他们的家庭教育问题有了清楚的了解，现撰写出调查报告。

一、调查对象的基本情况

××年 8 月 17～22 日，我们在湖南省永州市宁远县××村针对留守儿童的家庭教育状况开展了本次调查。宁远县位于湖南省永州市南部，辖 17 个乡镇（其中少数民族乡 4 个），4个国有林场，688 个行政村，土地总面积 2498 平方公里，总人口 77.8 万，外出打工人员接近30 万。其中调查走访的××村，人口 1390 人，396 户人家中有 200 多户有青壮年外出打工，正是由于此地农业人口多，地理位置偏远，交通不便利，经济发展较缓慢，越来越多的农民工放弃了种田而选择出外谋生，因而当地留守儿童的现象十分普遍。

本次调查的目的是以留守儿童的家庭教育问题为视角考察留守儿童的生存现状，即透过留守儿童的家庭教育，折射出宁远地区留守儿童的教育状况、生活状况、心理状况。在调查的基础上，本文分析了留守儿童的家庭教育需求，为留守儿童家庭教育问题的解决提出合理建议，以期为我们国家未来的发展和建设尽绵薄之力。

二、问卷调查

1．问卷的设置及意图

本问卷共设计有 8 类问题：留守儿童的吃、住、用，监护人情况，与父母联系频率，双休日安排，父母不在家的困难，学习情况，老师的关心程度，今后的希望，共 16 个小题。题型为封闭选择和开放问答两类。目的在于了解留守儿童的生活、学习、心理现状。

2．调查的过程与方法

该村小学一、二年级共 16 个班，每个年级按成绩分为两层。调查中随机抽了两个年级、两个层次的 8 个班级的 52 名学生。分别以不记名的形式独立作答。并另卷调查了全校留守儿童等情况。

三、现状分析

1．数据的汇总

回收答卷 52 份，52 份答卷均有效。为了便于统计，只随机统计 50 份。统计具体结果见附表。

2．现状的分析

（1）留守儿童面大。父母双方外出打工占 12.1%，父母一方外出打工占 51.8%，单亲和孤儿占 6.2%。

实际上没有父母直接监护的占 18.3%，加上父母一方外出打工的留守儿童总共就占总数的 70.1%。这些儿童要么缺乏父爱，要么缺乏母爱，当然就极有可能性格发展缺失。尤其在对其管理、生活安排方面缺乏应有的照顾和爱护，由此，他们的很多问题得不到及时解决，甚至变异滋生蔓延，影响他们自身的发展，影响学校影响社会。

（2）监护不能落实。祖父母和外祖父母监护占 56%，无人监护占 26%，其他亲戚监护占 18%。

隔代监护，一是心理代沟太深，祖孙难于沟通，二是祖辈过度溺爱，百依百顺，三是没有教育理念；亲戚监护，日子一长，孩子或多或少有过失，只要亲戚批评责备，他们之间就有可能产生心理隔阂，严重的甚至闹矛盾；没有人监护，不仅这些孩子心理没有安全感，而且很多事情就有可能因拿不准主意而失误。

（3）基本生活得不到保障。32%的留守儿童双休日的生活水平与在学校寄宿差不多，人均每周包括乘车的零花钱共 6.28 元。

吃、穿、住是人生最基本的需求，从上述数据看出，很多留守儿童的基本生活都无法得到满足。

（4）父母亲情淡薄。36%的留守儿童与父母不是经常联系，与父母双方经常打电话的占 18%，父母经常给留守儿童打电话的只占 46%。

父母亲情是儿童子心理健康发展的根本元素。这种东西是任何事物都无法代替的。然而，现在的父母，由于没有教育知识教育经验，有的因为生活所迫，很少关注孩子的心理，甚至连电话都不与孩子联系。这样孩子就感到没有根基没有依靠，没有自主没有目的，如空中的落叶，时常无所适从。

（5）家务劳动繁重。80%的留守儿童在双休日要做家务劳动，52%的留守儿童要在双休日做饭，90%的留守儿童自己洗衣服……（具体简析略，以下同）

（6）老师关注太少。本学期以来，46%的留守儿童还没有老师找他谈过话……

（7）学习压力很大。50%的留守儿童感到学习压力大；30%的留守儿童明显表示学习成绩不好；部分留守儿童表示爷爷奶奶和外公外婆不识字，不能辅导学习，想学好没有条件……

（8）心理压力大。60%以上的留守儿童表示不会做饭，不会洗衣，遇事不能拿主见，思念父母；16%的留守儿童为今后的生活着急；部分留守儿童感到孤独、失望，羡慕别人，得不到同学理解，有时遭别人歧视等……

四、对策探析

1．成立自立组织

解决留守儿童问题的根本在于引导他们建立健康、乐观的心理状态，锻炼独立、自主的生活能力，从而促进他们自然、顺利成长。据调查，这些儿童中有个别孩子很懂事，能正确看待自己的处境，认为父母不在身边，我们更应理解父母的难处，更应为父母减少担心，于是觉得，在家里累点苦点也很自然。因此，我们认为，班级应该成立"独立儿童小组"，学校要成立"独立儿童"委员会，要选用其中具有独立能力的孩子担当成员，从而扩大他们的影响，发挥他们的辐射作用，让他们在老师、学校的引导下自己管理自己，从而保障自我锻炼。这样，既可增加心理倾诉渠道，增进伙伴之间的友情，又可找到"家"的感觉，同时自己的组织便于随时请教，随时求助。

2．建立专门档案……（具体略，以下同）

3．定期召开会议……

4．设立咨询机构……

5．师生互结对子……

总之，留守儿童是当今教育面临的新问题、新难题，我们每一位教育工作者都应高度重视，都应将其作为工作的重点之一去研究去解决。

中南林业科技大学资源与环境学院

××××年9月7日

（资料来源：http://www.diyifanwen.com．有改动．）

简析： 这是一份解决留守儿童问题的调查报告。前言概述了调查的原因与情况。正文部分先是简述了调查对象的基本情况、调查问卷的内容设计及调查方法，然后主要对调查问卷的数据及材料进行综合分析研究归类，用横式结构对问卷情况归纳了八大方面的问题，最后据此提出五大对策，结尾处又重申调查主题与意义，也对同行教师发出了希望和号召。通篇调查报告用数据说话，极具真实性与说服力，数据材料与观点结论有机统一，很值得借鉴学习。

例 文 三

关于在校大学生兼职情况的调查报告

针对大批在校大学生都有过兼职经历的事实，我们利用暑假前一周在全校范围内开展了一次题为"大学生兼职状况"的社会调查，并在暑期完成材料整合分析完成此份调查报告的写作。调查采用问卷形式，共发放问卷100份，其中大一20份，大二30份，大三50份，收回100份，有效回收率100%，总体来说，被调查男女生人数基本相等。本次调查主要涉及大学生兼职的类型、目的、期间遇到的问题及解决办法、收入情况等内容。调查发现：

一、看待兼职的态度

（一）有无必要兼职

从性别来看，分别是46.9%的男生、52.9%的女生认为大学生兼职非常有必要，而认为大学生没必要兼职的均占0%，其余的则认为可有可无。

从年级来看，大一、大二、大三分别有30.9%、35.2%、60.8%的同学认为大学生兼职非常有必要，其余同学均认为可有可无。

（二）是否从事过兼职

从性别来看，有14.3%的男生、11.8%的女生经常兼职；75.5%的男生、78.4%的女生偶尔兼职；10.2%的男生、9.8%的女生从未兼职。与此同时，各年级差异性不大，即绝大多数学生偶尔兼职，少数学生经常兼职或从未兼职。

总的来看，由于社会对女性就业的歧视，女生认为非常有必要兼职的比例明显高于男生；随着年级的增长，学生意识到就业形势越来越紧迫，认为非常有必要兼职的学生比例显著增长。

二、寻找兼职的途径

从性别来看，有69.4%的男生、45.2%的女生自己寻找兼职；38.8%的男生、25.5%的女生通过熟人寻找兼职；22.9%的男生、27.5%的女生通过中介机构寻找兼职；还有部分学生通过广告寻找兼职。与此同时，各年级差异性不大，基本与总体情况相符。

调查还发现，80%以上的学生认为学校非常有必要成立专门的兼职指导机构，以丰富学生的课余生活并确保兼职的安全。

三、从事兼职的类型及范围

从性别来看，有 80.8%的男生、40.7%的女生做过家教；16.3%的男生、78.4%的女生做过促销；13.2%的男生、29.4%的女生发过传单，同时，还有少数学生从事过礼仪、家政、餐饮等兼职工作。

从年级来看，大一、大二、大三分别有 65%、75.5%、98%的学生做过家教；分别有 5%、7.5%、26%的学生做过促销；分别有 20%、30%、16%的学生发过传单。

总的来看，学生兼职的种类比较单一，而且性别差异较大。经分析，原因有二：一方面，时间有限，学生只能选择耗时少、收入较高的工作；另一方面，社会经验较少，工作能力有限，诸多用人单位不予考虑。

四、从事兼职与学习之间的关系

不论从性别还是从年级来看，均有 90%以上的学生认为兼职对学习的影响因人而异，只要注意调整，能够二者兼顾，还有小部分学生说不清楚二者是否会相互影响。

五、从事兼职的目的及收获

从性别来看，有 45.2%的男生、37.3%的女生认为兼职可以赚到一笔完全属于自己的钱，颇有成就感；有 43.6%的男生、60.8%的女生认为兼职可以积累社会经验，为今后的工作奠定基础；有 11.2%的男生、1.9%的女生认为兼职可以拓宽交际面。

总而言之，绝大部分学生从事兼职的目的比较明确，认为兼职的收获主要是赚钱和积累社会经验，少数学生认为可以广交朋友，拓宽交际面。

六、兼职过程中遇到的困难及应对方式

不论从性别还是从年级来看，超过 70%的学生偶尔遇到过困难；20%左右的学生多次遇到过困难；只有极少数学生从未遇到过困难。

所遇到的困难当中，基本不包括性别歧视，而有部分学生认为引起兼职困难的原因是自身能力不佳，也有不少学生认为是由于用人单位过于刁钻。

遇到困难时，80%左右的学生积极想方设法解决；10%左右的学生忍气吞声、自认倒霉；还有极少数学生不知所措。

七、家长对子女从事兼职的态度

总体来看，50%左右的家长基本同意子女从事兼职，但对安全问题顾虑较多；25%左右的家长完全同意子女从事兼职，并予以鼓励；20%左右的家长不同意子女从事兼职，他们认为学生应该以学习为主；还有极少数家长完全不同意子女从事兼职。

八、兼职所得收入的用途

48%的学生将兼职收入作为生活费，以减轻家里经济负担；41%的学生将其作为额外的零花钱；6%的学生将其作为恋爱开支；其余5%的学生将其积累，作为长久投资（如旅游等）。

综述，丰富多彩的大学生课余生活给了我们无限的激情、满腔的热情，更重要的是兼职经历。通过调查，学生大都希望在大学期间从事兼职工作，家长们基本同意子女兼职并予以支持。在兼职过程中学生遇到了各种各样的困难，由于缺乏经验和社会阅历，不知如何应对，甚至有些学生还被欺骗过。但也有一部分学生具有一定的特长，善于交际，能力突出，能够将兼职工作做得有声有色。另外，学生一致认为学校应该成立专门的兼职指导机构，鼓励指导学生从事兼职，使大家在丰富课余生活的同时，既锻炼了能力，又获得了一定的报酬，为以后的就业做好准备。

市场营销 1302 班第二小组

2014 年 9 月 5 日

（资料来源：张文英. 新编应用文写作教程[M]. 天津：南开大学出版社，2010. 有改动. ）

简析： 这是一篇反映大学生兼职情况的调查报告。笔者进行了深入、实际、周密的调查，根据问卷的内容及调查数据，按横式结构将其分为 8 个方面，通过数据事实意义说明调查结论。结尾又概括了全文的主要内容，同时并针对困难提出建议，重申了大学生兼职的意义。是一篇有意义的调查报告。

 思考训练

一、简答题

1．什么是调查报告？为什么要写调查报告？

2．调查报告常见的有哪几类？

3．调查报告的写作结构由几部分组成？主体部分写作应注意什么问题？

二、评析题

评析下列调查报告的写作妥否，请说明理由。

1．下面是一段关于家乡教育情况的调查报告的开头写作。

我回到家乡，踏着古镇弯弯曲曲的青石板路，听着古寺饱含愁思的钟声，我看着学校孩子天真无邪的笑脸陷入沉思：家乡的教育究竟有何新的面貌？

2．　　　　　　　　　**关于商场定位对消费者影响报告**

在银泰实习的 6 个月内，慢慢懂得，社会生活与学校生活的落差。近半年的实习教会了我许许多多。实习的日子有苦也有甜。重要的是它锻炼了我自身的能力，也使我逐渐成熟，为将来更好地融入社会打下了坚实的基础。

我们从事的是服务行业。接触最多的就是形形色色的消费者。消费者是来消费的。为消费者营造一个好的服务环境以及为他们提供良好的服务是影响其消费的重点。

一、银泰定位：永远年轻

银泰之前，在杭州乃至浙江，百货店的定位并不是很明确。之前百货店都是以商品的属性来定位的，如中高档或中低档。银泰是首家以人来定位的，盯住的是年轻人这个群体，它非常有感染力；另外，它非常有新意，从前，人们对按消费者来分类，理解得还不够透彻，但事实上年轻人有很强的活力，很强的消费力，因此银泰的定位一下子激发了大多数年轻人的消费欲望，让他们觉得有了自己的独特购物场所，与杭州其他商场相比，银泰的人气就特别旺，消费者喜欢热闹，喜欢散发他们的热情，这就表现到他们的购物行为中。

二、银泰的地位

百货与超市的观点非常不同，百货的品类自身要求变化很快。超市是要求商品不能断的，假如某超市哪天没有高露洁牙膏卖，那就会觉得很奇怪，但在百货店，很多东西是要卖断的，但后面的东西会更新、更好，所以百货店在品类管理上比超市人为因素更多一点，科学化、计算机化的程度要少一些。品类管理对流行百货店来说，我希望品牌有相当比例的淘汰率，即使在同一品牌不动的情况下，它的商品最好在每个季度都有淘汰率，夏天跟春天应该不一样，今年的夏天跟去年的夏天就更不是一回事。不断地追求消费者的需求，同时去创造新的需求。品类管理有一定的特殊性，有一定的活跃性。

三、满就送是一种有效手段

零售商用得最多的是打折让利，但是打折让利有各种各样的形式手段，有八折、九折、有买一送一、有满就送……这些都是价格战，满就送也是价格营销的一种手段，并不特殊。从百货店现实来讲，任何打价格战的手段，都是为了促销，把销售搞上去。我们也曾算过，一个东西打八折，一个100元的东西变80元钱进来了，它只有80元的东西流出去，但假如满100送20，那就是120元钱的东西流出去，这就是促销的正折和负折问题。同样的目的，最终一种方式是走了80元钱的东西，另一种是走了120元的东西，当然是走120元合算了。

同时，杭州商场都在搞满就送，大家似乎都没有停下来，为了满就送而满就送，但实际上也都在不断做调整，目前在武林商圈中，银泰与杭州大厦、杭州百货大楼的客流重叠率是较低的。

四、顾客是我们的朋友

顾客忠诚度对于企业来讲是非常重要的。每个企业都在做忠诚度。其实要培养顾客的忠诚度，而又不能寄希望于顾客的忠诚度，只有自己做得更好才能让顾客留下来。顾客走了是因为你没有做好，而不是别的原因，所以不要特别看重顾客忠诚度，但是也不要对顾客特别得随意，我觉得应认真地做好自己的一切，对于你的目标顾客进行更多的促销和宣传。因为确切地说顾客不是上帝，而是我们的朋友。

五、百货业是很有前途的行业

有人说百货业是一个夕阳行业，有人说它是传统行业，有人说它是微利行业，有人说它要被大卖场吞并掉，可其实百货业挺有前途的，生活不能没有百货店，只不过百货店要与时俱进，无论它的管理、它的理念以及它追求的目标顾客。至少有一点是真的，原来我们什么都做，但是现在不能什么都做了，只能挑一点去做，如果挑得不好就要被打，如果挑得好的话，你就会脱颖而出。

百货业是很有前途的，无论它是单店，还是连锁店，还是成为 Shopping Mall 里的主力店也好，都有它的生存空间，大有大的做法，小有小的活法，但是地县城市的百货店确实很难做，市场容量有限，基本生活用品市场都被大超市抢占了，要做中高档顾客流量又不够，如杭州跟宁波 GDP 收入相差不远，但宁波百货业没有杭州好，一般人归结为宁波人口少一些，但是也不至于差距那么大吧。

那么到底问题出在哪里呢，那就是有效的消费群体比较少，宁波就是大学生年轻人不够多的缘故，所以消费量不够大，他们说大学生有多少消费能力呢？但是他们的群体消费是很大的，特别是他们能倡导一种时尚的消费观念。

随着生活水平的不断提高、经济的不断发展，中小型城市会有好的百货店出来的。

（资料来源：http://www.diyifanwen.com．）

三、写作练习

1. 大学生与中学生在学习上的最大区别当属学习的自主性与自觉性了，请你就你校大学生的学习情况做一调查，问卷内容自拟，撰写调查报告，以便科学安排自己。

2. 大学生从进入大学后开始自己"当家做主"了，需自己支配开销。请你对你所在学校的大学生做一调查，了解大学生的消费情况或消费结构，问卷内容自拟，写出调查报告，以便正确引导消费，科学管理自己。

 **知识拓展**

调查报告与总结的区别

调查报告与总结都是日常工作、生活中经常使用的事务文书，二者有许多相通之处，特别是总结经验的调查报告与经验总结：写作内容上，都是对一定客观事实的分析研究，进而归纳得出规律性的结论，以指导之后的一些工作；写作结构上，都是只需标题、正文、落款即可；表达方式上，都需要事实材料与结论观点有机结合，做到夹叙夹议。但毕竟二者是完全不同的两类文书，其不同表现在以下几个方面。

（1）取材的范围不同。调查报告反映的面较广，可以推广经验，可以反映情况，也可以研究或揭露问题；而总结往往是总结本单位某个阶段贯彻执行上级方针政策的情况，或某项工作的具体经验。

（2）反映的内容不同。调查报告比较集中地说明一个或一项事情，或是阐述成绩，或是揭露矛盾，一般不需既全面写成绩，又详细写问题；而总结一般要考虑全面，既要有基本情况的回顾，又要总结取得的成绩经验、存在的问题和教训，还要写今后的努力方向。

（3）写作的时效不同。一般来说，调查报告配合形势要比总结更迅速、及时，如政策的制定、问题的解决等；而总结的时效性不突出。

（4）使用的人称不同。调查报告通常是调查者对自己之外的单位或个人或群体的调查，多使用第三人称；而总结一般是本单位或个人撰写自己的工作或情况，多用第一人称。

 **辨析训练**

下面是总结和调查报告的结尾，请指出各自所属文体名称，并比较它们有何不同。

1．"三一集团"的经验，是很有借鉴意义的。

它深刻地说明，党建工作与企业的人才建设可以紧密结合，与企业的经营发展可以紧密结合。在民营企业开展党建工作，发挥党组织作用，能够促进非公有制经济又好又快发展。

党旗，曾经在嘹亮的军号声中烈烈飘扬，在群众战天斗地的火热岁月中迎风招展。今天，它同样可以在市场经济的大潮中辉映蓝天。"弄潮儿向潮头立，手把红旗旗不湿"，古人的诗句正可以用来作为"三一集团"形象的写照。

2．我院共青团工作，得益于民办高校办学体制的优势，机制灵活，工作效率高，勇于改革创新。当然，也存在有不足及需要提高的地方，在今后的工作中还有待思考和解决，如存在着人员流动性大、干部队伍稳定性差、人员素质参差不齐等问题。同时，我院建校时间短，团组织工作经验欠缺，如何扬长避短，在上级团委的领导下，从民办高校的实际出发，不断探索，努力实践，认真总结经验，进一步做好民办高校共青团工作，是我们需要认真面对的重要问题。

第五节 会议记录 简报

1. 理解会议记录与简报的概念。
2. 了解会议记录与简报的作用、特点。
3. 熟练掌握会议记录与简报的结构和写作规范。
4. 能够区别会议记录、会议纪要、会议简报的实际应用。
5. 模拟写作，培养撰写会议记录与简报解决实务的能力。

会 议 记 录

2012年寒假后的新学期开学之初，××大学校学生会新一届领导班子首次会议，校团委书记张老师出席会议，学生会主席王东主持会议，马媛媛作为学生会宣传部干事要负责会议记录。请问：会议记录应怎样完成？

知识点击

一、会议记录的概念

会议记录是在会议过程中由专门人员如实记录会议情况和会议内容而使用的事务文书。

会议记录一般用于较重要的会议或正式的会议。它必须真实、全面地反映会议的本来面貌，它要忠实记录会议召开的基本情况、与会代表的发言内容、会议议定事项等。

会议记录可以作为会议情况和会议内容的原始凭证，以便于日后查验核实会议的情况。它还可以成为一个部门或单位的历史资料，多年后，通过大量会议记录可以了解本部门或本单位的历史发展状况。

常见会议记录有办公会议记录、专题会议记录、座谈会议记录等。

二、会议记录的特点

1. 真实性

会议记录是会议情况和会议内容的原始记录，记录者不能加工、修饰，不能增添、删减，更不能移花接木、张冠李戴。现在，可同时运用录音、录像等现代科技手段，更完整生动地反映会议的真实面貌。

2. 完整性

会议记录对会议的时间、地点、出席人员、主持人、议程等基本情况，对领导讲话、与会者的发言、讨论和争议、形成的决议和决定等内容，都要记录下来，甚至是与会者的掌声。一般没有太多的选择性。

3．规范化

会议记录不公开发表用，也不作内部交流用，但作为一种机关常用事务文书有它的规范要求，不管是记录用纸张还是写作格式，都不能随意处理。

三、会议记录的结构与写法

会议记录一般包括标题、正文和落款三部分。

（一）标题

通常由会议名称加文种组成，如《××会议记录》。若使用专用的会议记录本或会议记录专用笺，可只写会议名称，省略"记录"二字。

（二）正文

会议记录的正文包括以下两部分。

1．会议的组织情况

一般要写明以下几项内容。

会议时间：年、月、日(可具体到几点)。

地点：如"××会议室"、"××礼堂"等。

主持人：职务与姓名，如"党委书记杨××"。

出席人：视会议的性质和重要程度，可灵活把握详细程度。可只显示身份和人数，如"全体与会代表 13 人"、"各部门经理"；也可只标明主要人员的职务和姓名，其他人员分类笼统提到即可。

列席人：可参照出席人的记录方法。

缺席人：如有重要人物缺席，应记录其职务、姓名甚至原因；

记录人：姓名、职务，如王××（办公室秘书）。

2．会议的内容

一般按会议进展一步步记录，无固定模式。常见内容有会议的议题、宗旨、目的，会议议程，会议报告，领导讲话，与会者发言，讨论或争议，会议表决情况，会议决议的事项，会议遗留的问题等。

这些是一般会议记录都可能有的项目，但具体记录处理方式略有不同。

详细记录，是对会议的全过程，每个人发言的原话及其发言时的语气、动作和与会者的反应的记录。若用讲话稿，可直接收稿子为附件，只记录稿子之外的插话与补充解释的内容。一般用于记录特别重要的会议或特别重要的发言。

摘要记录，是对发言人讲话的要点、会议主要议程和决议的有重点地、扼要地记录。此种记录方法，不需记录详细过程。多见于一般性的例行会议。

重点记录，是指不对会议过程和个别发言逐一记录，只记重要的会议事件或会议决定的记录。

（三）落款

落款在正文右下方，由主持人和记录人对记录内容进行认真校核后，上下两行相同位置，分别签上姓名，以示对此负责。

四、会议记录的写作要求

1．内容真实

记录必须忠实于会议的真实内容，决不能与会议情况有丝毫出入，不管用什么方式记录，都不得断章取义，更不得任意添加记录者的言论或倾向。

2. 要点完整

对会议内容的记录处理虽存在粗细不一几种方式，但不管哪种，会议决议、建议、发言人的观点等均要记得具体详细。记录发言时，按发言顺序将发言人的姓名写在具体发言记录之前；发言具体内容要根据发言质量选择记录，重点的详记，新颖的必记，重复的不记。

3. 格式规范

会议记录写作的基本格式并不复杂，除标题和落款的要求外，正文部分的写法必须兼顾到会议的基本情况和会议内容两大部分。

例文评析

例　文　一

××公司项目开发会议记录

会议时间：2011 年 4 月 6 日下午 15:00
会议地点：公司二楼会议室
会议议题：××软件是否投入开发及怎样开展前期工作
出　席　人：公司副总经理王则刚，以及公司各部门主任
缺　席　人：无
主　持　人：刘卫国（公司副总经理）
记　录　人：章勇（公司办公室副主任）

一、主持人刘经理讲话

自上月底我们就提出××软件开发的想法，也布置下去让各部门进行调查然后给出关于这个软件开发的想法，如是否可行、为什么、要做的话我们应怎样开展工作。今天请大家来就是想听听各位的意见和建议，大家都畅所欲言。

二、发言记录

技术部马主任：现在类似的办公软件已有不少，如微软的 Word 和金山的 WPS 系列，还有众多的关于财务、管理等方面的软件。我们认为首要问题是要确定选题方向，若没有特点，完全没必要动手。

资料部祝主任：可以说，现在的办公软件虽很多，但从专业角度讲，软件的编辑功能大都不很规范。例如，Word 中行政公文就干脆忽略掉，一部分书信也多是英文习惯，中国人用起来不方便也不习惯。WPS 是中国人开发的软件，技术上很有特点，但中国应用文方面的编辑十分简陋，离专业水准很远。我们认为我们定位在这一方面应很有市场。

市场部郭主任：我们认为这是在众多航空母舰中间寻求突破的问题，只要小巧且速度极快，同时必须考虑到兼容问题，开发是有成功的希望的。

三、通过发言及讨论，各部门都同意立项，初步的技术方案将在 10 天内完成，资料部预估需要 3 个月完成资料编辑工作，系统集成约需 20 天，该软件预计于 8 月初投放市场。

16:35 会议结束。

主持人（签名）：刘卫国
记录人（签名）：章　勇
2011 年 4 月 6 日

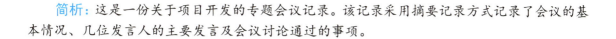

简析：这是一份关于项目开发的专题会议记录。该记录采用摘要记录方式记录了会议的基本情况、几位发言人的主要发言及会议讨论通过的事项。

例　文　二

××大学学生会会议记录

会议时间：2012 年 2 月 20 日下午 14:00

会议地点：69#A403

会议内容：新一届学生会工作方向及本学年主要工作

主　持　人：王东（学生会主席）

出　席　人：校学生会全体成员

缺　席　人：卫生部部长刘彤彤，病假；体育部干事张俊，外出实习

列　席　人：校团委书记张老师，副书记卢老师

记　录　人：马媛媛（宣传部干事）

一、主持人王东主席讲话

在学院团委的正确领导下，在各系、各部门的大力支持下，经层层选拔，第八届校学生会已正式成立；本届学生会各部成员激情满满，决心在校团委的领导下，有效组织各项管理和活动。

二、学校张书记讲话

上届学生会已圆满完成了他们的任务，本届学生会要继承往届学生会的良好传统及优秀经验，并将其发扬光大。开展工作要有创新，各部应抓出自己的特色。全体成员要开拓进取，脚踏实地，把学生会作为增长才干、展示能力的舞台。希望大家团结一致，群策群力，共同把我校学生会工作抓实抓好。强调几项重点工作：

1．纪检部要有效做好晨光工程与早晚自习的纪律检查。

2．文体部要有针对性地开展各项活动。

3．宣传部应做好学生会工作简报。

4．外联部针对各项活动要做好赞助联络工作，尤其是今年 5 月份的第九届大学生运动会。

5．文学社、戏剧社等社团要找准工作思路。

三、会议发言

（具体内容略）

四、学生会副主席兼主席助理刘路明介绍本学期主要工作

本学期学生会将主要围绕"筑青春梦，构建和谐校园"开展各项工作

1．内部建设

加强成员自身素质的提高。要求每位成员积极参与学院的各项活动，努力提高自己的组织能力、管理能力、协调能力、交际能力、处理问题的能力。

2．主要活动

（1）宣传部于 5 月上旬举办第四届大学生文化艺术节及第三届槐花艺术节。

（2）学习部于 6 月份举办第三届科技节，9 月份举办英语文化节。

（3）生活部 3 月份举行"学习雷锋，服务先行"校园志愿者服务活动。

（4）宿管部 12 月份举办"我爱我家"宿舍文明评比大赛。

（5）广播站召开新学期广播员工作会议。

（6）学习部协同各院系相关部门组织每季度的英语角、普通话角各种赛事。

五、主持人王东主席总结

本次会议开得很成功，张书记的讲话给了我们莫大的鼓舞和启发。相信通过本次会议及领导的支持和帮助，在全体成员的共同努力下，校学生会一定会成为一个更加团结、更加出色的集体。同时，更希望各部成员根据张书记的讲话及本次会议的具体任务布置，尽职尽责，圆满完成今年的工作任务。

15:50 散会。

主持人（签名）：王　东

记录人（签名）：马媛媛

2012 年 2 月 20 日

简析：这是一份较重要的校学生会工作会议记录。采用了详细记录的方式处理会议的情况、进程与具体内容。格式规范，结构完整，记录真实，值得学习。

 **思考训练**

一、简答题

1. 什么是会议记录？会议记录的作用是怎样的？

2. 会议记录的特点是什么？写作时应注意什么？

3. 会议记录的基本机构由哪几部分构成？

二、评析题

评析下列会议记录，简要说明理由。

办公会议

时间：2008.5.9 上午

出席人：王校长、吴副校长、章处长（教财务处）、梁处长（总务处）及各院系部主要负责人

缺席人：王松瑶

主持人：李文斌

记录人：常玲

一、汇报

1. 梁冰报告校取暖设施改造进展情况。

2. 主持人宣读省人民政府《关于压缩行政经费的通知》。

二、各院及各系部负责人汇报上半年工作及下半年工作安排

三、校长办公室主任布置暑期工作

四、副校长强调暑期学生安全与校园安全工作

五、决定

1. 各院系部组织教职工认真学习此次会议精神，提高认识，统一思想。

2．利用会后，对全校师生进行一次节俭教育。

10 时 25 分散会。

记录人：常玲

三、写作练习

1．请为你所在班级的一次主题班会写一份会议记录。

2．请结合新学期第一次班会写一份会议记录。

知识拓展

会议纪要与会议记录

会议纪要与会议记录既有联系又有区别。

二者都是忠实于会议内容的纪实性记载资料。会议记录是会议纪要的基础，做好详尽、准确的会议记录，对写好会议纪要很有帮助。但会议纪要不等于会议记录，这主要体现在以下几个方面。

第一，性质不同。

会议记录是机关事务文书，是对会议的实录，反映的是会议原始面貌，要保证记录的原始性、完整性和准确性；会议纪要是法定公文，只记会议的要点，是提炼、概括、加工和整理归纳后的会议记录。

第二，功能不同。

会议记录不是公文，不具有指导功能，只作为机关单位内部资料，起资料和备忘的作用，因此，一般不公开，更无须传达或传阅；会议纪要是公文，具有指导性和一定的约束力，通常要在一定范围内传达或传阅。

第三，形成不同。

会议记录一般是与会议同步进行的，会议一结束，记录就随之完成，一般不需综合整理；会议纪要却是在会议结束后，根据会议中心内容，对所有会议资料进行综合整理形成的。

第四，使用范围不同。

会议记录使用范围较广，可以说是"有会必录"，会议一般都要做记录；会议纪要适用于较重要或较大型的会议，当会议需向上级汇报或向下级传达精神时，才有必要将记录整理为纪要。

第五，写法不同。

会议记录有一定的格式，但较灵活，根据需要内容可详可略，但要忠实于会议，不可有个人加工；会议纪要要严格按照公文格式进行写作，内容要求概括、精练。

辨析训练

一、辨析下面说法的对错，并说明理由。

1．会议纪要是一个单位对本单位发生的大事要事进行记录的文体。

2．会议记录与会议纪要可同时草拟同时完成。

3．会议纪要是在会议记录的基础上加工整理而成的。

4．会议纪要就是将会议情况和议定事项按时间顺序如实、完整地记录下来的事务性文书，其作用是以备考查。

二、请思考会议纪要与会议简报的区别。

简　　报

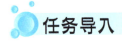 任务导入

吉林大学在东北亚国别问题的研究项目上取得了一系列成绩，教育部社科司将吉林大学的相关做法和经验进行总结，并以简报形式上报教育部，发送给各地各高校。请问：简报应怎样完成？

 知识点击

一、简报的概念

简报是各机关、团体、企事业单位用来汇报、反映、沟通情况和交流经验的事务文书。

简报简短灵活，适用范围很广，是一种很常用、很有用的文书。因为它对上级可以汇报本单位的工作或重要动态，以便上级能及时了解，并便于上级决策时参考；对平级可以交流新问题或新经验，便于互相了解与学习；对下级可以指导工作，是上级开展并推动下级工作的重要工具。

日常工作中常见的"工作动态"、"简讯"、"内部参考"、"××通讯"、"情况反映"、"信息通报"等，都属于简报的范围。

二、简报的特点

1. 篇幅简短

简报要内容集中、篇幅短小、文字简要。具体指内容要一事一报，不要在一份简报中写多项内容；篇幅最好在千字左右，最长不超过 2000 字；行文要平实，文字要精练，无假大空话，不做过多的评论。

2. 内容真实

简报内容要绝对真实、可靠。要对简报中涉及的事件、材料、数据等调查核实，必须准确无误，不管是成绩还是问题，都不能虚构、想象、夸张。若为领导的讲话或会议的发言，应尽量请本人过目，或加以注明。

3. 讲求时效

简报的时效性很强，编写和印发都要迅速及时，以便及时向有关人员提供新情况、新问题、新典型、新动态，使人们不失时机处理问题或指定政策。否则，其作用就会大大缩减，甚至会成为"马后炮"，毫无作用。

4. 内部交流

简报一般只在编报机关管辖范围内各单位部门之间交流，不宜甚至不能公开传播，往往别称为"内部报刊"。这一点一般通过两处可以体现出来，一是首页左上方表明密级，二是在末页左下方注明发送范围。发送范围越小，机密程度就越高；反之，发送范围越大，机密程度越低。

三、简报的分类

简报分类的划分标准往往不同，按时间划分，一般可分为定期简报和不定期简报。常见的多为从内容上划分，可分为以下几类。

1．情况简报

情况简报也叫工作简报，主要反映工作中的情况、经验、教训等。一般有两种，一是专题性简报，二是综合性简报。

专题性简报是一种阶段性的简报，往往是针对某单位某时期内的某项工作的动态、进展或问题等而专门编发的临时性简报，当中心工作完成，简报就停办了。

综合性简报是一种反映本地区、本系统、本单位、本部门日常工作或问题的经常性简报，它包含的内容较广，工作情况、成绩经验、问题教训等都可反映，它常以定期形式出现。

2．会议简报

会议简报是一种临时性简报，指会议期间编发的简报，一般用于较大规模、较为重要的会议。内容一般包括会议进展概况、代表的发言和意见、讨论研究的问题、会议决定和基本精神等。会议简报不能只反映会议的进程或只罗列代表发言，而应突出要点，使读者了解会议的全面情况。会议简报可一会一期，也可一会多期。

3．动态简报

动态简报是指及时快速地反映近期发生的事件和情况的简报。这类简报一般保密性强，供单位高层领导人参阅。因此它的时效性、机密性更强，要求迅速编发，发放范围一定，甚至对保密时限也有要求。常见动态简报一般有两类：工作动态简报，反映本单位内部工作的新情况和新动向，如"文艺动态"等；思想动态简报，反映本单位成员对上级重大方针、政策的认识，或社会上某种潮流和思想倾向，或各行各业的思想状况等，如"内部参考"。动态简报一般根据需要定期或不定期编发。

四、简报的结构与写法

简报通常由报头、报核、报尾三部分构成。

（一）报头

简报首页上端1/3处由分割线将报头与报核部分隔开。报头有以下几个要素。

1．简报名称

一般用大号字，居中写在报头正中位置，可套红也可不套红，如"金融动态"、"财经简报"。

2．期号

在简报名称正下方居中写明期号，是本单位对一年内简报的流水编号，同时可圆括号里另标注总期数，如"2012年第2期（总第19期）"，也可不定期编发时只注明"第1期"的写法，若有特殊内容而又不需另出一期时可直接标注"增刊"等字样。

3．编发单位

编发单位指具体负责编写印发简报的部门，如党委办公室、宣传部等。在期号之下，分割线之上的左侧顶格书写，一般写全称。如编发单位过多，一行太长，可下一行顶格再写。

4．印发日期

在期号之下，分割线之上的右侧，与左侧最后一个编发单位同行，用阿拉伯数字写全年月日。

5．密级与编号

若简报需保密处理，就需在简报名称的左上方标明"绝密"、"秘密"或"内部刊物，注意保存"等字样；同时，在简报名称的右上方标明编号，保密简报印多少份就应有多少号，一份一个流水编号，以便登记、查找。但非保密简报不必编号。

（二）报核

简报的报核包括按语、标题和正文。

1．按语

按语是代简报编发机关立言，是对简报编发的原因、目的、内容、意义和价值以及使用做出说明性或评论性的文字。一般写在报头分割线下、标题之前，并在这段文字开头用"【编者按】"、"【按语】"、"【按】"等字样领起。转发式简报一般都要加上编者按语，其他重要的简报也要加编者按语。

按语一般只有简短的几句话，要写得简练、明确、概括力强。一般有说明性按语和批示性按语。前者用于对简报的内容、作用和现实意义等做一些说明；后者常是针对一些有典型意义的事件和反映当前工作中存在的问题做出评论，表达领导机关的看法、意见或对下级的要求。说明性按语与批示性按语实例分别见下面两例。

【编者按】保定地区民政局按照河北省民政局要求，于 5 月下旬在望都县进行了扶持优抚对象劳动致富的试点。这次试点得到了县委、县政府的大力支持。现在各公社正在进行调查摸底，帮助被扶持户安排生产项目，现将他们扶持优抚对象劳动致富的规定刊载如下，供各地参考。

【编者按】现将国务院办公厅信访局《信访简报》第 81 期全文转发，望引起各级人民法院高度重视，采取坚决有力措施，防范和打击上方人员行凶闹事、危害社会治安：一、对杀害、伤害信访工作人员者，要依法严惩。二、对成立组织企图闹事者，要与公安部门配合，给以严厉打击。三、对携带凶器的上访者，一经发现立即收缴凶器，并配合公安部门及时收容审查。

2．标题

简报标题应做到准确、简明、醒目，使读者一望便知简报的大致内容。简报标题类似于新闻标题的写法，但又较平实质朴。可用单行标题，如《我校成为全国招收××专业学位研究生试点单位》。也可用正副标题，正标题揭示文章的思想意义，副标题写出事件与范围，对正标题起补充说明作用，如《不断实践创新路，掌握节电主动权——步兵第×团节约用电的经验》。

3．正文

简报正文由开头、主体、结尾三部分组成。

（1）开头。

简报的开头要开门见山，用极简洁准确的几句话概括出简报的中心，或点出主题。常见的有 3 种形式：一是叙述式，即用叙述的方式把时间、地点、人物、起因和结果直接写出；二是结论式，即先写出简报的结论，再在主体部分具体说明或叙述得出结论的理由；三是提问式，一开始就提出问题，引起读者的兴趣和注意，然后在主体部分来做具体的回答和叙述。

（2）主体。

主体是简报的核心内容，要用有说服力的事实、数据、情况、问题等典型材料，为读者提供完整、准确的信息。常见写法有这样几种：一是按时间顺序写，即按事件发生、发展和结束的自然顺序来写，较适合报道一个完整的事件；二是归纳分类表述，即把所有的材料归纳成几个部分、几条经验、几种倾向或几种做法，分别标上序号或小标题逐一写出，适合情况较复杂的综合式简报；三是按逻辑顺序来写，即按照问题的提出、分析、解决的逻辑顺序来写，这样容易吸引读者的注意。

（3）结尾。

简报的结尾或归纳全文，或提出问题，或发出号召、或发表评论等，以深化主题，加深印象。对于未完事件或连续性事件，常用"事件正在进一步处理中"、"事件发展情况将随时予以通报"等语句结尾，以加强简报的连续性。当然，若主体部分内容已表达清楚，也可省略结尾。

（三）报尾

报尾在简报末页下端，用分割线与报核部分隔开，由两项内容组成。

1. 发送范围

发送范围写在分割线下方左侧。发往上级机关称"报"，发往评级或不相隶属机关称"送"，发往下级机关称"发"，3种发送范围应各自成行，视具体情况选择发送的3种情况。

2. 印发份数

在分割线下方右侧，与发送范围最后一行内容同行，标明本期简报共印的份数。

简报的格式如图4-1所示。

密级（可选）		编号（可选）
	简报名称	
	第×期	
编发单位名称		××××年×月×日
按语（可选）		
	简报标题	
正文		
发送范围		
		共印××份

图4-1 简报格式

五、简报的写作要求

1. 内容要真实

简报不管是发给上级、平级还是下级，都是为了让对方了解、学习或决策参考。因此，内容必须保证绝对真实准确。

2. 写作应简短

简报，顾名思义，"简"字说明了它的基本写作特点。因此，编写简报一定要注意选材精当，不求面面俱到，还应运用简洁文字进行概括反映。篇幅过长、文字过繁的写法，是不适用于简报的。

3. 编写须及时

简报的"报"说明了它的新闻性。这就要求简报的编写必须求快，否则，就失去了它的新闻性、时效性，简报的指导意义就会降低，甚至完全失去其实用性。

例 文

工 作 简 报

2012 年第 1 期（总第 66 期）

教育部社科司编   2012 年 6 月 15 日

【编者按】中共中央办公厅、国务院办公厅转发《教育部关于深入推进高等学校哲学社会科学繁荣发展的意见》以及教育部、财政部联合下发《高等学校哲学社会科学繁荣计划（2011—2020）》等相关配套文件以后，各地各高校积极行动，抢抓机遇，贯彻落实，科学谋划哲学社会科学新的繁荣发展。近期，我司将推出"学习贯彻六中全会精神，繁荣发展高校哲学社会科学"系列工作简报，从不同角度报道高校深入推进哲学社会科学繁荣发展的新思路、新举措。本期编发吉林大学服务国家外交战略开展国别研究的有关做法和经验，供参考。

吉林大学积极推动东北亚国别问题研究

为深入贯彻落实全国高校哲学社会科学工作会议精神，进一步"服务国家外交战略，推进全球问题、国际区域和国别问题研究，提高研究的战略性、前瞻性和针对性"，吉林大学积极整合校内相关优势资源、大力开展国别问题研究。

着力学术研究，加强综合研究。学校在国别问题研究方面具有近 50 年的历史，形成鲜明的特色和雄厚的实力。1964 年，经国务院批准，学校成立了日本研究室、朝鲜研究室，之后成立俄罗斯研究所。1994 年，成立了东北亚研究院。2001 年，整合 4 个以国别研究为主的研究机构，形成了世界经济研究所、区域经济研究所、国际政治研究所、历史与文化研究所，以及人口、资源与环境研究所和图们江国际开发研究所 6 个研究所的新格局；并分别成立了日本研究中心、俄罗斯研究中心、朝鲜韩国研究中心、蒙古研究中心，继续保持并发扬国别研究优势与特色，积极开展相关的学术研究和学术交流。多年来，国别研究中心积极开展跨学科综合研究，着力学术积淀，在东北振兴、图们江地区开发、区域经济合作等国别研究方面取得了一批高质量的研究成果，引起了学术界的广发关注和高度赞誉。2000～2010 年间，共承担科研项目 102 项，公开发表论文 1300 篇，出版著作 54 部，被采纳的研究报告 90 篇，获各级各类奖项 25 项。

创新体制机制，打造高端智库。学校以服务国家外交战略为主要目标，整合经济学院、行政学院、法学院、外语学院、国际关系研究所、高等教育研究所等学院和研究机构优势力量开展研究，并与外交部、中共中央对外联络部、商务部、国家发改委、国家外国专家局以及国（境）内外大学及科研机构的专家联合开展相关科研工作。在管理体制上，学校成立了跨学部、跨学院、跨学科的组织管理机构——国别研究学术工作委员会，负责机构科研管理工作。在保障措施上，设立国别研究所专项经费，全力资助各国别研究所的项目研究；重点支持举办国际学术会议、邀请外国专家短期讲学、出国访问等国际学术交流活动。通过科研体制机制创新，学校东北亚研究形成了一个具有优势和特色的学科群，推动了国际上对东北亚地区问题的研究，并发挥重要的智库作用。例如，张慧智教授承担了外交部招标课表《未来朝鲜半岛形势走向及我应对方案》，其研究报告获得外交部的高度评价；刘清才教授的研究咨询报告《对进一步深化中日韩合作的思考与建议》，前瞻性地分析了中日韩合作关系的发展前景，受到了外交部的高度肯定。

报：××、××、××

送：××、××、××　　　　　　　　　　　　　　　　　（共印××份）

　　简析： 这是一篇贯彻落实上级相关文件精神的做法与经验的简报。按语简要说明编发的原因、目的、意义，标题能准确概括全文内容，开头用叙述方式简明列出报道对象具体做法的起因，主体阐述主要做法和相关经验。是一篇格式规范的简报，能够较好地实现简报编发的目的。

 思考训练

一、简答题

1. 什么是简报？简报有怎样的作用？
2. 简报的特点有哪些？
3. 常见的简报有哪几类？
4. 简报的基本写作结构是什么样的？每项具体写法怎样？

二、评析题

评析下列简报，简要说明理由。

1. 下面简报的格式有无不妥？

内部材料
注意保存

××市教育产业发展情况调查

第 5 期

按语……

正文……

××市教育局

10 年 3 月 20 日

---

2. 下面是一份简报的节选部分。

工作简报

××市人口普查办公室　　　　　　第一期　　　　　　2012 年月 3 月 25 日

本期导读

【前期准备】

- 认真做好全国人口普查数据录入系统纠错技术
- 开展人口普查××系统的编审工作
- 人口普查××系统的审核顺利完成

【工作动态】
- 召开 2011 年人口普查总结大会
- ××市 2012 年城镇居民户籍调查的回收工作圆满完成
- 做好 2012 年人口普查工作
- 夯实工作基础 优化服务质量
- 召开第一季度人口普查数据分析讨论会

【学习动态】
- 提高认识 细心谋划
- 强化教育 优质工作

【人口普查知识】
- 人口普查方法

以上项目的具体内容：（略）。

三、写作练习

根据下面的会议记录写一份会议简报。

校学生会工作部署会议记录

会议名称：2011～2012 秋季学期校学生会工作部署会议
会议地点：大学生活动中心会议室
会议时间：2011 年 9 月 6 日 15 点
主 持 人：学生会主席卢俊鹏
与会人员：校学生会全体成员
记 录 人：宣传委员张峰

一、主席卢俊鹏讲话

1. 分发了学生会成员通讯录及各部干部与干事的职责分工，并发出通知，学生会邮箱本学期开始向同学们公开，因此要求大家经常查看，关注同学们反映的有关问题，以此督促学生会工作。

2. 学生会自身建设。要求干部举办各项相关活动时均要准时到场；继续实行理会制度，不管是学生会干部会议还是学生会干事会议，都要讲效率；同时要求各部对部内建设进行考虑。

3. 各部长与下周一上交本学期工作计划。计划要求尽量详细，列出工作或活动的具体安排。

4. 强调各部门间既要有分工，又要讲协作。如有活动，一个部作为主办方，其他部须鼎力协助。

二、副主席萧明讲话

1. 各部长要合理调度，让所有成员都有施展自己才华的机会。各位干部要将如何提高、培养干部的办事能力作为工作重点。

2. 各成员对自己的发展应有一个规划和设想，要发挥自己的主观能动性，努力丰富自己的阅历，得到大家的认可。

三、各部部长介绍新学期的工作打算（具体略）

四、学习部部长张辉代表各部长发言

1．要调整好自己的心态，每件事必须要认真对待。

2．要开拓思路，活动开展要有针对性。

3．虚心向别人学习，取长补短，提高自身的服务理念及管理能力。

16点20会议结束。

主持人（签名）：卢俊鹏

记录人（签名）：张 峰

 知识拓展

一、会议纪要与会议简报的区别

会议纪要和会议简报都是对会议情况的概括反映，都可以外发其他单位或部门，都需遵循会议的基本精神和主要内容。但二者有着本质区别，具体体现在以下几个方面。

（1）主要功能不同。简报只是报告和交流情况，供上下左右参考，对阅读对象没有硬性要求，一般也没有什么约束力。会议纪要则有一定的权威性，它的结论可以指导有关方面统一认识，它列入的一定事项要求有关方面共同遵守执行，它对一定的阅读对象有一定的指导和制约作用。

（2）编者角色不同。简报的编写者在简报中可以对他所写的事件发议论、谈看法，可肯定、可否定。会议纪要则必须忠实于会议情况，客观扼要地叙述会议的内容，不允许编写者在纪要中对其内容进行评论。

（3）篇幅要求不同。简报要求文字简短，一般在千字左右，最好不超过2000字。会议纪要则不受文字长短的限制，有些内容丰富、问题重大的座谈会议纪要，洋洋万言也是常见的。

（4）加工可能性不同。会议纪要可以作为一种情况反映，再缩写成简报。而简报要扩写成会议纪要不可能，它起不到纪要的作用。

会议记录是会议的重要的原始性档案材料，它一般不公开。它不仅为会议简报、会议纪要的撰写提供重要的素材，而且为日后分析研究会议提供依据，还是检查会议决定执行情况的凭证。

二、简报与新闻报道

简报，简要报道，与新闻报道总体上都属于宣传范畴。二者都要求真、快、新、短，但二者不能混用，这表现在以下几个方面。

（1）面向范围不同。新闻报道可面向社会进行宣传，而简报一般只在编报机关管辖范围内各单位部门之间交流，不宜甚至不能公开传播，往往别称为"内部报刊"。

（2）内容侧重不同。新闻报道侧重用事实讲话。简报则侧重对事件、措施、经验等的概括，并同时兼叙兼议。

（3）表现方法不同。新闻报道多用描述或叙述。简报则多用概括提炼。

（4）具体写法不同。简报结构由报头、报核和报尾构成。而新闻报道则不需报头与报尾。

第六节 规章制度

 学习目标与要求

1. 理解规章制度的概念。
2. 了解规章制度的作用、特点及分类。
3. 熟练掌握规章制度的写法。
4. 模拟写作，培养撰写规章制度解决实务的能力。

任务导入

××公司刚成立几个月，随着员工的增多，各种各样的事情就多起来，甚至曾有一段时间人事工作有点乱。公司王老板知道要想公司有秩序、不乱，就必须有制度。于是最近公司出台了各式各样的管理制度及文件规定，其中关于员工请假的规定解决了某些员工请假较随意的问题。请问：这样的规定该如何制定？

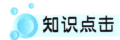 知识点击

一、规章制度的概念

规章制度是指在尊奉国家法律、法规的前提下，在一定范围内制定的一种具有法规性与约束力的，要求有关人员必须按章办事、共同遵守的事务文书。它是各种章程、条例、规定、办法、细则、规则、制度、守则、公约、须知等的总称。

规章制度的使用范围极其广泛，大到国家党政机关、社会团体、企事业单位，小至部门、班组、办公室等，都需规章制度来规定有关人员应遵守的职责或约束人们的行为，以保证公务活动、生产活动、工作、学习、生活等正常有序进行。

二、规章制度的特点

1．执行的约束性

规章制度是用以规范人们的行为的，应该做什么，不该做什么，可以怎样做，不可以怎样做，一经生效，相关人员就必须严格遵守执行，否则就要照章处理。

2．规定的严密性

规章制度的所有规定相关人员都要毫厘不差地执行，因此，它的内容必须具体、严密、细致、周全，对规章制度实施过程中可能会出现的情况要有充分的估计。语言应仔细推敲，做到准确无误，没有丝毫歧义或漏洞。

3．形式的条列性

规章制度严密性具体体现在写作形式上，就是严密的逻辑和具体的条列，因此，规章制度的主要内容一般是条款序列的。多的可达7级，编、章、节、目、条、款、项；少的只有条或项一级；一般常用条、款二级或章、条、款三级。

三、规章制度的分类

规章制度的种类繁多，常见的有以下几种。

1．章程

章程是指党政机关、社会团体、学术组织等制定的纲领性文件，是对组织的宗旨、性质、任务、机构、成员的权利和义务、活动规则等做出规定的事务文书，如《中国共产党章程》、《中国××学会章程》、《××公司章程》。

2．条例

条例是由国家机关制定或批准的规定某些事项或某一机关、团体的组织、职权等带有法规性质的文书，如《工伤保险条例》、《中华人民共和国治安管理处罚条例》、《党政机关公文处理工作条例》。

3．规则

规则是国家机关、社会团体、企事业单位为维护公众利益，对某一工作的原则、方法、手续等制定的原则性规定，如《篮球规则》、《会计人员工作规则》、《城市交通规则》。

4．规定

规定是政府机关、社会团体、企事业单位针对特定范围内的工作和事务或专门问题制定的法规性文书。它要比规则更具体，使用范围更集中，针对性更强，如《关于高层人才引进与服务的规定》、《关于出版物上数字用法的试行规定》、《××市公共场所禁止吸烟的规定》。

5．办法

办法是政府机关、社会团体、企事业单位针对某项工作或某一方面的活动制定的具体要求与方法。它所规定的内容比条例、规定更具体，甚至是根据某些相关条例、规定中的某些条款具体制定的，如《人民监督员选任管理办法》、《××公司财务管理办法》、《上市公司股权激励管理办法》。

6．细则

细则是政府机关、社会团体、企事业单位对上级机关发布的有关法令、条例、规定或办法，结合本地区、本部门、本单位的实际情况，制定的具有一定补充性、辅助性的明细规则，如《中华人民共和国国家安全法实施细则》、《湖南网约车管理实施细则》、《××公司考勤制度实施细则》。

7．制度

制度是党政机关、社会团体、企事业单位对某项具体工作、具体事项制定的要求有关人员共同遵守的行为规范，如《××市环保局廉政制度》、《安全生产制度》、《值班制度》。

8．守则

守则是政府机关、社会团体、企事业单位制定的要求特定的群体共同遵守的道德和行为规范的文书，如《汽车驾驶员守则》、《全国职工守则》、《大学生守则》。

9．公约

公约是群众在自觉的基础上共同商定的对某一事项做出的具体要求，如《暑假安全公约》、《社会文明公约》。

四、规章制度的结构与写法

规章制度的种类繁多，涉及内容极广，常用写作结构一般包括标题、题注、正文和落款四部分。

（一）标题

规章制度的标题一般有两种写作形式。

一种是两项构成式，由事由+文种构成，如《婚姻登记条例》、《考勤制度》；由发文机构+文种构成，如《中国共产党章程》；由涉及人员+文种构成，如《小学生守则》、《总会计师条例》。

另一种是 3 项构成式，由发文机构或施行范围+事由+文种构成，如《中华人民共和国海关关于进出境旅客通关的规定》、《财政部关于企业财务检查中处理财务问题的若干规则》。

若该规章制度是试行、暂行的，则应在标题内标明，如《居住证暂行条例》、《督学管理暂行办法》、《企业产品成本核算制度（试行）》、《陕西省报废公路处置办法（草案征求意见稿）》。

（二）题注

题注一般在标题之下用圆括号标明规章制度通过、批准、公布的具体日期，有时还标明制发或批准的机关、会议等内容，如《职工带薪年休假条例》（2007 年 12 月 7 日国务院第 198 次常务会议通过）、《<教师资格条例>实施办法》（2000 年 6 月 22 日经教育部部长办公会议讨论通过）、《集体商标、注明商标注册和管理办法》（2011 年 3 月 1 日发布）。

（三）正文

规章制度的正文通常有两种写作形式。

1．章条式

章条式，即将规章制度的内容分成若干章，每章又分若干条，第一章是总则，中间各章叫分则，最后一章叫附则。

（1）总则。

总则是关于制定规章制度的目的、意义、依据、指导思想、适用原则和范围等的说明性文字，如《<教师资格条例>实施办法》第一章第一条就写明办法制定的目的与依据："为实施教师资格制度，依据《中华人民共和国教师法》，制定本办法。"

（2）分则。

总则是规章制度的核心部分，是其规范的具体项目，是规章制度实质性规定内容，是要求具体执行的依据。通常按事物间的逻辑顺序，或按各部分内容的联系，或按工作活动程序以及惯例分条列项，集中编排，如国务院 2003 年 8 月 8 日颁布的《婚姻登记条例》，其分则部分对"结婚登记"、"离婚登记"、"登记档案和登记证"、"罚则"等事项，分列专章做了规定。

（3）附则。

附则是对规范项目的补充说明，包括用语的解释和解释权、修改权、公布实施的时间、该规章制度实施的程序与方式及其他未尽事宜的处理办法等内容，一般在正文的最后。例如，《<教师资格条例>实施办法》最后一章（第六章）为附则，共两条："第二十八条 省级人民政府教育行政部门依据本办法制定实施细则，并报国务院教育行政部门备案。第二十九条 本办法自颁发之日起施行。"

2．条款式

条款式，即将规章制度分条列项来写，适用于内容比较简单的规章制度。一般首段或前几段为前言，可列入条款，也可不列，主要简要说明制定规章制度的目的、依据、适用范围等，之后的主体条款是具体规范的条项。

（四）落款

落款在正文右下方，可注明发文机关名称与发文时间，若标题处均已表明，此处两项都可省。

五、规章制度的写作要求

1．依法定规

各类规章制度在公布之后，都对相关的人员和事情具有很强的强制性和约束力，起着规范行为的作用。因此，它的内容和制定过程必须符合党和国家的有关方针、政策和上级的指示精神，必须符合政府的法律、行政法规和法令，这是规章制度写作的第一要求。

2．切实可行

规章制度是需要有关人员按照执行的，因此，其内容必须准确、规范，具有可行性。除依法定规之外，还应保证其内容的针对性与协调性，既要确保从本单位实际情况出发，制定言之能行、行之有效的规章制度，又要做到各单位间相关规章制度的协调、不冲突。这样的规章制度才能对相关人员和事情起到管理、指导、规范作用。

3．及时修订

规章制度一经制定都具有相对的稳定性。但客观形势不断变化发展，因此，要符合实际情况的需要，在实施过程中对各类规章制度不断进行修改和完善，是十分必要的。尤其"试行"、"暂行"的规章制度，须要定期检查，适时进行修订和补充。

例文评析

例　文　一

施工现场值班人员守则

一、值班人员必须自觉遵守各项法规和安全规定，遵守本单位的一切规章制度。

二、值班人员必须明确防火、防盗职责，坚守岗位，尽职尽责，夜班值班人员要时刻警惕，不得睡觉、下棋、打扑克、喝酒、看电视等，保证单位安全。

三、值班人员认真巡视，仔细检查火源和物资设备、建筑门窗等。发现可疑情况，要及时采取防范排险措施，并报告值班领导。

四、值班人员要建立交接班记录本，严格执行交接班制度。在交接班时，经接班人员核查无误后，方可接班，以便分清责任。

五、值班人员不得随意将无关人员带入单位。在非工作时间，未经领导同意，有权制止他人入内或住宿。

六、发现有人在严禁烟火区域吸烟或使用明火，以及不经领导批准，带走单位财物者，有权制止，并报告领导和有关部门予以处理。

七、值班人员必须熟知本单位防火重点区域和消防水源器材的分布情况。一旦着火，要及时拨打 119 电话报警。

八、值班人员必须懂得消防常识，要做到会检查、能发现问题、会扑灭初起小火，以控制火势蔓延。

九、现场材料进、出都要有记录。做好外协单位物品进出场的登记，避免本单位财产流失。

十、值班人员在防火、防盗工作上，做出显著成绩的，单位给予表扬或奖励。对玩忽职守、不负责任而造成火灾或财务损失的，要根据情节轻重给予处理。

××建筑公司

2012 年 9 月 2 日

简析：本篇守则采用分条列项的方式，把对施工现场值班人员的行为与职业道德规范具体列出。内容具体，操作性强。

例 文 二

员工请假管理制度

（2010 年 5 月 1 日公布）

第一条　总则

一、为规范人员管理及公司考勤制度，严格请假纪律，保障公司的正常运作，根据国家有关规定及公司制定的考勤管理制度，结合公司实际，特制定本制度。

二、本制度适用公司全体员工。

第二条　请假程序

三、员工请假须填写公司统一印制的请假条，注明请假种类、时间、事由、交接情况，经部门领导审批方可。

四、各级管理人员应在确定不影响正常工作安排的前提下批假。较长假期必须交接手头工作，以确保工作连续性。

五、一般情况下，员工请假须提前一天提交请假条。有特殊情况的，也应在上班以前亲自致电部门经理请假，回来后及时补办请假手续。

六、员工请病假，不超过 3 天的，可直接审批，超过 3 天的须提供县级医院的诊疗证明，方可审批。

七、主任及以上管理人员在请假期间必须随时与公司保持联系，以保证公司重要工作的协调和沟通。

第三条　各种假别及规定

八、事假：因事必须本身处理者可请事假，每年累计以 10 天为限。

九、病假：因病治疗修养者，每年累计以 30 天为限。

十、婚嫁：

（一）员工结婚可请婚嫁 8 天（包括法定节假日）；

（二）子女结婚可请假 2 天（包括节假日）；

（三）兄弟姐妹结婚可请假 1 天。

十一、产假：

（一）女职工生育产假 90 天（含产假休假 15 天）；

（二）女职工怀孕不满 4 个月流产的，流产假为 15～20 天；怀孕满 4 个月以上流产的，流产假为 42 天。女职工享受流产假，必须是计划内生育。

十二、丧假：

（一）父母配偶丧亡可请假 5 天（包括节假日）；

（二）祖父母、兄弟姊妹及子女、岳父母的丧亡可请假 3 天（包括节假日）；

（三）其他直系亲属丧亡可请假 1 天。

第四条　奖惩制度

十三、请事假期间员工工资一律不予支付（工伤除外），即用本月实际出勤天数按比例折算。

十四、组长须关注员工满假未归现象，要及时联系沟通，并知会办公室。

十五、未履行以上请假手续、请假未准而擅自不到岗者或请假期满不主动销假者，按旷工论处，旷工一日，罚款 50 元，连续旷工 3 天或月累计旷工 5 天者，按自动离职论处，扣发其所有工资。

第五条　附则

十六、本制度由公司办公室负责解释、补充。

十七、本制度自颁布之日起执行。

××公司

简析：本篇采用总则、分则和附则的逻辑顺序，分别将请假制度的目的、依据、适用范围，具体请假规定，解释权与执行时间一一详细说明。条理清楚，要求具体明确，格式规范。

 思考训练

一、简答题

1. 常见的规章制度有哪些形式？请列举两三个具体说明。

2. 规章制度为何而被广泛使用？请说说它的作用。

3. 规章制度有什么样的写作要求？

二、分析题

以下是两份节选内容，请仔细对照，指出两种文种在写作上的异同。

（一）

《中华人民共和国消费税暂行条例》：

第一条　在中华人民共和国境内生产、委托加工和进口本条例规定的消费品的单位和个人，以及国务院确定的销售本条例规定的消费品的其他单位和个人，为消费税的纳税人，应当依照本条例缴纳消费税。

第十条　纳税人应税消费品的计税价格明显偏低并无正当理由的，由主管税务机关核定其计税价格。

（二）

条例第一条所称单位，是指企业、行政单位、事业单位、军事单位、社会团体及其他单位。

条例第一条所称个人，是指个体工商户及其他个人。

条例第一条所称在中华人民共和国境内，是指生产、委托加工和进口属于应当缴纳消费税的消费品的起运地或者所在地在境内。

条例第十条所称应税消费品的计税价格的核定权限规定如下：

（一）卷烟、白烟和小汽车的计税价格由国家税务总局核定，送财政部备案；

（二）其他应税消费品的计税价格由省、自治区和直辖市国家税务局核定；

（三）进口的应税消费品的计税价格由海关核定。

三、写作练习

1．进入大学，宿舍成员来自不同地区，生活习俗差异较大，为了大家能和谐相处，营造一个文明宿舍，请与本宿舍舍友协商，制定一则"宿舍文明公约"。

2．请根据自己参加的学校社团或自己的兴趣爱好，拟写一份社团组织的章程。

第五章　职场文书

第一节　职场文书概述

 **学习目标与要求**

1．了解职场文书的范畴。
2．了解职场文书的种类及特点。

知识点击

一、职场文书的概念

职场文书指人们在求职、竞聘、履职、述职、转职、辞职过程中所使用的各种文书。

职场文书与人们的工作生活息息相关，对个人的工作和生活具有重要作用。

二、职场文书的特点

1．实用性

职场文书作为应用文的一类，具有实用性是毋庸置疑的，但职场文书往往与人的工作紧密相关，是为人们工作中的一些个人实际需求而写的。因此，它的写作必须有一个核心目标，或求职、或竞聘、或辞职等，具有很强的实用性。

2．职业性

职场文书是在职场中使用的各类文书，它的写作内容一定与人们从事的工作相关，如岗位目标、岗位职责、对个人的表现、对工作的要求等，因此具有明显的职业性。

3．规范性

职场文书都有一定的礼仪色彩，因此除基本结构和格式规范要保证之外，还应注意书信体和礼貌用语的使用。

三、职场文书的分类

根据内容和用途，职场文书一般有：求职类职场文书，如求职信、应聘信、个人简历、竞聘辞等；履职类职场文书，如履职报告、述职报告等；辞职信等。本书选择了其中几种进行介绍。

<h1 style="text-align:center">第二节　求职信</h1>

学习目标与要求

1. 了解求职信的概念、特点与分类。
2. 熟练掌握求职信的结构和写作规范。
3. 模拟写作，培养撰写求职信解决实务的能力。

任务导入

　　王卫晨是××大学通信工程学院电子系仪器仪表检测专业的一名应届毕业生，××公司在华东地区通信领域同类生产企业中很有影响力，王卫晨很想进入××公司成为其员工，正好对方公司在网站刊登了一则招聘启事，要招聘 3 名仪器检修技术人员。王卫晨得知后，准备前往应聘。请问：他应如何让对方知道他的求职意愿与实力？

知识点击

一、求职信的概念

　　求职信，是求职者向用人单位或单位领导人介绍自己的实际才能、表达自己就业愿望的一种就业用文书。

　　求职信是沟通求职者和用人单位之间的桥梁，是求职者毛遂自荐的重要使用工具。现代社会，人才流动日益频繁，求职已成为一种社会化活动，一封好的求职信，可以帮助求职者拉近与用人单位之间的距离，从而获得难得的面试机会。因此，写好求职信是敲开职业大门的第一个重要步骤。

二、求职信的特点

1. 针对性

　　求职信要针对求职单位的招聘条件、企业文化、用人要求、阅信人的心理及个人的求职目标而进行写作。不能盲无目的、不着边际地一味只写自己身上所有的，通俗地讲，不能我有什么我写什么，而应你要什么我有什么我写什么。

2. 自荐性

　　自我推荐性极强是求职信最突出的特点，写求职信就需恰当地推销自己，这就需要求职人合理、全面、科学地评价自己。要重点介绍人无我有、人有我强的特长和优势，侧重显示自己可能给用人单位创造的效益或潜在的利益，只有这样，阅信人才会印象深刻，求职成功的可能性才会大。

三、求职信的分类

　　求职信可以从不同角度进行分类，常见的有如下几类。

1. 按有无社会实践经验划分

　　按有无社会实践经验划分，有毕业生求职和非毕业生求职。

2．按有无具体招聘信息划分

（1）自荐求职，往往是在不知用人单位是否找人，或者不知其招聘条件的情况下，向用人单位自荐以谋取职位的求职，这种情况写的是自荐信。

（2）应聘求职，是指求职者根据用人单位的招聘条件，向用人单位自荐谋取职位的求职，这种情况写的是应聘信。

四、求职信的结构与写法

求职信一般由标题、称谓、正文、落款、附件五部分组成。

（一）标题

求职信的标题一般只由文种"求职信"构成。

（二）称谓

标题下一行，顶格书写，称谓前可加敬语，称谓后加冒号。

（1）常见的是对求职单位的领导或负责人的称呼，如"王经理"、"刘女士"、"×××先生"、"尊敬的××局局长"等。

（2）也可用敬语加泛称构成，如"尊敬的领导"。一般用于没有目的的求职信或不知如何称呼对方时的求职信。

（3）有时也可直接写用人单位全称。

称谓下一行空两格可写问候语"您好"等。

（三）正文

正文是求职信的重点，一般由开头、主体和结尾三部分组成。

1．开头

求职信的开头应简明扼要地介绍有关情况，通常包含以下两方面的内容。

（1）自己的基本情况，如身份、年龄、学历、毕业学校等。

（2）自己的求职目的，如想谋求的职位，获取该职位招聘信息的途径。

例如，"昨日从《××日报》中获悉贵公司招聘会计 3 名。我毕业于××财经学院会计专业，自问对于此项工作尚能胜任，故大胆投函应征。"

再如，"我叫×××，23 岁，即将于今年 7 月从××化学学院毕业，本人欲申请贵校网站上招聘的化学教师职位，我相信自己有充足的信心和能力从事化学教学和教研工作，衷心希望能到贵校任教，在您麾下效力。我的基本情况如下："

2．主体

主体是求职者对自身总体素质（即求职条件）的介绍。主要是针对用人单位的招聘信息或根据自己了解到的用人单位通常的用人要求，具体介绍自己，其中要把自己的专业特长、业务技能、外语水平、其他潜在的能力和优点等能胜任职位的各种特长、优势和能力，全部表现出来。要尽量做到自己的主观条件和对方的客观需求相一致，千万不要写与职位不相关的内容。

如有可能，也可写明自己对应聘工作职位的薪酬、环境等的相应要求，以便自己在录用后有适合自己工作的条件。

3．结尾

结尾要再次强调自己的求职愿望，希望早日得到明确答复，如"盼望着您的答复"、"希望您能为我安排一个与您见面的机会"等。同时，在求职信末尾往往写上简短的表示敬意、祝愿之类的祝词，如"此致敬礼"、"愿贵公司事业蒸蒸日上"等。切记，末尾处要标明最有效的联系方式。

（四）落款

在正文右下方署上求职者的姓名及成文年月日。

（五）附件

对求职者的自身优势和特长能够提供有说服力的材料应作为附件在落款之后标明，如简历、学历证书、学位证书、职称资格证书、专业技能证书、获奖证书、外语及计算机等级证书等各种复印件。

落款下一行空两格，写上"附件"后加冒号，后列出附件名称。附件不需太多，但一定要有分量，可足够证明你的才华和能力。例如：

附件：1．××省优秀毕业生荣誉证书 1 份
　　　2．全国大学英语六级证书 1 份
　　　3．××省大学生科技创新一等奖荣誉证书 1 份

五、求职信的写作要求

1．内容应实事求是

求职信应如实介绍自己的情况，不能为了赢得面试机会而过分夸大自己的能力，尤其不能虚构伪造，否则面试时也会因为不诚实而被淘汰。

2．写作应突出特长

求职信的核心是介绍自己胜任职位的特长和优势，特别是人无我有、人有我强的，又是用人单位对应聘者所要求的方面，一定要重点强调。切忌内容上的千篇一律。

3．语言应言简意赅

求职信写作不宜篇幅过长，应简明扼要、条理清晰，一般控制在 500 字左右，或最多不过一页 A4 纸，否则用人单位在阅读时就会失去耐心。整洁美观的文面与言简意赅的语言有助于引起用人单位的好感。

4．形式应富有个性

求职信的写作首先是为引起用人单位对自己的兴趣，为此，求职信的写作应力求创新，不管是文面还是语言表达，都应讲求创意但更应切忌花哨。

5．态度应严谨认真

求职信中语言表达的运用与字词的选择也能反映求职者做事是否仔细、认真、严谨甚至对求职机会的重视程度，因此，求职信在投出之前应仔细审阅，以防因错别字和语言错误而导致求职失败。

例文评析

例　文　一

求　职　信

尊敬的文经理：

从刘敏小姐那里我知道贵公司缺一位秘书，我想申请这个职位。

我知道您需要一位速写很快，又能处理大量信件的秘书。我毕业于××专科学校，专学速

写。毕业后先后在一家干货零售公司、一家保险公司做过秘书。

我的书写速度为每分钟 145 个字。在我现在的工作中，我每天要处理 40~60 封信件。不论是在××专科学校还是在现在的工作中，我都训练自己不用他人指导而独立处理日常信件。

我在现在的××保险公司也做得不错。但我最近刚拿了学位，想做一份有挑战性的收获不菲的工作。刘敏小姐对工作的热情更让我确信我会喜欢这份工作。

希望您能给我一个机会来与您面谈。

真诚的×××

2012 年 5 月 8 日

附件：个人简历

简析：这份求职信属于重新入职用的求职信，由标题、称谓、正文、落款、附件五部分组成，格式完整规范，语言简明得体，求职目标明确，能力表述中肯，对求职职位充满热情，易为用人单位考虑。

例　文　二

求　职　信

尊敬的领导：

您好！

非常感谢您在百忙之中抽出时间看我的求职材料。我今年 23 岁，男，现在是××大学通信工程学院电子系仪器仪表检测专业的一名学生，今年 7 月即将毕业，在网站上获知贵公司要招聘 3 名仪器检修技术人员，我对此职位很感兴趣，更深信自己可以胜任这个职位。

大学 4 年生活中，我学习刻苦努力，成绩优异，先后 5 次获一等奖学金。此外，我对计算机进行了较为系统的学习，必修课包括：计算机文化基础、计算机软件基础、计算机硬件基础、计算机接口技术、计算机控制技术，并自学了 C 语言、Office 和 Excel，已经通过了计算机国家三级考试。英语是当代青年必须掌握的技能，我在大学期间已经通过英语国家六级考试。

我深知，学好专业是一回事，而做到学以致用又是另一回事。因此，在学习理论知识之余，我也注重实践能力的培养。大一时我就参加了校电子科技协会。自大二起，我就在实验室帮助老师准备各种实验，经常参与实验室仪器的维护，动手能力和实验能力都比较强，能开发单片机系统，熟悉 DSP 硬件、软件应用。另外，在大学期间，我先后担任班长、学生会主席等职务，因此具有一定的社会活动能力和独立工作能力，我本人也被评为"优秀学生干部"。

尊敬的领导，机遇对一个年轻人来说是多么得重要，我真诚渴望您能给我一个学习、锻炼的机会。或许我不是令您最满意的，但我相信，依靠努力，我将成为最合适的。

此致

敬礼

求职人：王卫晨

2013 年 5 月 19 日

附件：1. 各科成绩表 1 份

　　　2. 一等奖学金 5 份

　　　3. 计算机国家三级证书 1 份

4．全国大学英语六级证书 1 份

联系电话：××××××××

简析：这是一份应届毕业生求职信。开头说明个人情况及求职目的，主体结合自己的专业知识、实践能力及社会能力分别语言简述，结尾礼貌诚挚地提出个人的求职意愿。写作格式完整规范，语言表述简明中肯。虽为应届毕业生，但会给用人单位留下一个诚实、稳重、努力的年轻人的印象，易被对方认可。

 **思考训练**

一、简答题

1．求职信的适用情形及常见分类有哪些？

2．求职信有什么突出特点？

3．求职信的写作结构是怎么样的？应写到哪些内容？

4．求职信写作时应注意哪些问题？

二、分析题

指出下面求职信写作上的问题，并说明理由。

求职信

领导：

您好。

我是××学院的学生，主修旅游管理专业，即将毕业。

××学院是我省旅游人才的重点培养基地，具有悠久的历史和优良的传统，且素以治学严谨而著称；学院的旅游管理专业是我校主打专业。在这样的学习环境中，无论是知识能力，还是个人素质修养方面，我都受益匪浅。

4 年来，在老师们的严格教育及个人的努力下，我具备了扎实的专业基础知识，系统掌握了多种旅游管理技能，具备较好的英语听、说、读、写、译等能力，能熟练操作计算机办公软件。同时，我利用课余时间广泛涉猎了大量书籍，不但充实了自己，也培养了自己多方面的技能。我还担任过班干部，工作认真负责，积极主动，组织过多次大型活动，并获得老师与同学的好评。

此外，我还积极参加各种社会活动，抓住每一个机会，锻炼自己。实习期间，我曾到青岛市××酒店实习，学到了不少实际知识，实习成绩优秀。

我热爱贵单位所从事的事业，殷切地期望能在您的领导下，为这一光荣的事业添砖加瓦，并且在实践中不断学习进步。

收笔之际，郑重地提一个小小的要求，无论您是否选择我，尊敬的领导，希望您能接受我诚恳的谢意！

此致

敬礼

求职人：×××

2011.3

三、写作练习

1．假如你正在××公司实习，知道本单位正准备招聘一名会计、一名办公室干事，而你对此公司印象不错，想大学毕业后留在公司，请根据专业特点和自身实际情况，按写作要求为自己写一份求职信。

2．××康复中心因工作需要，需招聘数名保安人员。33 岁的王××认为自己有些优势，如在原单位担任过保卫干事，熟悉保安工作的规律和特点；善于察言观色，非常细心；受过专门训练，学过擒拿格斗的基本技巧，而且业余时间学过跆拳道；体格健壮等。请根据他/她的优势代写一封求职信。

3．假如你今年毕业，请结合自己的专业和自身情况为自己写一份求职信。

 知识拓展

应聘信与自荐信的区别

应聘信与自荐信都是求职时用的书信体应用文书，都是为求得一个面试机会或职位而写的，写法上也相似。但在具体应用时应区分对待，从下面几方面把握。

1．性质不同

应聘信是应聘者在得知招聘单位公开招聘的情况下写的；而自荐信是求职者在用人单位没有公开招聘，或不知用人单位是否招聘人的情况下写的。

2．对用人单位的了解程度不同

应聘者对用人单位的用人条件和相关要求心中有数，故主动应聘；而自荐者不知道用人单位是否招人，更不知道招聘的人数和条件，是被动求职。

3．呈递对象的多少不同

应聘信是有针对性的单独投递；自荐信则可以群发。

第三节　个人简历

 学习目标与要求

1．了解个人简历的概念、特点与分类。
2．熟练掌握个人简历的结构和写作规范。
3．模拟写作，培养撰写个人简历解决实务的能力。

任务导入

乔玉今年 7 月毕业于汉语言文学教育专业，经人推荐要去一家大型培训辅导机构面试，她需要精心准备自己的个人简历和求职资料。请问：她的个人简历应怎样写才能吸引对方呢？

 **知识点击**

一、个人简历的概念

个人简历也称个人履历，是对个人学历、经历、特长、爱好及其他有关情况所做的简明扼要的书面介绍。

个人简历是求职者学习、生活、工作的简短介绍，也是自我评价和认定的主要材料。个人简历的优劣，直接关系到是否能给对方留下深刻印象，也是决定对方是否给你面试机会的关键。

二、个人简历的特点

1．客观性

简历是给用人单位的第一张"名片"，要客观理性地总结自己的经历，做到实事求是，不夸大、不缩小，不可以撒谎，更不可以掺假。

2．针对性

个人简历要根据求职目标选择个人的相应情况和信息来写，以此突出特长、优势等自身条件，这样书写者可以有的放矢地写，阅读者可以读有所得地看，这样的简历才会有价值。

3．简明性

个人简历要简短，要把最有价值的内容写进简历，无关痛痒的、不是用人单位需要的就不要浪费篇幅。通常简历的篇幅为 A4 纸版面 1～2 页，不宜过长，也不宜有半页，最好压缩为一页。

4．醒目性

用人单位往往用 30 秒左右的时间，就可获取简历中的有效信息，因此，语言表述最好多用词语和短句，文面尽量突出主要条目和分行排版，如此可以突出阅读的视觉效果，不至于在长篇累牍的文字中让用人单位失去阅读的耐心。

三、个人简历的分类

1．时间型简历

时间型简历强调的是求职者的工作经历，时间安排上由近及远较好。但大多数应届毕业生没有工作经历，应届毕业生不适合用这种类型的简历。若兼职工作较多，可以采用。

2．功能型简历

功能型简历强调的是求职者的能力和特长，不注重工作经历，对毕业生来说是较理想的简历类型。

3．专业型简历

专业型简历强调的是求职者的专业和技术技能，较适用于毕业生，尤其适合申请那些对技术水平和专业能力要求较高的职位。

4．业绩型简历

业绩型简历强调的是求职者在之前的工作中取得的成就和业绩，对于没有工作经历的应届毕业生来说，这种类型不适合。

5．创意型简历

创意型简历强调的是与众不同的个性和标新立异，目的是表现求职者的创造力和想象力。这种类型的简历不适合每个人，较适合广告策划、文案、美术设计等职位。

四、个人简历的结构与写法

个人简历通常有表格式和条文式两种写法，除首行居中写上标题"个人简历"、"简历"、"履历表"外，主体内容一般包括以下几项。

1．个人基本信息

个人基本信息包括姓名、性别、出生年月、籍贯、民族、政治面貌、健康状况、婚姻状况、身高、毕业院校、专业、教育程度、职务职称、联系方式（通信地址、电话、E-mail）及个人照片等。

2．求职意向

求职意向即求职目标或个人期望的工作职位，一般放在个人基本信息下的第一条。此处应写明具体岗位而非行业。

3．学习经历

学习经历是介绍求职人受教育的情况。一般按倒序时间顺序写自己的学习或培训过程，通常写到高中、大专或大学教育程度即可。学习经历对于应届毕业生简历来说是第一位重要信息。

要写明每段学习或培训经历的起止时间、毕业学校、所学专业或方向，也可列出主干课程及成绩，但一定要体现与谋求职位有关的科目课程与专业知识的学习情况。有针对性，才会让用人单位感到你的自身情况与招聘条件是吻合的。

4．工作经历

工作经历主要指社会工作实践经历，当然对于应届毕业生来说，若社会工作经历没有或很有限，也可考虑在学校或班级担任的职务经历、勤工俭学、课外活动、医务工作、参加的各种社团组织、社会兼职、实习经历及实习单位的简要评价等。

写工作经历，最好按倒序时间顺序写，最近的工作情况放在最前面。每项工作经历详细写明工作起止时间、工作单位、职务或岗位名称，应届毕业生的实习经历也可把个人收获或实习单位的评价简要概括出来，其中工作业绩或收获最好多用数字、百分比等量化描述。

5．能力与技能

能力与技能是对自己各方面与求职有关的能力和专业技能的归纳和汇总。本部分写作重点不是经历，而是从经历中体现出的能力。

6．奖励、荣誉及证书

奖励、荣誉及证书指个人所获得的荣誉奖励及各种技能的证书汇总。包括发表的论文、社团成员资格、所获奖励、国家计算机技能、国家英语等级、其他语言技能、专业技能等一些资格证书或其他的个人荣誉证书。若项目较多，可针对求职意向只列举其中含金量较高的几项，向用人单位证明自己的应聘资格即可。此部分内容用人单位往往较为重视，应认真对待。

7．自我评价

自我评价主要是对自己的性格、爱好、个性特质、社会能力（前面几项未提及的）等的评价。只需用最简短文字把自己最优秀的一面表达出来。本部分写作需对自己全面科学评价，学会找到自己真正的闪光点，切忌浮夸或过于大众化。

五、个人简历的写作要求

1．突出重点，针对性强

个人简历不是个人自传，与求职职位无关的内容尽量不写，而对求职有用、有意义的经历和经验等决不能漏掉。尤其是能够有力证明自己实力的资料，一定要将其复印件附在简历后面。

2．彰显个性，但忌花哨。

个人简历尽量突出个性一面，切忌千篇一律，如排版方式、字体字号与颜色、背景图案等，都可彰显与众不同的个性。但同时应一定程度照顾大众审美，否则过于个性化甚至太花哨的方式，用人单位很难接受。

3．篇幅简短，用词精确

个人简历在某种程度上，越简短越好，因为用人单位招聘负责人没有时间或不愿花太多时间阅读一篇冗长简历。最好一页，不超过两页 A4 纸。同时一定要用积极的语言，切忌用缺乏自信或消极的语言。

4．态度严谨，避免错误

写作一定要认真对待，不能凭空编造简历，说谎永远是卑鄙的，没有谁愿意用一个喜欢说谎的员工。另外，要仔细检查已成文的个人简历，绝对不能出现错别字、语法或标点符号方面的低级错误。否则用人单位会认为你工作上也会缺乏认真与严谨。

例文评析

例 文 一

个人简历（表格式）							
姓名	刘瑞	性别	男	民族	汉		照片
出生日期	1988.08	毕业院校	上海××大学	专业	美术指导		
学历	本科	健康状况	良好	地址	上海×区×路×号		
邮编	××××××	联系电话	136××××××××	邮箱	dengnet@126.com		
求职意向	美术指导、广告设计师、网页设计师、电脑美工、网页设计、Flash 设计						
教育 背景	1997.09～2002.07		上海××中学		学生		
	2002.09～2006.07		上海××大学美术指导专业		学生		
工作 经历	2007.09～2008.03		上海××广告有限公司		设计师		
	2008.05～2009.09		上海××文化传播有限公司		设计师		
	2009.10～2012.07		上海××创意广告设计有限公司		美术指导		
职业 技能	熟练掌握 Photoshop/CorelDRAW/Pagemaker/Illustrator/等 熟练运用平面设计和网页制作软件						
资格 证书	大学英语六级证书			普通话一级乙等证书			
	美术指导师证书			平面设计师证书			
自我 评价	敢于创新，具有敏锐的时尚触角； 责任心强，适应能力强； 有良好的独立工作能力与沟通协调能力。						

简析：本简历属于重新求职的个人简历，运用了表格式简历。要素齐全，格式规范，用词简短准确。重点说明了之前的工作经历与能力、技能证书，自我评价重点突出。既有针对性，又彰显自我优势。作为表格式个人简历可以借鉴。

例　文　二

个人简历（条文式）

姓名：乔玉　　　　　　　　　　性别：女

出生年月：19××年8月2日　　毕业院校：××师范大学

健康状况：良好　　　　　　　　专业：汉语言文学教育

通信地址：宁波市××路××号　　学历：本科

联系电话：151×××××××　　邮政编码：×××××××

电子邮箱：yuer01@163.com

求职意向：

中小学语文教师

教育经历：

2010.09～2014.07　　　　　　××师范大学汉语言文学教育专业　　　　学生

实践经历：

2014.01～2014.05　　　　　　××师范大学附属中学　　　高一语文教师教学实习

协助实习指导教师完成日常授课活动，并定期检查辅导学生作业；

在指导教师的指导下，完成对古文、现代文、诗歌等不同类型课程的教学实践活动；

实习期间多次获得实习学校、指导教师的赞扬和学生们的认可；

实习结束被评为优秀实习生。

志愿者经历：

××市××路地铁站站内服务志愿者

××市××艺术节志愿者

学校暑期参观接待志愿者

学校搬迁工作志愿者

教师技能：

中小学教师资格证书

普通话一级甲等等级证书

荣誉证书：

2013.01　获得××市大学生播音主持风采大赛二等奖；

2012.10　第46届田径运动会大型团体操比赛二等奖；

《我的滑板鞋》等多篇文章被《××文摘》、《萌芽》、《读者》等杂志采用并发表；

高三获得全国作文大赛三等奖。

自我评价：

性格外向，待人热情；

热爱音乐，喜欢唱歌与快板表演；

能独立工作，具有较强的学习能力。

简析：这是一份应届毕业生的个人简历，条目具体内容较多，采用了条文式简历。文面排版条理清晰，格式完整规范，语言简练明白。简历中结合求职意向，突出强调了实习经历、教师技能、荣誉证书，同时也通过志愿者经历证明了自己的社会活动的参与精神与社会能力。自我评价语言兼有明确针对性和高度概括性。会给用人单位留下深刻印象，易被接受。

 思考训练

一、简答题

1．个人简历什么情形下使用？其作用为何？

2．个人简历有哪些分类？

3．撰写个人简历应注意哪些事项？

二、改错题

请找出下面个人简历的问题，说明理由并予以改写。

个人信息

××女　未婚　1988年生人　江苏南京人　居住于浙江　有1年半工作经验

无党派人士　身份证号：××

毕业于××学院　136××××××××　××××@qq.com

自我评价

熟练掌握 Windows 并能熟练运用各种办公自动化软件；

担任了两年学生会办公室副主任工作，培养了良好团队合作观念和人际关系能力；

在校期间，曾建立计算机服务中心，为同学提供计算机维护服务，并获得一定收益；

有一定的图片处理能力；

专业成绩优秀，有丰富的社会实习经验；

有良好的动手能力，对新环境有很强的适应能力。

学习情况

2005.10 至今　　××学院　　　高职

2006.09～2008.06　　校学生会办公室副主任

2007.11　　首届技能大赛二等奖

2008.09　　院校级获奖短片自编自导，并参与后期制作

实践经验

2008.10～2009.01　　江苏××人力资源发展有限公司

语言能力

英语　　熟练

三、写作练习

假如你今年7月毕业，请根据所学专业和求职意愿，按简历的写作要求，为自己拟写一份个人简历。

 **知识拓展**

求职信与个人简历

求职信与个人简历都是求职者亮出个人特色以吸引招聘者注目的自我推荐材料，二者的撰写目的一样，都是要引起招聘单位的注意，争取面试机会。但两种文书截然不同，不能互相取代，更不能混用，原因如下。

1. 功用不同

求职信是沟通求职者和用人单位之间的桥梁。通过一定的沟通，在相互认识、交流的基础上，实现相互的交往甚至被录用，是求职信的基本功能。因此，求职信的自我表现力非常明显，带有相当的公关因素与公关特点。

而个人简历则重点在于客观单方面介绍自己，用人单位愿不愿意录用你，绝大多数情况取决于用人单位是否认可简历中的你。

2. 内容不同

简历主要叙述求职者的客观情况，重点介绍做过什么、取得过何种业绩。

而求职信主要表述求职者的主观愿望，求职信除需简介简历部分内容外，要重点介绍个人想做什么（包括个人的职业规划、价值追求，要尽可能与具体信件的投递单位的核心价值、职业要求相吻合）、能做什么（包括学习能力、工作能力、沟通能力、社交能力）、能做成什么（要与以往业绩结合，更要招聘岗位结合）。

3. 容量不同

简历是根据求职意向，对自己的基本情况与特长优势做出的较为全面的简介。而求职信则是将简历中优势突出、有闪光点的内容重点介绍说明，求职信绝不是对个人简历的段落形式的啰嗦重复。

4. 格式不同

求职信采用的是文章段落式的书信格式，以完成与用人单位招聘人之间的沟通。而个人简历基于简历的简洁与用人单位的阅读心理，最忌讳长文段的写作形式，最适合用能突出短时间内阅读效果的条文式或表格式，较醒目排版的写作形式。

第四节　竞聘辞

学习目标与要求

1. 了解竞聘辞的概念、特点。
2. 熟练掌握竞聘辞的结构和写作规范。
3. 模拟写作，培养撰写竞聘辞解决实务的能力。

任务导入

于士伟两年前加入校学生会科协，做了科协干事，两年来他以自己的工作热情与能力赢得了老师、同学们对他的赞誉。今天，他在家人和同学的支持下，参加了校学生会科协主席的竞聘，按要求，竞聘者要进行竞聘演讲。请问：竞聘辞应怎样写呢？

 **知识点击**

一、竞聘辞的概念

竞聘辞，也叫竞选辞或竞聘演讲辞，是竞聘者为了竞争某岗位或职位而向领导、评委或听众展示自己的优势条件，介绍自己假如受聘之后的施政方略的演讲稿。

二、竞聘辞的特点

竞聘辞是演讲稿的一种，因此，它具有口语性、群众性、时限性、临场性、交流性、鼓动性、艺术性等演讲的一般特点。但由于它是针对某一竞争目标而进行的，所以除了这些共性外，它还具有以下个性特点。

1．目标的明确性

目标的明确性，是竞聘演讲区别于其他演讲的主要特征。这一方面表现在演讲者一上台就要鲜明地亮出自己所要竞聘的目标（竞聘岗位名称）；另一方面，其所选用的一切材料和运用的一切手法也都是为了一个目标——使自己竞聘成功，使听众能投自己一票。而其他类型的演讲则不同，不管是命题演讲还是即兴演讲，虽然都有一定的目的，但其目标有一定的模糊性、概括性和不具体性。

2．内容的竞争性

在其他的演讲中，内容尽管可以海阔天空地谈古论今、说长道短，但一般都不是来"炫耀"自己的长处的。即使在事迹演讲中，也忌讳毫不客气地为自己评功摆好。但竞聘演讲则不同，它的全过程都是听众在候选人之间进行比较的过程，竞聘者如果谦虚或不好意思说自己的长处，就不能战胜对手。因此，演讲者无论是讲自身所具备的条件，还是讲自己的施政的构想，都要尽最大可能显出自己胜他人一筹的优势来，有时，甚至还要把本来是劣势的东西换一个角度讲成优势。

3．主题的集中性

所谓主题的集中，是指所表达的意思单一，不枝不蔓，重点突出。这就是说，在表达意思时，必须突出一个重点，围绕一个中心，而不要搞多重点，多中心，不能企图在一篇演讲中解决和说明很多问题。

4．材料的实用性

实用性，是指所选材料既是符合实际的，又是对自己竞争有利的，也就是无论讲自己所具备的条件还是谈任职后的构想，都要从自我出发、从实际情况出发。竞聘演讲是竞争，但并非是比赛谁能吹，谁能用嘴皮子"甜"人。听众边听你的演讲，边在掂量你的话是否能在现实中发挥作用取得效果。

5．思路的程序性

思路，就是演讲者的思维脉络；程序是指演讲中先讲什么后讲什么的顺序。竞聘演讲不像一般演讲那么自由，它除了题目和称呼外，一般分为五步走（详见写法）。

6．措施的条理性

演讲者在讲措施时一定要注意条理清楚，主次分明。不要讲到哪儿算哪儿，让人听了如一团乱麻。为了把措施讲得有条理，可用列条的方法，如用"第一点"、"第二点"或"其一"、"其二"等表示。这样不仅条理清楚，而且使演讲上下贯通，浑然一体。

7．语言的准确性

准确，一般是指要恰如其分地表情达意。此外还有另外两层意思：一是所谈事实和所用材料、数字都要求真求实，准确无误；二是要注意分寸，因为竞聘演讲的角度基本上是以"我"为核心的，如掌握不好分寸，夸大其词，就会让人产生逆反心理，从而使自己的演讲失败。

三、竞聘辞的结构与写法

竞聘辞一般由标题、称谓、正文、落款四部分组成。

1．标题

（1）只标文种的标题，如《竞聘辞》。

（2）公文式标题，如《关于竞聘校学生会××部部长的演讲辞》。

（3）文章式标题，如《心有多大，舞台就有多大——竞聘办公室主任的演讲辞》。

2．称谓

称谓即对评委或听众的称呼，一般用"各位评委"、"各位老师、各位同学"、"各位领导"或"各位听众"等。

3．正文

第一步，开门见山讲自己所竞聘的职务和竞聘的缘由。

第二步，简要介绍自己的情况，如年龄、政治面貌、学历、现任职务等一些自然情况。

第三步，列出自己优于他人的竞聘条件，如政治素质、业务水平、工作能力等（既要有概括的论述，又要有证明的论据，如讲自己的业务能力时，可用一些获得的成果和业绩来证明）。

第四步，提出假设自己任职后的施政措施。（这一步是重点，应该讲得具体翔实、切实可行）。

第五步，用最简洁的话语表明自己的决心、请求或对竞聘成败的态度。

例如，"作为这次竞聘上岗的积极参与者，我希望在竞争中获得成功。但是，我绝不会回避失败。不管最后结果如何，我都将堂堂正正做人，兢兢业业做事。"

再如，"今天，我只是想向各位领导展示一个真实的我。我相信，凭着我的政治素质，我的工作热情，我的管理经验，我一定能把××岗位的工作做好。"

另如，"各位领导、各位评委，请相信我，投我一票！我将是××岗位的一位合适人选。"

当然，以上几步也只是简单的模式，实践中演讲者还可根据实际需要稍有变化，而并非填表式。

4．落款

在正文右下方署上竞聘人姓名和日期。口头演讲时可省略不说。

四、竞聘辞的写作要求

（1）忌信口开河，杂乱无章。

（2）忌狂妄自大，目空一切。

（3）忌妄自菲薄，过分谦虚。

（4）忌表意不清，含混模糊。

例文评析

例 文 一

关于竞聘办公室副主任的演讲辞

尊敬的各位领导、各位同事：

大家好！首先感谢组织、领导给我提供了一次难得的学习锻炼和参与竞争的机会，同时，也感谢同事们对我的理解、信任和支持。

我叫王斌，××人，生于1985年5月，2006年从××大学工商管理专业毕业后应聘到我局工作，至今已有5个年头。

今天，我怀着一种不平静的心情，登上了这个特殊的舞台。我将以良好的心态，积极参与副主任职务的竞争，勇于接受挑选。

办公室工作若简单地概括起来就12个字：组织协调、当好参谋、做好服务。当然，这12个字说起来容易，做起来难，要想做好就更难。根据本职位的性质和职能要求，我觉得自身具有一定的优势，愿意竞争这个岗位。主要理由是：

其一，我热爱这项工作。虽然这项工作繁杂，巨细无遗，默默无闻，甚至很辛苦，付出很多却难以看出成效和成绩，但我有充分的思想准备，有投身这项工作的良好愿望和热情。

其二，我受党的培养教育多年，有"认认真真办事、实实在在做人"的作风和一颗忠诚于党的事业、服务于人民群众的责任心。这是我做好一切工作的前提和保证。

其三，我有多年在办公室工作的体验和经历，有一定的实践经验，熟悉办公室的工作情况，进入角色要快一些，对顺利开展工作有利。基本具备本职位所要求的思想政治素质、工作业务水平。

其四，我有"以人为本，人格至上"的现代行为理念，处事公道正派，待人热情诚恳。能始终围绕"人文关怀"这4个字来做文章、办事情。努力使领导满意、让群众放心。

其五，更主要的是，有领导的关心、爱护和鼓励，有同事的帮助、协作和支持，为我做好工作创造了有利条件，增强了勇气和信心。

假如组织和大家信任，能给我一个施展的平台，我有决心有信心担当此重任，并以树立"五种意识"作为保证。我相信我能够担当起这个重任。

一是树立学习意识。着力提高全体人员思想政治素质和业务知识能力。一方面要坚定信念，增强党性，解决办事"靠得住"的问题；另一方面要刻苦钻研，业务熟练，解决办事"有本事"的问题，成为本职工作的行家里手。

二是树立全局意识。只有着眼全局、顾全大局，树立全局"一盘棋"的思想，正确处理好个人与集体、局部与整体的利益关系，做好服务，才能圆满完成组织和领导交办的各项任务。

三是树立创新意识。当今时代是创新的时代，需要我们不断探索和创新。只有与时俱进，才能改变那些不合时宜的思想观念和传统做法，以增强工作的主动性、预见性和创造性。

四是树立奉献意识。要有甘当绿叶，做好配角，勇挑重担、无私奉献的境界和胸怀。从小事做起，从自身做起。摆正位置，扮好角色，到位不越位，补台不拆台。

五是树立团结意识。只有讲团结，求人和，才能凝聚人心，集中智慧，充满生机，形成合力；只有讲团结，靠大家的力量，才能提高工作效率，发挥整体作用，当好参谋助手。

假如我竞争如愿，将不辜负组织、领导和大家对我的信任、期望，以此为新的起点，努力履行诺言，实现奋斗目标，积极为局工作做出新的贡献！

假如我竞争落选，我也不会灰心和气馁，因为能够勇于参与竞争，对我来说就是一次自我挑战和磨砺意志的考验，一次难得的学习和锻炼，一次重新认识自我和展示自我的检验。从中找出不足和差距，今后的进步和提高才能更快，我会努力锻炼成为一名让组织和领导信任、让群众满意的党员干部！

谢谢！

王　斌

2012 年 3 月 5 日

简析：这份竞聘辞，竞聘目标明确，个人优势突出，施政构想结合了岗位特点。层次清晰，真诚自信。

例　文　二

学生会科协主席竞聘辞

尊敬的各位领导，各位同学：

大家下午好！

非常感谢校团委的领导给我这次机会让我参加竞选，我叫于士伟，来自商学院工程管理1302 班，我竞选的职务的是校学生科协主席。

今天我满怀信心地站在这里，此时此刻我又想起了去年我刚进入科协成为一名干事的时候，从那个时候我就喜欢上了这个工作，在风风雨雨的过程中，我一直在摸索着我们科协在加快校园科技文化建设上的成功之路，而今我更是满怀信心地走到这里参加竞选，为的就是能够让我们科协从成功走向更成功。

下面我想说的就是我可以成为下届学生会科协主席最佳人选的四方面理由：

第一，在我从事科技社团管理期间，与各科技社团建立了良好的关系，为以后的工作打下了坚实的基础，同时我曾参加过许多校外企业的社会活动，同许多家高新科技企业、培训公司都有过良好的合作关系，有着一定的对外交流经验。

第二，我能够协调好工作与学习的关系，两年多来，我已通过所有所学课程，并已通过了国家英语四级、计算机二级等级考试。学习成绩在全班同学中有口皆碑，近 3 个学期分别获得了两次校一等奖学金和一次二等奖学金。

第三，在科协工作的一年，是我辛勤工作的一年，也是我不断学习的一年。一年多来，我努力向学生会、社团联合会等兄弟单位学习优秀的管理经验，并且通过网络等方式学习其他名牌高校的校园科技发展的动态，以及其他高校学生科协组织建设、活动创新等方面的思路。通过这些学习，我对我们科协的定位和工作方向日益明确——那就是在举国上下高呼"科教兴国"的今天，我们学生科协作为校团委直属的学生机构，一方面要做好对科技社团的管理工作，另一方面要加强科协的引导作用，要引导全校学生积极参加各类校园科技活动、赛事，形成一种浓厚的科技创新的氛围。

第四，在搞好学生科技工作方面我有相当多的工作经验。在科协工作的一年多的时间中，是我不断探索的过程也是我不断积累的过程。一年中我有幸能够协助、指导各科技社团开展各种科技活动。例如，我校首届电子设计大赛、数学建模竞赛以及首届 Flash 动画大赛等，参与了《××××》报社的组建工作，并出版了第一、第二期报纸，组织策划了我校第二届"红旗在线"网页设计竞赛，以及成功协助校团委开展 ISO 9000 内审员培训工作等。这些活动，不仅丰富了我的工作经验，而且极大地提高了我的组织策划、协调管理能力，并拓展了我的工作思路，使我对未来的工作充满信心。

作为一名科协主席，结合眼下的一些问题，我有自己的一些想法。

第一，应进一步规范和完善现有工作制度……（具体略，以下同）

第二，规范例会制度和报销制度……

第三，注意以人为本，重视对所有成员综合能力的培养，注意平时从心理上多关心他们，将科协塑造成为有凝聚力和战斗力的集体……

第四，工作中大胆创新，举办更多既能体现科协特点，又能使广大学生从中受益的精品活动……

第五，积极与校内外科技主创单位的合作，扩大我校科协的影响力。加强我校学生科协、长安科技的对内、对外的宣传，打出我校学生科协及科技节的品牌……

一流的大学呼唤一流的校园科技文化，我将为建设高层次、高品位、高格调的校园科技文化贡献自己的一份力量。

请把您的一票投给我吧。我是于士伟，009 号，谢谢！

于士伟
2014 年 10 月 11 日

简析：本篇竞聘辞内容要素完整，竞聘条件与施政措施紧紧结合职位特点进行了具体详细有说服力的归纳和论证，尤其施政方略新颖独到、翔实可行，充分展示了个人的工作能力。这种竞聘辞极有可能征服评委和听众。

 思考训练

一、简答题

1．什么是竞聘辞？有何作用？

2．竞聘辞有哪些特点？

3．竞聘辞的结构有几部分？主体部分应写到哪些内容？

二、评析题

评析下列竞聘辞的写作，简要说明理由。

1．在一次竞聘厂长的演讲中，一个年轻工人在介绍自己时这样说："我一没有党票，二没有金灿灿的大学文凭，三没有丰富的阅历，我只是一个初涉人世的 25 岁的小伙子。你们有百分之百的理由怀疑我是否能担得起化肥厂厂长的重任。然而，同志们，朋友们，请你们仔细地想想，我们化肥厂长期处于瘫痪的状态，难道是因为历届的厂长没有党票、没有文凭、没有阅历吗？"

2．   竞聘院学生会主席的演讲辞

各位老师、各位同学：

大家好！

参加竞聘之前，我一直在想：我应不应该参加这次竞聘？我靠什么来参加这次竞聘？思索再三，我想，我愿意把这次竞聘当成争取尽自己一份责任的机遇，更愿意把这个竞聘过程当作我向各位同学学习，接受各位评判的一个难得的机会。因为我是鼓着十二分的勇气，参加竞聘来的。

我知道，成为一名合格的院学生会主席很不容易。我之所以鼓起勇气参加院学生会主席的竞聘。首先缘于我对同学们的热爱和对学生工作的执着。我相信，一个人，只要他执着地热爱自己的事业，他就一定能把事业做好。当然，我也有过一些学生工作的经历，我曾经在高中时当过班长，对组织管理工作并不陌生。有人说，经历是一种财富，而我更愿意把自己的经历当作一种资源，一种在我今后工作中可以利用、可以共享、可以整合的资源。

当然，我更清楚，成绩也好，经验也罢，它只能说明过去，并不能证明未来。

假如我竞聘成功，我将做好自己应该做的工作。

说到这里，我想起阿基米德的一句名言：“给我一个支点，我可以撬起整个地球。”但在这里，我不敢高喊这类豪言壮语，我只想表达一个愿望，请投我一票，我会尽自己有限的能力给大家一个满意的回报！

谢谢大家！

三、写作练习

每学年开始，学生会的领导班子都要进行竞聘补充，请根据你自身条件和意愿为自己竞聘一个职务，并撰写一则竞聘辞。

第五节　述职报告

学习目标与要求

1. 了解述职报告的概念、特点及分类。
2. 熟练掌握述职报告的结构和写作规范。
3. 模拟写作，培养撰写述职报告解决实务的能力。

任务导入

临近年终，教育技术学院评优工作已拉开序幕，其中参加优秀学生干部评优的学生需提交个人工作职务述职报告。刘怡是院学生会科技部部长，请问：她的个人述职报告应如何完成？

知识点击

一、述职报告的概念

述职报告是指党政机关、社会团体、企事业单位的领导干部或工作人员向上级、主管部门或人事部、专家组及本单位的职工群众，陈述汇报个人在一定时期中个人的任职情况，包括现岗位职责履行和德能素质的自我评述性的事务文书。

《孟子·梁惠王下》中就“述职”一词的解释是：“诸侯朝于天子曰述职——述职者，述所职业。"今天的述职报告使用范围更广,不管是口头的,还是书面的,都可以作为几乎所有单位的干部和职工升降、留任、调动或例行汇报的依据,便于领导考核群众监督,有利于改进工作,提高自身素质。

二、述职报告的特点

1. 针对性

述职者的述职内容是有规定的,岗位职责或一定时期的目标任务,是对自己在任职期内所做工作进行评述的客观标准。述职人要根据这个目标或标准汇报自己是否胜任或履行职责的德能如何。

2. 自评性

述职报告是领导或员工个人对自己履行职责或德能表现的评述,因此,首先强调的是个人性,述职者必须结合自己岗位的职责搜集个人的表现材料;其次,要对这些材料整理加工,据实议事,摆事实、讲道理,其中评论个人表现是最必要的,因此,写法上应以概述说明为主、夹叙夹议实现自评。

三、述职报告的分类

述职报告可以从多个角度划分种类,常见的有以下几种。

1. 从内容上划分

(1)综合性述职报告,是对一定时期所做工作的全面、综合的述职。

(2)专题性述职报告,是对某一方面的工作的专题述职。

2. 从表达形式上划分

从表达形式上可划分为口头述职报告、书面述职报告。

3. 从时间上划分

(1)任期述职报告,是指针对任现职以来的总体工作进行述职。一般时间较长,涉及面较广,要针对一届任期的表现情况。

(2)年度述职报告,是一年一度的述职报告,只写本年度个人的职责履行情况。

(3)临时性述职报告,是指担任某项临时性的工作职务,只写出工作完成时期内的任职情况。例如,负责了一届新教师的培训工作,或组织了一项大型比赛,或主持了一期刊物的编写工作等。

四、述职报告的结构与写法

述职报告的基本结构具有一定的格式,包括标题、称谓、正文和落款四部分。

(一)标题

述职报告的标题通常可见的有 3 种写法。

(1)只写文种名称"述职报告"。

(2)文种前写明述职职务、姓名、述职时限等因素,如《2012 年教育局党委书记述职报告》、《××大学校长述职报告》。

(3)采用正副标题双行标题的形式,正标题概括主题,副标题标明文种,如《做教学改革的先锋——×××述职报告》、《继往开来,与时俱进,全力以赴向国家级示范性高中冲刺——××市第一中学校长述职报告》。

（二）称谓

述职报告不管是口头的还是书面的，都需要有称谓。但因对象不同，称谓也不同。在标题下，正文前，单独一行顶格书写称谓，可前加敬语。常见的有以下几种称谓。

若书面呈送上级机关的述职报告，可直接称呼"××宣传部"或"宣传部领导"；若需向考核或评议人员宣读的述职报告，可称呼"各位领导"或"各位评委"等，可视具体情况灵活确定；若在大会上面向更多领导或员工的述职报告，可称呼"尊敬的各位校领导、全体老师们"或"各位领导、同事们"。

（三）正文

述职报告的正文包括开头、正文、结尾三部分。

1．开头

开头一般包括两方面内容：一是任职简介，即说明自己从什么时间起担任什么职务，并说明所担负的具体职责；二是简要评价概括任职以来的工作情况。

2．正文

正文要紧紧围绕述职人的岗位职责要求，全面而又突出重点地陈述任职期间履行岗位职责的具体情况。一般从以下四个方面述职：一是政治素质和岗位所需的德，主要说明任职期间对党和国家的方针、路线、政策等的执行情况，敬业爱岗精神和工作作风等；二是岗位成绩，主要说明任职期间如何履行职责，岗位工作完成如何，解决了哪些实际问题，取得了什么成果，社会效益与经济效益如何，哪些方面有创新，个人业绩得到哪些专家或领导的等的肯定等；三是问题和不足，应勇于承认履行职责期间所存在的一些问题或不足；四是概述个人体会，说明整改的办法或今后努力的方向。

3．结尾

结尾一般用"以上述职报告，请领导批评指正"、"述职至此，谢谢大家"、"特此报告，请予审议"等。

（四）落款

署名述职人姓名与述职年月日，述职人姓名前可注明单位与职务。

五、述职报告的写作要求

1．充分反映任期内的工作成绩与问题

述职是民主考评干部或员工、个人自觉接受组织和群众监督的一种常见有效形式。因此，述职报告应充分反映个人任期内的工作实绩与问题，而且，工作实绩如何，是检验一个人履行职责称职与否的主要标志。

2．实事求是地评价自己

述职人对自己的岗位表现必须实事求是，要准确恰当有分寸，不夸大、不缩小，不说大话、假话、空话、套话。

3．抓住重点，突出个性述职

述职报告应以点带面，抓住重点，不需事无巨细、面面俱到。只需抓住最能显示工作实绩的大事件或关键表现写入报告。一般口头述职控制在30分钟左右，书面述职多以3000字以内为宜。同时应突出自己独到的气质、风格和贡献，让人能明确分辨出自己在岗位工作中所起的作用。

4．兼顾通俗的、大众化的有声语言

述职报告很多情况下需在一定场合进行口头报告，因此写作时应考虑通俗化、大众化语言的运用。例如，多用短句子，少用单音词，慎用不常用的古语，避免同音不同义或易混淆的词语，不随便用简略语，可适当增加"吧"、"吗"之类的语气词，甚至有些标点符号需用文字代替，如顿号改为"和"、破折号改用"是"、引号表否定时加"所谓"等。

例文评析

例　文　一

2014年党支书记述职报告

各位领导、同志们：

我是××年9月被镇党委任命为村党支部书记的。上任时面临的情况是：村级集体经济没有积蓄，负债达到20多万元；村党支部、村委会在群众中缺乏凝聚力，发挥不出堡垒作用；干部人心涣散，普遍缺乏工作热情。面对这些情况，我横下一条心，暗下决心：一定要转变现状，干出个样子。任职4年来，我在镇党委的领导和大力支持下，紧紧依靠全村党员和广大群众，团结村支部一班人，以经济发展为中心，坚定信心、明确目标、攻坚克难、强抓机遇，认真履行工作职责，开创性地开展工作，取得了明显的成效，党支部、村委会在群众中的威信得到了提高，凝聚力不断增强。同时，我在工作和生活中坚持做到清正廉洁，落实党风廉政责任制，从小事做起，自觉抵制各种腐败现象，始终用一个共产党员的标准对照自己的行为。现就我任职以来的主要工作和廉洁自律方面的情况汇报如下：

一、主要工作

任职以来，我坚持以发展为第一要务，围绕壮大集体经济、增加农民收入这两根主线，在抓经济方面，主要开展了以下工作：

（一）调整思路、强抓机遇，积极参与城市建设

随着市区"东扩南移"的战略方案实施，我村地理优势日益凸现，面对这新形势、新情况，我紧紧抓住发展第一要务，牢固增强4种意识，即发展意识、忧患意识、责任意识、争先意识；树立3种观念，即面向生产力发展服务观念，借助外力乘势而上的观念，打破停、等、靠、要的旧思想和封闭的做事观念，积极投身到城市开发建设中。从去年以来，村党支部认真论证，精心筹划，确定了农居工程项目。为了使农居工程项目早日开工建设，我多次奔走于市职能部门之间争取支持，面对怀疑和责难的目光，我从不气馁，用诚心和信心打动他们，经过努力，我村农居工程项目近日终于在市政府办公会获得批准，有望能于年内开工建设。

（二）抓住机遇促发展，克服困难上项目

前年，市政府办公室与我村党支部开展"手拉手"结对帮扶活动，我们抓住这个有利时机，主动请求市政府为我村协调办理综合办公楼审批手续。面对村里当时一无资金、二无技术、三无经验的现实情况，在镇领导的亲自指导帮助下，采取多种方法，积极吸引外部资金78万元，克服困难，终于启动了综合楼项目。总投资为227.4万元，占地面积为6429平方米，建筑面积为1834平方米，建成投入使用后，6套商业房顶为建筑工程款，6套房顶为征地办理建楼手续费用，村净得3层办公房及楼后3954平方米的场地，折合资金40多万元，增加了村集体的经济收入。我们今年又将场地对外租赁，每年村集体实现固定收入4万元。通过这一举措，在

改善了村部办公条件、增加群众收入的同时，还使村上有了一项稳定的收益。

（三）盘活资产促增收，培育二、三产业和劳务输出

为增加农民收入，我们党支部一班人积极探索切实可行的发展路子，大力发展劳务输出业，增加就业人数。近年来，村上帮助群众协调各种关系，提供政策服务，千方百计寻找劳务输出的机会，有效增加群众经济收入，特别在贸易综合市场上加大力度招商，优化政策，加强市场的管理，总结经验，每年能保证实现利润4万多元，为壮大集体经济创造了一个长足发展空间，为我村的经济发展奠定了良好的基础。

（四）注重服务大局，全力以赴地配合城市建设（略）

（五）统筹兼顾，协调发展（略）

二、个人廉政自律方面

（一）强化自身素质，提高"防腐"免疫力，加强理论学习，不断提高自身素质（略）

（二）坚持廉洁从政，自觉接受群众监督

始终按照工作权限和工作程序履行职责，坚持公平正直，不徇私情，珍视和正确行使党和人民赋予的权力，勤勤恳恳为人民服务。

（三）万事以小事做起，从自身做起，树立榜样。

在日常工作中，我一贯坚持勿以恶小而为之的原则，在任何工作中，时刻自重、自省、自警、自励，在立言立行上下功夫，管好自己的手，管好自己的嘴，加强对身边的人、亲属，严格管理教育，以实际行动杜绝以权谋私。在任期的4年来，全村一直保持零招待的记录，也没有以任何名义给村干部滥发钱发物。

（四）高度重视，认真履行职责，工作指导到位

为切实搞好廉政建设责任制工作，完成镇党委、政府下达的责任目标，我站在讲政治、讲大局的高度，充分认识廉政建设责任制及反腐败斗争的重要性，始终把廉政建设责任制工作当作大事、要事来抓。对廉政问题经常讲、多次讲、反复讲，找原因、说危害，教育全村党员干部要从身边人、身边事中吸取教训，耳边警钟长鸣，心中筑起道德和法纪两道防线。

（五）结合工作实际，狠抓目标落实，务求取得实效

实行廉政建设责任制，根本在落实，关键在行动。在认真分析、研究责任目标的基础上，提出了"抓深入、抓规范、抓提高"的工作思路，不断加大工作力度，真正在落实上下功夫，靠实际行动求实效。把管理重点放在村干部权力的运行上，进一步规范村级干部日常行为，强化对领导干部权力运用的约束，从根本上铲除滋生腐败的土壤。加大管理力度，全面落实。继续严格执行"收支两条线"的各项规定，实行会计委派制度，在完善规范、强化管理、严肃政纪上下功夫，杜绝了"小金库"现象的发生，使财务管理制度得到严格落实。

（六）身先士卒，身体力行，为党风廉政建设责任制的落实起到了示范作用

在工作中，我以身作则，严格维护和遵守政治纪律，严守党的机密，不信谣，不传谣；土地、低保审批、村财务支出上，都坚持原则，严守纪律，生活中遵纪守法，无违反规定经商办企业行为。

三、存在的问题

（1）在思想上对学习不重视，总觉着工作忙没时间，缺乏学习的自觉性，学习满足于实用状态，对政治、经济、文化、科技、法律等多方面的知识还学得不深。即便学习，也停留在阅读报纸，参加业务培训的方面。

（2）在工作方法上有时急躁，不够细腻。遇到问题与矛盾时，不能冷静、耐心，有时以感

情用事。有时工作方式简单粗暴，不能够虚心接受同志的批评，更不能进行自我批评，故而工作有忽冷忽热的毛病。针对这些问题，我一定在今后工作中，认真学习五里村历届老干部、老同志的好作风、好方法，平时多读书，读好书，陶冶情操，修身立德，在工作中虚心接受群众批评，更加深入地进行自我批评，提高自身文化素质，真正成为群众的领头雁。

各位领导、党员同志们，镇党委组织的这次民主测评，实际上是请大家对我几年来的工作进行客观画像，也是为支部班子换届选举打好基础。在此，我请求广大党员继续信任我，支持我，我将在今后的工作中不断强化自身修养，努力工作，大胆探索，开拓进取，我相信自己一定会不辱使命，成为建设社会主义新农村的带头人。

××村党支部　王××

2013 年 4 月 8 日

简析：本篇述职报告全面阐述了自己履行职责的情况，从村里工作到个人自律，从成绩到不足，层次清晰，有材料有观点，点面结合。

例　文　二

学生会干部述职报告

尊敬的领导、老师，亲爱的同学们：

大家上午好。

我自 2011 年 8 月起担任院文艺部部长一职。我很荣幸，也很感谢老师和同学们对我的认可和信任。在过去的一年里，在院团委、学生会的领导和支持下，我立足本职，始终以饱满的工作热情和旺盛的工作精力，认真履行职责，较好地完成了文艺部的各项工作任务。现将我一年来的工作情况述职如下：

文艺部担负着丰富校园文化生活，展示学生文艺才能，并由此陶冶学生情操，培养学生良好的人文素养等任务。我率领文艺部围绕"提供魅力平台，繁荣校园文化"的主题；以"展示自我风采，秀出个性青春"为落脚点；发挥文艺部"自我服务、自我管理、自我教育"的职能，树立广大同学"自爱、自信、自立"的精神。积极探索工作新经验和新方法，充分调动文艺部全体成员的积极性，做到团结一致、齐心协力。经过努力，较好地打开了我院文艺工作新局面，创建了工作新格局，调动了全体学生参与文艺活动的新兴趣。一年来，我部主要承办了 4 项大型活动，具体工作汇报如下：

1. 从 4 月上旬起，我带领文艺部配合教育系团总支在全校范围内征集喷泉舞会节目及主持人，并对节目进行了多次筛选，初步确定入选节目，并邀请院团委和学生会的领导和专家老师对节目的排练进行指导，及时改进排练中的问题与不足，经过讨论，最终确定了晚会节目，并确保节目尽量达到完美。在领导、老师和各系学生会对我部的大力帮助下，晚会在 5 月中旬顺利进行并举办成功。

2. 从 5 月中旬起，为给学生们提供展示自我、发现自我的机会，我部举办了"苑艺杯"校园歌手大赛。我部通过多次例会的商议，拟定了大赛通知，同时明确分工，筹备赛前的准备工作。从众多的音乐爱好者中，经初复赛的层层选拔共有 26 名选手进入决赛，在比赛过程中选手们热情高涨，风格各异，唱法不同，选手们都充分展示了自己的风采。本次大赛既丰富了学生的业余文化生活，提高了综合素质，也为爱好音乐的学生提供了一次登台献艺的机会。

3．9 月中旬，为提高学生的社交能力，丰富课余文化生活，以舞会友、增进友情、培养气质，我部与女生部合办了第一届"国际标准舞培训班"。主要课程有三步、四步、平步、恰恰及浪漫樱花。通过前期大力宣传及各项工作筹备，本期培训班招生达 200 多人，取得了可喜的成绩，更受到学生的一致好评，这为我部以后的活动奠定了良好的基础。

4．从 10 月中旬开始，我部开始筹办第三届"金话筒"主持人大赛。从拟定赛事通知到全校初赛海选，共有 33 名选手进入复赛，通过自我介绍、模拟主持和综合素质 3 个环节的比拼，对复赛选手进行了全面测试，经紧张激烈的角逐选拔，前 15 名选手进入决赛。比赛过程中许多选手运用了音视频和投影 PPT，以丰富自己的参赛内容，观众可以更加真切清晰地了解到选手的比赛内容及风格。本次大赛既丰富了校园文化生活，也锻炼了选手的口语表达能力，更为学校及各系选拔了一批优秀的主持人。

回顾一年中的点点滴滴，我在自己的岗位上努力工作，有苦、有甜、有疲惫、有欢笑，甚至也有过一些争执。现在却觉得这些经历都是那样得美好与宝贵。因为正是这些成就了今天的我，让我真正做到了娱乐同学、为同学服务，也给每一位参加活动的同学提供了一个可以公平、精彩地展示自我的平台。我为我自己可以担任文艺部长而骄傲。但由于年轻，工作经验不足，工作中仍有许多不尽如人意和走弯路的情况，如有些活动突发事故考虑不周、处理不当等。在接下来的日子里，我会更加努力，总结经验，改正不足，把文艺部的工作搞得更好，争取将工作做到最好。

以上是我的述职报告，请领导、老师、同学们批评指正。

述职人：刘怡

2012 年 9 月 8 日

简析： 该述职报告属于年度述职，点面结合，突出重点，就一年的工作情况较翔实地进行述职，有材料有观点，层次清晰。

 思考训练

一、简答题

1．述职报告的作用为何？

2．述职报告的特点是什么？

3．述职报告的结构与写作规范是怎样的？

二、分析题

下面述职报告的写作有否不妥？请说明理由。

班长述职报告

本学期我以一名班长的身份继续为班级工作，感到压力大了、责任也重了。我本着"全心全意为同学服务"的宗旨，带领班委全身心地投入到各项工作之中。在班级内部，开展丰富的活动，给予同学更多、更丰富的锻炼机会，以及加强班委感情等多种举措，维持班干部的积极性和热情，培养他们的工作能力和责任感，使班委成为一个有凝聚力、有战斗力的团体。

当然，在一学期的工作之中还是发现了我自身的很多问题。

一方面，领导班委的方面，在征得辅导员的同意之后，实行了"竞标制度"，希望在有任务和工作的时候能够让各委员自己把握、独立承担。虽然初衷是好的，但是效果并不理想，最终一些外向、勇于尝试的同学得到了很多的锻炼机会，而另外一些班干部则没能得到太多锻炼的机会，产生了一些消极情绪。

另一方面，本学期的工作并没有调动起大多数同学的学习积极性，好多同学懒懒散散，没有学习兴趣，甚至迷上了网络，作为班长，我负有很大的责任。

此外，在一些大型活动上，也有一些细节上的失误，如国庆歌咏比赛、元旦联欢晚会，由于种种原因，造成了一定问题，但我相信，由于工作经验的积累以及我个人追求更好的行事准则，这些问题都会尽快得到解决，我也会在一次次历练之中成长起来。

三、写作练习

假设你是班级班委或校、院、系学生会中任一成员或干部之一，请为自己一年来的任职写一份述职报告。

 **知识拓展**

述职报告与总结

述职报告与个人的总结既有联系，又有区别。

相同点：二者都可以谈经验与教训，都要求事实材料和观点紧密结合，在事实材料基础上进行评述从某种程度上说，个人述职报告可以借鉴总结的某些写作方法。

不同点：二者的不同主要体现在 3 个方面。

（1）评述标准不同。述职报告必须依据述职人任期内的岗位职责和德能要求进行写作，如岗位的职责是什么、履行职责的能力如何、怎样履行的、称职与否等，述职报告的述职标准是固定的。总结则往往根据上级的工作部署，或自定工作计划等进行述评，如做了什么工作、取得了哪些成绩、有什么不足、有何经验和教训等，评价标准是不固定的。

（2）写作重点不同。述职报告必须侧重评述履行职责方面的情况，突出表现德、才、能、绩，重点表现履行职责的能力与成绩。总结的重点在于全面归纳，体现工作实际情况，也可以专项总结，或经验、或问题。

（3）表述方式不同。述职报告采用夹叙夹议的写法，既表述履行职责的有关情况，又同时说明履行职责的出发点和思路，还要申述处理问题的依据和理由，有述有评。总结主要运用叙述的方式和概括的语言，归纳工作结果，有时可只述成绩不评价。

第六节　创业计划书

学习目标与要求

1．理解创业计划书的概念、作用、特点。
2．熟练掌握创业计划书的结构和写作规范。
3．模拟写作，培养撰写创业计划书进行创业的能力。

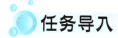

任务导入

当下，很多大学生在国家、政府及学校的相关政策的鼓励和支持下大胆尝试、自主创业，在我们的高校校园中，大学生创新创业已不再是新鲜事儿，请你为自己设想一个创业项目，并为此撰写一份创业计划书。

知识点击

一、创业计划书的概念

创业计划书是创业人员在企业创办的初期所编写的企业创立与运营的整体规划方案。

二、创业计划书的作用

创业计划书是创业者计划创立的业务的书面概要，它为业务的发展提供了指示图，并成为衡量业务进展情况的标准。

一般来讲，有两种情形要用到创业计划书。

一是创业融资，创业计划书是一份全方位的商业计划，其主要用途是递交给投资商，以便于他们能对企业或项目做出评判，从而使企业获得融资。创业计划书是企业融资过程中不可或缺的一部分。

二是发展规划，即在公司发展的每个阶段都需要一份类似于创业计划书一样的商业计划书，不仅有利于向外部融资，更有助于整理、思考并确定中长期发展战略和规划。

因此，创业者既可以通过创业计划书来宣传自己的企业，进而去寻求战略性合作伙伴和签订大规模合同，寻求风险投资，吸引高级管理人员，获得银行贷款，也可以借此明确总体创业思路和经营理念，以助于进一步有效管理创业企业。

创业计划书通常可分为摘要式创业计划书、完整式创业计划书、营业用创业计划书三类。

三、创业计划书的特点

1. 开拓性

创业最鲜明的特点就是创新，体现在创业计划书中就是开拓性。创业计划书中要提出的应是新项目、新技术、新材料、新营销模式或新运作思路，同时需要把新的内容整合起来，并通过开拓性的商业模式将其变为现实。

2. 客观性

创业者提出的创业设想和创业商业模式，是建立在大量、充分的市场调研和客观分析的基础上的，必须具有实战性和可操作性。

3. 逻辑性

通过市场调研和分析、市场开发和生产安排、组织、运作，全过程接口管理、过程管理和严密的组织，创业预想的利益才可能会变成切实可行的企业利润，因此，创业计划书要把各环节统筹融汇在客观事实的严密的逻辑中。

四、创业计划书的结构与写法

从不同的目的来写，创业计划书的重点也会有所不同。一般来讲，创业计划书包括封面、

保密承诺、摘要、目录、主体各部分内容及附录等几部分。

（一）封面

创业计划书的封面由创业项目名称和创业者两项组成。创业项目名称如"××公司（或××项目）创业计划书"。创业者一般要写清单位名称或个人姓名、单位地址、日期、联系人及联系方式等。若创业项目为单位或公司，还可加上单位或公司的标志。

（二）保密承诺

当计划书的内容涉及本单位商业机密时，创业计划单位一般会要求投资单位的项目经理收到本计划时做出保密承诺并签字，还需写上接收日期。

（三）摘要

摘要部分浓缩了整篇创业计划书的精华，要特别说明创业计划书的不同之处，篇幅一般在1～2页，摘要部分应简短，起到画龙点睛的作用。

（四）目录

创业计划书的目录需将摘要及主体各部分的题目对应各自页码准确清晰标注。

（五）主体内容

1. 公司概述

简要说明公司名称、股东结构、商业模式、宗旨、治理框架、业务、管理理念、企业文化、战略规划、公司设施等基本情况，以及地址、联系方式等。

2. 产品或服务

精确描述公司要推出的产品或服务，重点描述产品或服务的用途和好处，同时应提供有关产品的专利权、著作权或政府批文等。

3. 市场分析

详细说明现在和将来的市场状况，提供充分的市场调查的数据和相关假设，描述市场的变化趋势和增长潜力，说明每个细分目标市场及其客户。

4. 竞争分析

分析现有和将来的竞争者、竞争者的强项和弱处，以及本公司的优势和战胜竞争对手的方法。若是进入一个已有竞争的市场，应分析竞争对手会对本公司的进入做出什么反应；若是进入一个新市场，要预测其他对手将如何跟进这个市场。

5. 营销策略

需对每个细分目标市场做出特定的营销计划，详细说明如何接触客户，如何争取客户使用公司的产品并保持市场占有率。

6. 管理团队

详细描述管理团队组成人员的背景材料，包括其经验、能力和专长。尤其要对总经理、技术主管、营销主管、财务主管等高层管理人员的人选情况进行说明。

7. 投资说明

针对投资形式明确且具体地阐述意见，如所需资金的额度及用途，以后融资的设想，风险投资参与投资后的股权分配情况及参与公司的管理的方式的计划。还可详细考虑到融资款项的运用、营运资金周转等，并预测未来3年的损益表、资产负债表和现金流量表。

8. 财务预测

需说明现有公司的财务报表、投资后5年的财务预测报表，投资需求及如何使用这些资金，以及每年的预算。做财务预测必须有一定的预测基础，切忌完全想象。

9. 风险因素

正面描述公司今后发展中可能面临的风险因素，并提出应对办法，如管理团队经验不足、市场发展的不确定性、技术开发不成功的可能、实验室阶段向批量化生产阶段转化的不确定性、关键人员的离职对企业的影响等。

10. 资本退出

说明希望风险投资的变现方式，如股票上市、股权转让给行业内大公司、股权回购等。

（六）附录

附录部分一般包括附件和附表两种形式的材料。附件如营业执照复印本、董事会名单及简历、主要经营团队名单及简历、专业术语说明、合同、专利证书/生产许可证/鉴定证书、注册商标、企业形象设计/宣传资料、市场调查问卷、产品市场成长预测图、简报及报道、场地租用证明、工艺流程图等；附表如主要产品目录、主要客户名单、主要供应商及经销商名单、主要设备清单、市场调查表、预估分析表、各种财务报表及财务预估表等。

以上是创业计划书的大体写作内容与结构，具体写作时应结合产品或服务的特殊性进行选择。

五、创业计划书的写作要求

1. 文字通俗，表述准确

创业计划书的读者不仅包括有技术背景的人，也包括希望吸纳进入团队的对象、可能的投资人、合作伙伴、供应商、顾客、政策机构等，因此，写作时的语言表述要考虑到这一点，尤其相关数据一定要科学、诚信、翔实。

2. 内容充实，重点突出

忌内容平均、混乱，缺乏重点和亮点。

3. 态度应实事求是

撰写创业计划书时，不应夸大企业或个人的优势，也不应缩小潜在的风险，应实事求是，科学严谨。

4. 排版规范，装帧整齐

计划书的排版应规范适度，这样会给风险投资者留下良好的第一印象，有助于进一步阅读。

例文评析

例 文

××奶茶店创业计划书

第一部分 摘要

【公司名称】××奶茶店

【主要产品】奶茶

【业务范围】销售奶茶、果汁、饮料等

【营销策略】

（1）促销计划和广告策略。

（2）价格策略。

【战略目标】

第一、第二年：建立自己的品牌，收回初期投资，积累无形资产，第二年后开始盈利。尽管在××大学城奶茶店很多，但是我们会提高公司知名度，使市场占有率最大化。预计本阶段在××大学城的市场占有率达到20%。

第三、第四年：进一步扩展公司项目，开发新品与规范流程两手抓。使公司拥有一定品牌影响，扩大公司影响范围，为以后占领更大市场打下基础。预计本阶段在××大学城的市场占有率达到60%以上。

第五、第六年：对公司进行进一步完善，扩大建设规模，随着公司不断壮大，在省内高校开始建立连锁分店。

【核心竞争力分析】

我公司推出的奶茶饮品结合了香飘飘、优乐美、相约等奶茶的各种优点，不仅注重产品的质量、口感、包装，更加注重对身体的调养，能真正做成健康、好喝的茶饮料。这是我们的优势，也是我们战胜其他品牌，战胜周围其他店面，成为"奶茶之王"的一个重要法宝。

【消费者特征与需求】

1. 消费者特征

青年人是主力军，调查显示，女性最常喝奶茶的比例高于男性，这与女性消费者看重奶茶饮品的健康、时尚特性不无关系。因为奶茶对皮肤有滋润美白功效，其中的椰果是粗纤维食品，既可以填饱肚子，又绝对不含脂肪，所以美容瘦身是女性多于男性选择奶茶的主要原因之一。

2. 消费者需求

奶茶的质量跟包装才是顾客最看中的，所以制作奶茶的每一道制造工序都会经过安检局的严格检验，绝不会出现掺假、缺斤少两的现象。

既然是奶茶店，就一定要保证店面的清洁与舒适，同时还要把店面布置得富有特色，不落俗套。由于消费者大都是年轻情侣，所以一定要给他们营造一个舒适、安静、浪漫、优雅的气氛，尽管是一杯奶茶，也能品出幸福的味道。可以开展一些有特色的促销活动，如情侣购买可赠送情侣对勺；买3杯以上获赠可爱的饰品。小店设计也要有自己的特色，如有卡通形象，或制造供情侣用的Y型吸管，或店名上方加几个漂亮温馨的粉色小射灯等。

第二部分　公司概述

【公司名称】××奶茶店

【公司类型】股份制公司

【公司宗旨】热情·竭诚·质优

【公司业务】

主营业务：奶茶

兼营业务：果汁、饮料

【经营理念】

以创新灵活的经营模式来吸引广大消费群体；

以无可挑剔的优质服务来满足广大消费群体；

以安全舒适的环境来方便广大消费群体；

以公益感恩的企业文化来回报广大消费群体。

【企业文化】

全心全意服务于广大的消费群体，让消费者在安全舒适的环境中体验轻松与美味。让奶茶的凉爽驱走你夏日的酷暑！让奶茶的温暖驱走冬日的严寒！

【独创性】

经过对广大消费群体的调研，对奶茶市场的独立分析，采取和广大消费群体间相互协作的方式，以浪漫的气氛、温馨的环境、选择的多样来营造具有思维和经营上的创新之处。

【设备】

封口机，封口膜，杯子，吸管，搅拌机，饮水机，容器

第三部分 产品介绍

珍珠奶茶发源于我国台湾省……（具体介绍略）

××奶茶店作为一家大学生自己创业的奶茶公司，具有独特的优势和劣势。

竞争优势是，大学生有灵活的头脑，以诚信为本，善于抓住市场。我们的消费主体是学生，价钱便宜合理又美味的奶茶对他们产生的吸引力是特别大的。大学生自主创业可以免税收，同时学校也可以提供相应的优惠条件和支持帮助，可以降低经营成本。经营过程中，创业学生既能积极参加社会实践，积累工作经验，又可因公司的盈利赚取工资，分享经营所带来的利润。

竞争劣势是，学生经营公司，缺乏经营管理经验与科学决策能力。而且缺乏雄厚的资金实力，前期资金投入少。同时在校区内附近已有几家奶茶经营店，其占有的市场份额对我们的业务开展具有一定的挑战。但既然选择了正确的经营方向，我们将把握我们独特的经营理念，不畏艰苦，以实事求是的态度和热情周到的服务去积极开展创业的道路。

第四部分 市场分析

一、客源市场分析

大多数学生会经常带着一杯奶茶逛街吃饭。

二、产品分析

产品投资小，利润大，可新增新奶茶品种，可兼售咖啡、果汁等饮料，生产工艺简单，利于投资和创业。以奶茶制作工艺的精湛、制作种类的多样为基础，提供给顾客最美味的奶茶产品和最满意的服务。

三、行业竞争状况分析

（1）附近主要的竞争品牌有七杯茶、避风塘、立顿。

（2）对于新开奶茶店学生会产生些新鲜感，且周边有 3 所高校，客源充足，消费潜力大。

（3）经调查，附近虽有几家奶茶店，但都只是传统意义上的珍珠奶茶，因此要扩大市场，我们也将变革创新，做市场的领军人，多元化产品结构，学习先进经营管理经验，可以融入果粒等发展新品种奶茶，从此提升竞争力。

四、营销策略

1．促销计划和广告策略

（1）宣销并进，采用优惠销售和赠送礼品等方式，在保证销量的同时，带动品牌的成长。

（2）对于不适合逛街的冬夏季，可推出购买 8 杯以上就送货上门活动，很适合宅在寝室的学生。

（3）为提高奶茶的知名度，进行广告宣传、邀请消费者免费试尝等策略。

2．价格策略

我们的奶茶，根据不同的口味及配料定价为 1.5～3 元一杯不等，这个价格对学生一族具有很大的吸引力。成本在 0.5 元一杯，所以我们会有足够的利润。

3．营销队伍和管理

提高前后台的有效协同的响应能力及科学规范的管理流程，提高店员的素质和职业习惯。

4．营销渠道

通过租用店铺经营奶茶店。

第五部分：生产规划

一、店面本身的情况

店面可位于每天人流量相当可观的繁华地段，面积需达到 40 平方米，且除了对外的店面外，还应有两间小房间，一间用来作为员工进行奶茶加工的工作室，另一间作为卫生间。

二、店面的装潢

店面装修关系到一家店的经营风格及外观的第一印象，因此装潢厂商的选择十分重要，装潢厂商必须要有相关店面的装潢经验。在装潢前请装潢公司先画图，包括平面图、立面图、侧面图、所要用的材质、颜色、尺寸大小等，都要事先注明清楚。

三、奶茶的制作和技术

1．制作原料（由供应商以最优价提供）

以奶茶为主要原料，加上珍珠、西米等，可根据不同口味要求选择合适的原料和设备（如封口机、封口膜、杯子、吸管、搅拌机、饮水机、容器、巴台匙、冰格、冰夹、密封罐等）。

2．制作奶茶的技术（随着研究的深入和进展不断变化和改进）

首先，统一安排免费技术培训（即如何做出美味的奶茶的技术）。

其次，自行充分掌握泡制奶茶的技术。在成功开店以及有原料也有现货之后，我们必须安排至少 5 天的时间做技术的熟练和产品的制作。

最后，后期技术更新。鉴于要进行自我研究新产品来赢取客人的喜好，我们要提前预订新样品和材料。同时提前商定时间进行技术实验。

3．培养创新能力

进行市场调研，不断推陈出新，促进产品的更新换代，满足消费需求。

4．产品投产计划

（1）初期投入资金进行宣传，保证质量赢取客人的信任及喜爱，确认主要的消费群体，要以良好的服务态度对待每一位顾客。

（2）经营一段时间以后，增加材料预定渠道。扩招店员（以在校大学生兼职为主）扩大产品生产规模。增加奶茶的产品种类和数量，同时提高质量。倘若经营旺盛可在其他大学附近开设分店。

（3）保证服务质量，提高服务水平。要求店内工作人员掌握必要的礼仪规范，如男女服务员的面容、着装礼仪，以及与顾客交流时的态度、方法等。

四、原料

果粉、奶精、奶茶粉、茶类、珍珠、椰果、新鲜水果等。

五、产品制造过程

消毒及原料预处理、溶解、定容、封盖、包装。

六、质量控制

保证奶茶的质量，新鲜、卫生、健康。

七、原料采购周期

一般定为 3～4 天。

第六部分　人员及组织结构

店长一名，收银员一名，服务员一名，调配师一名，封口员一名，采购员一名。

店长：负责管理人员及店内事务，必要时出面解决店内的纠纷。

收银员：负责收钱的人员。

服务员：负责店内的卫生及顾客的部分需求和建议。

调配师：负责调配各式奶茶产品以交给封口员。

封口员：负责用机器给每杯奶茶进行严格封口。

采购员：负责进行奶茶原料及包装等材料的采购工作。

第七部分　财务规划

一、融资情况

1．金融资本

主要用于购置原料、租赁门面、专修房屋、发放工资、宣传费用等。

2．资金来源

为满足本店的正常经营活动，合理配置资金结构，减少公司举债经营中可能发生的经营风险和财务风险。本店处于创业阶段，相当一部分资金依赖自有资本，所以大部分资金通过创业者自筹获得。

成本预算表（单位：元）

门面租金	24000
装修	30000
基本设备	23000
职工薪酬	51600
宣传费用	2400
合计	131000

（1）门面租金。

本店销售地点在××大学城内，初建门面总计为 40 平方米，按每月 2000 元算，租金共24000 元。

（2）装修。

本店初建期主要装修门面和室内，需购买吊顶、地砖、吧台、顶灯、店外灯箱、招牌、座椅等，其费用为 30000 元。

（3）基本设备。

封口机（200 元）、自动封口机（2600 元）、保温桶（280 元）、双层带调温功能电热桶（360 元）、奶茶机（2150 元）、电磁炉（360 元）、刨冰机（2300 元）、沙冰机（350 元）、冰淇淋机（8200 元）、双缸双温冷饮机（1950 元）、碎冰机（280）、制冰机（价格根据制冰量规格而定）。基本操作工具则包括树脂雪克杯、果粉勺、盎司杯、珍珠勺、果汁挤壶、真空密封罐、冲茶组架（含漏布）、冲茶袋、过漏网等，这些价格在几元到十几元不等。材料包括果粉、奶精、奶粉等。其总费用为 23000 元。

（4）职工薪酬。

收银员 800 元/月，服务员 1000 元/月，调配师 1000 元/月，封口员 700 元/月，采购员 800元/月。每年总费用为 51600 元。

（5）宣传费用。

传单、积分卡、会员卡，总费用为 2400 元。

具体原材料（单位：元）

封口膜	55 元
吸管	1.5 元/70 根
杯子	5.5 元/条
果粉	12 元/袋
奶精	13 元/袋
珍珠豆	13.5 元/袋
椰果	12 元/罐
茶粉	12 元/袋
奶茶粉	12 元/袋
总核算	0.5 元/杯

据计算，每杯奶茶成本为 0.5 元。

二、盈利能力分析

分析指标：销售利润率。

$$销售利润率=税后净利润/销售收入总额×100\%$$

销售利润率

项目	第一月	第二月	第三月
税后净利润/元	7200	10500	14400
销售收入总额/元	36000	42000	48000
销售净利润率/%	20	25	30

据调查估计第一月每天能卖 600 杯，第二月每天能卖 700 杯，第三月每天能卖 800 杯，每杯 2 元。

计算结果表明，我店未来 3 月的利润呈增加趋势，说明我店的经营情况比较乐观。

第八部分　风险分析

经营风险就是指在资本经营活动中所遇到或存在的某些不确定因素造成的经营活动的经营结果偏离预期可能性的风险。就目前而言，本奶茶店在经营活动中可能出现的风险大致可总结为市场风险、技术风险、管理风险和财务风险。

一、市场风险及对策

1．市场风险

在该奶茶店的创立阶段及经营过程中，该店可能会存在下列的市场风险。

（1）消费者对该店产品认知程度低，达不到该店营销目标所要求的知名度。

（2）学校附近步行街奶茶店数量较多，市场竞争激烈，使市场增长率下降。

（3）据调查，大多数学生喜欢去步行街上的星饮及七杯茶购买商品，因此新的奶茶店不能吸引预期数量的顾客，低于营销目标要求。

2．对策

（1）针对达不到营销目标所存在的风险，该店将主要把广告等促销活动做到位，在学校大力宣传达到理想的宣传效果，缩短消费者对该店及其产品的认知周期。

（2）发展特色服务，形成奶茶店的核心竞争力。采取各种营销手段，树立良好的品牌形象，迅速占领市场，在学生市场中形成良好的口碑效应。

（3）在奶茶的设计和店面管理上，着重突出创新，把设计创新作为公司的生命之源、力量之源。

（4）建立和完善市场信息反馈体系，定期在学校进行市场调查，及时把握市场变动的趋势，把握好消费者倾向。

二、技术风险及对策

该店尚处在创业初级阶段，在奶茶的设计和市场的要求方面还无法达到最完美的结合，同时在奶茶销售或经营过程中出现的设备低劣、技术人员的素质不高、无法找到价廉物美的原材料等问题都可能导致一定的技术风险。因此，对于这些技术风险的解决对该店的发展也是至关重要的一个环节。

三、管理风险及对策

奶茶店刚成立，成员相对缺乏对奶茶店的管理经验以及科学决策能力，不能对市场和管理有良好的认知和实践。因此，需要人员不断去其他优秀奶茶店学习深造，这样方能使公司可持续发展下去。

四、财务风险及对策

1．财务风险

成立初期，前期注入资金较少，信誉度比较低，在融资方面可能会存在资金不能及时到位等问题。

2．对策

（1）合理确定资本结构，控制债务规模。

（2）记录每天实际开支，监督费用的使用情况，使资金合理运用合乎公司运营的规划。制订有效的成本计划，做出准确的费用估算和预算。

（3）融资时我们要签订合同，严格规定双方的权利和义务。

（4）加强资金管理，降低人为财务风险，尽量达到最合理的资源配置。

（5）提高财务风险意识，降低主观意识中的财务风险。

（6）要以财务为核心，形成服务、消费、财务、市场、等各环节之间的统筹协调。

第九部分　附录

市场调查问卷（略）

简析：这是一份在校大学生创新创业计划书。本文只摘取了摘要和综述主体部分的内容。摘要中围绕创业项目的内容、特色、营销与发展战略、市场需求、竞争优势等几方面进行了简要的概述，使该项目的与众不同与发展潜力呈现出来。主体部分从公司与产品的介绍、市场分析、生产规划、人员构成、财务规划、风险分析等几方面详细、具体、辩证地进行综述，并最后附以市场调研相关材料，具有实践性和一定的可操作性。

思考训练

一、简答题

1．什么是创业计划书？

2．创业计划书的特点及注意规范有哪些？

3．创业计划书应怎样撰写？

二、写作练习

1．请结合你的个人特长和兴趣，为自己在大学校园里设想一份创业项目，并撰写创业计划书。

2．请你运用网络平台，提出一项与自己专业相关的具有市场前景的互联网创业项目，并完成一份完整、具体、可行性强的创业计划书。

第六章　礼仪文书

第一节　礼仪文书概述

学习目标与要求

1．了解礼仪文书的范畴。
2．了解礼仪文书的种类及特点。

知识点击

一、礼仪文书的概念

礼仪文书是人们在社交活动中经常使用的各种文书，是国家、机关、企事业单位、个人在喜庆、哀丧、欢迎、送别及其他社交场合中用以表示礼节，具有规范写作格式的文书。

二、礼仪文书的特点

1．社交性

礼仪文书不是指导工作的文书，是人们在社交活动中为礼尚往来而使用的文书，或为欢迎，或为邀请，或为祝贺。

2．礼节性

礼仪文书的措辞很注意礼节，它以优美、委婉、亲切、敬重的措辞为佳。不同的礼仪文书有不同的礼节性习惯用语。

3．规范性

礼仪文书的格式和制发有一定的规范性，如写作结构和信封写法，不同礼仪有不同的写作规范。国际交往中的礼仪文书的制发要求更加严格。

三、礼仪文书的种类

礼仪文书的种类很多，常用的是机关、团体、人民群众在节日和红白喜事中用的各种请柬、欢迎词、祝词、邀请函、开幕词、名片、贺信、感谢信、讣告、悼词等。下面只选择其中几种进行介绍。

第二节 邀请函 请柬 聘书

学习目标与要求

1. 了解邀请函、请柬、聘书的概念、特点与分类。
2. 熟练掌握邀请函、请柬、聘书的结构和写作规范。
3. 模拟写作，培养撰写邀请函、请柬、聘书解决实务的能力。

邀 请 函

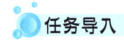任务导入

××学院为推动 2012 届毕业生的就业工作，拟举办一次春季校园招聘会，为此，特向有关企业发出邀请函，邀请企业参加学校的校园招聘会。假如你是学校就业办公室负责此项工作的老师，请问：邀请函该怎样完成？

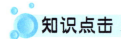知识点击

一、邀请函的概念

邀请函是邀请亲朋好友或知名人士、专家等参加某项活动时所发的邀请类书信。在日常生活与工作中使用频率很高。

二、邀请函的特点

1. 对象的明确性
邀请函中被邀请的对象一般是明确的，因此写作时用语、称呼、事项等都应具有确指性。
2. 使用的礼仪性
邀请函表达的是对被邀人的邀请之意，属于礼仪性文书的一类，从内容到形式都具有鲜明的礼仪色彩。

三、邀请函的分类

（1）按性质划分，邀请函有商务邀请函和社交邀请函两类。
（2）按内容来分，邀请函有开业邀请函、会议邀请函、婚礼邀请函等。

四、邀请函的结构与写法
邀请函一般由标题、称谓、正文、落款四部分组成。
1. 标题
（1）直接以文种"邀请函"为标题。
（2）由礼仪活动名称和文种组成，如《××大学哲学系 2000 级毕业 20 周年同学会邀请函》。

（3）也可用双行正副标题，正标题用活动主题标语，副标题由礼仪活动名称和文种组成，如《网聚财富主角——阿里巴巴年终客户答谢会邀请函》。

2．称谓

标题下一行顶格书写称谓，可以直接写被邀请单位名称或个人姓名，个人姓名前可以用敬语，姓名后可以注明职务或职称，如"××公司"、"××先生/女士"、"尊敬的××总经理/校长/教授/市长"。

3．正文

邀请函的正文是指活动主办方正式告知被邀人举办活动的缘由、目的、事项及要求，写明活动的时间、地点、日程安排，并对被邀人发出得体、诚挚的邀请。

正文结尾处一般常用邀请惯用语，如"敬请光临"、"欢迎光临"等。

若附有票、券等物也应同邀请函一并送给邀请对象。有较为详细出席说明的，通常要另纸说明，避免邀请函写得过长。

4．落款

在正文右下方写明活动主办单位的全称和成文日期。

五、邀请函的写作要求

1．语言应有尊敬之意

邀请函的主要内容类似于通知，但又不同于通知行政命令的态度，而是多了几分商量的意思，所以用词上一定要礼貌。甚至有时开头还需解释一下自己不能亲自面邀的原因，以免引起不必要的误会。

2．邀请事项务必周详

邀请函是被邀人进行必要准备的一个依据，所以各种事宜一定要在邀请函上详尽显示出来，这样邀请对象可以有备而来，也使活动主办方减少一些意想不到的麻烦。

3．邀请函应提前发送

邀请函要使被邀人提前拿到邀请函，才可以对相关事务进行统筹安排，而不至于来不及准备事宜或拿到邀请函时已过期而参加不了活动。

4．注意区分文种属性

"邀请函"三字是完整的文种名称，与公文中的"函"是两种不同的文种，因此不宜拆开写成"关于邀请出席××活动的函"。

例文评析

例　文　一

同叙友谊，共话未来
——××公司年终客户答谢会邀请函

尊敬的××先生/女士：

过往的一年，我们用心搭建平台，您是我们关注和支持的财富主角。

新年即将来临，我们倾情实现网商大家庭的快乐相聚。为了感谢您一年来对××的大力支持，我们特于 2012 年 1 月 10 日 14:00 在青岛丽华酒店一楼合宜殿举办 2011 年度××公司客户答谢会，届时将有精彩的节目和丰厚的奖品等待着您，期待您的光临！

让我们同叙友谊，共话未来，迎接来年更多的财富，更多的快乐！

××公司

2012 年 1 月 1 日

简析：本邀请函明确了活动的主题，语言凝练得体，活动信息具体明白，邀请之意真挚热情。

例　文　二

2012 届毕业生校园招聘会邀请函

尊敬的用人单位：

首先感谢贵单位长期以来对我校就业工作的大力支持和帮助。

我校是一所具有 61 年历史的高等院校，地处美丽的××河畔，面向全国招生。开设了机械设计、自动化、电子工程、工程管理、旅游管理、工商管理、国际商务、艺术设计等 32 个专业，现有在校生 2 万余人。在教学中我校一贯重视学生的素质培养，视教学质量为生命线，视毕业生为我们的"产品"，毕业生代表学校的品牌。我校愿与贵单位建立长久的合作关系，尽我们一切努力为贵单位选才服务。

我校 2012 届应届毕业生 4000 余人，拟定于 2012 年 3 月 23 日举办"××学院 2012 届毕业生校园招聘会"，诚邀贵单位莅临参加，具体事项安排如下：

一、时间

2012 年 3 月 23 日 9:00～16:00，会期一天。

二、地点

××市××路××号××学院东门内图书馆一楼大厅。

三、其他相关事宜

1. 首次来校招聘的单位请带好工商营业执照（副本）及相关证明材料。

2. 因学校需要提前安排展位，请参会单位将参会回执单（见结尾处附件）于 2012 年 3 月 12 前传真至×××××××或发邮件至 jy2012@163.com。

3. 我校将免费为每个用人单位提供一个展位，并免费提供工作午餐。

4. 联系人：刘老师　　联系电话：×××××××（传真）

诚挚欢迎各用人单位参加我校招聘会。

附件：参会回执单

参会回执单

单位名称		企业性质	
企业资质		单位地址	
参会人员		招聘岗位	
需求专业		拟招聘人数	
备注事项			

××学院就业办公室

2012 年 3 月 9 日

简析：本邀请函邀请事项明确，格式规范，逻辑清晰，具体参会信息与附件使得被邀人的准备工作操作性强，回执附件更有利于具体工作的安排。

 **思考训练**

一、简答题

1. 什么时情形下可以考虑用邀请函？

2. 邀请函的特点有哪些？

3. 邀请函的写作规范是怎样的？写作时应注意哪些事项？

二、改错题

指出下列邀请函的问题，并予以修改。

1.
邀请函

××消防大队×××指导员：

为给大学生加强防火教育，严肃校风校纪，经我校领导研究决定，2012年9月中旬拟在我校开展一次防火演练活动。在此期间，盼你能百忙之中拜访我校，为我校大学生上一堂防火宣传知识讲座课，时间大概定于9月11日。

此致

敬礼

××大学校长××（签字）

2.
关于发出生日邀请的函

各位同仁：

本周六是鄙人的生日，拟定于周六晚18:00在海景酒店宴请各位共同庆祝生日，届时请各位准时参加。

×××
5.4 周三

三、写作练习

1. ××大学为丰富大学生的课余艺术文化生活，想邀请当地著名书画家到校为学生举办一次书画讲座。请你代替学校完成此次邀请函的写作。

2. 假如你已从大学毕业15年，请你以你们系××级毕业生同学会筹委会的名义给全国各地的同学发出邀请，具体事宜请拟定。

请　柬

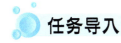 **任务导入**

今年4月份××公司要举办公司创办20周年大型庆祝活动，公司列出活动开幕式邀请名单，假如你是公司承办开幕式的部门领导，你该如何发出邀请？

知识点击

一、请柬的概念

请柬，又称柬帖、请帖，是机关、团体或个人为邀请有关单位或人员参加会议、庆典或其他重要活动而专门制发的一种礼仪文书。

请柬可以说是简便的邀请书，在社会交际中用途广泛，会议、庆典、宴饮、晚会、开幕与闭幕等很多重要或礼仪活动，用请柬邀请宾客，既可表达对被邀请者的尊重与诚意，也可表达邀请者对活动的郑重态度。

二、请柬的特点

1. 对象的确指性

请柬的发送对象都是特定的单位或个人。

2. 内容的告知性

请柬的主要目的是要告知被邀人所参加活动的有关情况，因此一定要把活动的时间、地点、内容和要求等要素准确写明。

3. 态度的郑重性

请柬比邀请函更为郑重，即使被邀人近在咫尺，也须送请柬。凡属较隆重的喜庆活动，邀请客人均以请柬为准。

4. 款式的艺术性

请柬除了一般应用文的实用价值外，还具有特殊的艺术价值。一般会在装帧、款式设计上讲究艺术性，如多见表示庄重的红色，常用书法、绘画、剪纸等艺术方式来装饰请柬。一帧精美的请柬会使被邀人感到亲切和愉快。

5. 发送的适时性

请柬的发送时间要讲究，发送过早被邀人易忘记，发送过迟，被邀人来不及准备。

三、请柬的分类

常见的请柬分类有以下几种。

1. 从形式上分

（1）卡片式请柬，是用一张硬卡片，正面印上卡片名称（如宴会卡片）和美术图案，背面空白，用于书写邀请事项。卡片式请柬较简朴，常用于一般的交际关系。

（2）折叠式请柬，是将卡片折叠起来，分为内外两部分。外面一面是请柬的名称（如晚会卡片）和精美图案，里面空白，用于书写邀请事项。折叠式请柬显得更为庄重、精美，加上考究的装帧，更易形成礼仪气氛。根据开启方式不同，又分为左开式、右开式、下开式、镂空式等。

2. 从书写方式上分

（1）竖式请柬，是由右向左纵向书写的请柬，是传统的形式，也称中式请柬。

（2）横式请柬，是按当代人们横向阅读书写习惯的养成而多起来的一种形式，也称西式请柬。

3. 从内容上分

（1）喜庆请柬，指用于婚嫁、满月、寿辰、开业、乔迁、庆典等庆祝活动的请柬。

（2）丧葬请柬，是一种报丧请柬，一般白纸黑字，美术装饰也用与丧葬礼仪相协调的图案和颜色，制作以素雅为特征，一定要体现庄严肃穆的气氛。

（3）日常应酬请柬，除上述两类请柬之外的其他活动的请柬，如聚会请柬、仪式请柬、会议请柬、参展请柬等。

四、请柬的结构与写法

无论用何种形式的请柬，其结构基本相同，包括标题、称谓、正文、落款四部分。

1. 标题

请柬的标题一般写在封面，即卡片式请柬的正面或折叠式请柬的外面，有时也可写在卡片式请柬的背面或折叠式请柬的里面上部居中位置，如《请柬》、《请帖》。标题一般会做些艺术加工，如采用名家书法、字面烫金或加以图案装饰等。

除请柬的标题之外，称谓、正文、落款几部分一般都写在卡片式请柬的背面或折叠式请柬的里面。

2. 称谓

第一行或标题下第一行，顶格书写被邀请者的名称或姓名。单位名称需用全称，个人姓名前可加敬语，后可缀职务职称或其他得体称呼，如"尊敬的××先生/女士/小姐"、"尊敬的××校长/局长"、"尊敬的××教授"。

3. 正文

写明邀请事由，如座谈会、联欢晚会、展览会、企业开张、婚礼、生日宴会、寿诞等。交代清楚活动的具体时间、地点、活动内容及应知或注意事项等。

结尾处要写上惯用敬语，如"敬请参加"、"敬请届时光临"、"此致敬礼"或"顺致敬意"等。

4. 落款

在正文的下一行右边署上邀请者的单位名称或个人姓名，下一行再写上发出邀请的年月日。

五、请柬的写作要求

1. 用语求其"达"

请柬的文字容量很有限，因此，简洁的用语务必要通顺明白，不要堆砌辞藻或套用公式化语言。

2. 表意求其"雅"

请柬是礼仪交往的媒介，要讲究文字美，乏味或浮华的语言会使人很不舒服。

3. 叙述求其"顺"

请柬文字尽量用新的、活的通俗语言，不可为求"雅"二刻意追求古文言，雅致的文言词语可偶尔一用，但需恰到好处。

例文评析

例 文 一

请 柬

×××先生：

兹定于 2011 年 9 月 15 日晚 19:00～21:00 在市政协礼堂举行仲秋茶话会，届时敬请光临。
顺致

敬意

××市政治协商会
2011 年 9 月 12 日

简析： 这份请柬是政协邀请有关人士仲秋聚会所发的。时间、地点、活动内容在简短的一句话中一一表达出来，简洁明确。既庄重、喜庆又表达了尊重。

例 文 二

请 柬

××公司开业十周年庆典活动　　　　　　请 柬　　　　　　二○一一年九月二日　××公司　　届时敬请光临。　十五时，我公司开业十周年庆典活动假座于亚洲国际大酒店一楼宴会厅举行。　兹定于二○一一年九月十日（星期六）下午　××公司××经理：

简析： 这是一份折叠式的会议请柬。请柬设计精美大方，封面名称醒目，用语庄重文雅，具体明确了参加会议的时间和地点。

例 文 三

请 柬

尊敬的××先生/女士/小姐：

　　我公司创办 20 周年大型庆祝活动开幕仪式定于 2013 年 4 月 8 日（星期一）上午 9:28 在公司励志礼堂（日照市××路××号××公司南门内路左励志礼堂）举行。诚邀您届时莅临指导。

　　此致

敬礼

××公司
2013 年 4 月 3 日

简析：这是一份庆祝活动开幕式的喜庆类请柬，本请柬格式规范，语言得体，时间、地点等细节完备，值得借鉴。

 **思考训练**

一、简答题

1. 请柬有哪些特点需要注意？

2. 请柬的写作规范是怎样的？

3. 请柬写作时该注意哪些问题？

二、改错题

指出下列请柬写作中的问题，并予以修改。

关于庆功会的请柬

刘教授：

在您的大力协助下，我公司生产的××型计算机在今年全国质量评比中获奖。现决定于2012年10月15日在××酒店开个庆功会，邀您赴会！

××公司：总经理刘××（签字）

三、写作练习

1. ××学院学生会想请校领导赵校长参加文艺晚会，请你代学生会写一份请柬。

2. ××公司2013年10月15日将在××酒家××宴会厅举行公司成立30周年庆祝大会，拟邀请王××教授参加。请代该公司拟写一份请柬。

3. 张朔（先生）和严彦（女士）将于2012年11月18日（星期日）下午6点在××路海华大酒店举行结婚典礼，请你代夫妻俩给三表哥马云龙夫妇发一份请柬。

 **知识拓展**

邀请函与请柬

邀请函与请柬，均是对客人发出邀请时使用的专用礼仪信函。在当今社会组织的公共关系活动中，邀请函和请柬的应用非常广泛和频繁，是社会礼仪交际的重要媒介和平台。二者都需注意对象的确指性与制发的礼仪性。但二者仍有着明显差异，写作时不可混淆使用。

1. 内涵性质不同

邀请函一般用于公务活动，对邀请对象有具体的工作任务与要求，如学术研讨会、科技成果鉴定会等，邀请函的内容更具体、详细、朴实。而请柬可公私兼用，一般是为礼仪性、例行性、娱乐性活动发出的，如庆典、娱乐、晚会等，邀请对象一般只需出席、捧场即可，不承担具体的工作任务。

2. 邀请对象不同

邀请函的邀请对象较宽泛，往往不能确指，被邀请的人员是某个行业或更大的范围。邀请对象与主人是宾主关系。请柬邀请对象一般都是上级领导、专家、社会名流、兄弟单位代表、友好亲朋等，邀请对象与主人有时存在着上下级关系或管理和被管理的关系。

3．写作要素不同

邀请函往往对事宜的内容、项目、程序、要求、作用、意义做出介绍和说明，结构复杂、篇幅较长，文尾还要附着邀请者的联络方式，且以回执或报名的形式要求被邀请者回复是否接受邀请。而请柬则内容单一、结构简单、篇幅短小，用三两句话写清活动的名称、时间、地点等内容要素即可。

4．语言特征不同

邀请函的文字容量大于请柬，邀请函的语言要准确、明白和平实。而请柬的文字容量有限，要十分讲究对文字的推敲，请柬的语言务必简洁、庄重和文雅。

5．制作形式不同

邀请函大多直接用 A4 纸打印。请柬则要求精心设计，制作精美，通常有封面、有内页。

 辨析训练

1．你所在的公司要举办一场新季度产品发布会，想邀请同行业的企业和媒体前来参加，应怎样发出邀请？

2．下个月 15 号是你 18 岁生日，你想举办一场隆重的成年典礼并邀请你的朋友和长辈一起来见证你的成年礼，该如何发出邀请？

聘   书

任务导入

新学期伊始，××大学校学生会干部面临新一轮换届选举，经过一个多月的竞选与评选工作，换届工作终于尘埃落定，校团委拟召开新一届学生会扩大会议，公开新一届领导班子并颁发干部聘书。请你代表校团委为学习部部长制发聘书。

知识点击

一、聘书的概念

聘书，也称聘请书，它是机关、团体、企事业单位用于聘请某些有专业特长或名望权威的人完成某项任务或担任某种职务时的礼仪书信。

应聘者接到聘书就等于必须为自己所聘的职务、工作负有责任，会尽力做好自己的工作。因为聘书是出于对受聘人极大的信任和尊重才发出的，这无形中就加强了受聘人的责任感。聘书把人才和用人单位很好地联系了起来，它体现了二者之间的郑重其事、信任和守约。

二、聘书的特点

1．证明性

聘任某人担任某职或从事某项工作的聘书，是聘任方与被聘方互相选择的结果，是聘任方对受聘者身份和业务水平以及工作能力的一种认可，这意味着受聘者与聘用单位之间存在着

某种约定关系，受聘者必须按照聘任单位的要求履行其职责。

2．严肃性

聘书是受聘者上岗工作的凭证，也是用人单位衡量受聘人员是否履行职责、是否完成任务的依据。因此其制发必须规范、严肃。聘书往往是以聘用单位名义加盖公章，按一定格式写成的，并且常在某种公开场合由聘用单位负责人当面颁发给受聘者。

三、聘书的结构与写法

完整的聘书一般由标题、称谓、正文、落款四部分组成。

1．标题

往往在正中写上“聘书”或“聘请书”等字样。已印制好的聘书标题往往用大写或烫金的“聘书”字样组成。

2．称谓

标题下一行顶格书写受聘人姓名，一般姓名后要加职务、职称或“先生”、“同志”、“女士”等后缀，再加冒号。

已印制好的聘书大都在标题下一行空两格直接写“兹聘请×××同志……”。

3．正文

聘书正文一般包括聘请缘由，受聘人承担的具体职务、职责、权限、待遇，聘期起止时间，以及聘用单位对受聘人的要求或希望等。

聘书正文的写法繁简不一，可只写受聘人承担的职务，不写职责任务、聘期待遇。也可分条列项具体写清需在聘书上说明的更详细的内容。

结尾处一般要另起一行空两格，写上如“此聘”、“特授此证”等字样，后面不需加标点符号。聘书也可不写结语。

4．落款

在正文右下方署上聘请单位名称或单位负责人姓名与制发时间，同时要加盖公章。

四、聘书的写作要求

1．内容清楚

聘书正文中应对聘请担任的职务名称、时限、报酬等主要项目必须交代清楚，不能模糊笼统。

2．态度郑重

聘书制发应郑重严肃，用语要谦恭得体、简练准确，书写要整洁、大方、美观，从整体上要呈现庄重感和诚恳性。

3．格式规范

聘书的书信格式应严谨规范，署名处一定要加盖聘任单位的公章，方视为有效。

例文评析

例　文　一

聘　　书

赵亮同志：

兹聘请您为××家电集团维修部总工程师兼主任，聘期自××××年×月×日至××××

年×月×日，聘任期间享受集团高级工程师全额工资待遇。

此聘

××家电集团(章)

××××年×月×日

简析：本聘书结构完整、格式规范，正文对被聘者的职务名称、聘期、工资待遇做了清晰简练的表述。可以用作简单聘书的不错借鉴。

例 文 二

聘 书

×××教授：

为提高我院的科研水平，本院成立了科研项目评估委员会，特聘请您为该委员会学术顾问，指导我院的科研工作。聘期为两年。

此聘

××学院（公章）

2013 年 5 月 10 日

简析：本聘书正文中先简要说明了聘任原因，然后对聘任的职务名称、职责、聘期进行了具体说明，落款处加盖单位公章，写作格式规范完整，用语谨慎严肃。

例 文 三

聘 书

兹聘郝志同学为××大学学生会学习部部长，聘期一年，自 2011 年 9 月 15 日至 2012 年 9 月 15 日止。

此聘

共青团××大学委员会（公章）　　　　　　　　　　××大学学生联合会（公章）

2011 年 9 月 15 日

简析：本聘书采用了学校统一印制的聘书模板，只需填写受聘人、聘期、聘任起止时间等具体信息，属于两个机构的联合聘任书。是已印制聘书的规范使用结构，可参考借鉴。

 思考训练

一、简答题

1. 聘书在什么情形下使用？它有怎样的作用？

2. 聘书的一般结构有几部分？主体内容应写明哪些事项？

3. 聘书有何特点？写作要求有哪些？

二、写作练习

1．××大学成立了国学书院，拟聘××教授做顾问，请你以国学书院的名义写一份聘书，其他聘用内容可自拟。

2．邹××先生德艺双馨，在艺术界具有极高的影响力，××书画社拟聘邹先生做社里的艺术顾问，参与指导书画社开展工作，聘期自 2011 年 6 月 19 日至 2014 年 6 月 18 日。

第三节 感谢信 慰问信

学习目标与要求

1．了解感谢信、慰问信的概念、特点和分类。

2．熟练掌握感谢信、慰问信的结构和写作规范。

3．模拟写作，培养撰写感谢信、慰问信解决实务的能力。

感 谢 信

任务导入

××公司员工张××10 月 25 日在怡和公寓的四川菜馆吃饭时，不慎将手提包遗落在饭桌上，包里有近万元现金、钱包、信用卡、公司印章、材料等重要物件。寻找一下午无果，很是着急，正当公司要对外发表声明公章作废时，公安局电话告知××学院大学生常××拾到丢失提包。经核实，包里的东西都没有丢失。为表谢意，公司拿出 1000 元现金表示感谢，但被常××同学拒绝。事后，公司给××学院校领导写了一封感谢信，以感谢常××同学以及学校对学生的培养。请以公司名义撰写这封感谢信。

知识点击

一、感谢信的概念

感谢信是重要的礼仪文书，是向帮助、关心和支持过自己的集体（党政机关、企事业单位、社会团体等）或个人表示感谢的专业书信。具有感谢和表扬双重意思。

二、感谢信的特点

1．感谢对象特定

感谢信必须有具体确切的感谢对象，让大家都清楚是在感谢谁。

2．感谢事实真实

感谢信里涉及的事情已为既成事实，时间、地点、事件经过等都应实事求是。

3．感谢情感真挚

感谢之情应发自内心，感情饱满、朴素真挚、真诚深切，但语气不应过于卑屈。

4．表述格式规范

感谢信的写作格式是书信体，应注意礼仪书信的规范格式与用语；篇幅不需过长，表述要简洁。

5．表达方式多样

感谢信可以通过媒体公开外发，也可直接送达给感谢对象，因此，可以是媒体发布的形式，也可是大纸张书法书写的形式。

三、感谢信的分类

感谢信依据不同的标准可以有不同的分法。

1．按感谢对象的特点来分

（1）写给集体的感谢信。这类感谢信一般是个人处于困境时，得到了集体的帮助，并在集体的关心和支持下，自己最终克服了困难、渡过了难关、摆脱了困境，所以要用感谢信的方式表达自己的感激之情。

（2）写给个人的感谢信。这类感谢信是个人、单位或是集体为了感谢某个人曾经给予的帮助或照顾而写的。

2．按感谢信的存在形式来分

（1）公开张贴的感谢信。这种感谢信包括可在报社刊登、电台广播或电视台播报的感谢信，是一种可以公开张贴的感谢信。

（2）直接送达的感谢信。这种感谢信直接寄给或送给单位、集体或个人。

四、感谢信的结构与写法

感谢信一般由标题、称谓、正文、落款四部分构成。

1．标题

可只写"感谢信"三字；也可由感谢对象和文种构成，如《致××同学的感谢信》、《致××物业公司的感谢信》；还可再加上感谢者，如《赵明全家致××社区居委会的感谢信》。

2．称谓

称谓写感谢对象的单位名称或个人姓名，如"××交警大队"、"刘××同志/先生/女士"。称谓前可加敬语，称谓后应加冒号。

3．正文

正文主要写两层意思：一是写感谢对方的理由，即"为什么感谢"；二是直接表达感谢之意。

（1）感谢理由。首先应概括叙述对方的帮助，交代清楚人物、时间、地点，因何原因，做了什么好事，对本人或单位有何支持和帮助等基本情况；然后对对方的帮助做恰贴、诚恳的评价，如思想、品德、风格等，以揭示其精神实质、肯定对方的行为。在叙述和评价的字里行间要自然渗透感激之情。

（2）表达谢意。在叙事和评论的基础上直接对对方表达感谢之意，根据情况也可在表达谢意之后表示以实际行动向对方学习的态度。

（3）结语。一般另起一行空两格，可用"此致敬礼"或"再次表示诚挚的感谢"之类的话，也可不写结语。

4．落款

在正文右下方写清感谢者的单位名称或个人姓名和写信的时间。

五、感谢信的写作要求

（1）内容要真实，叙事应简明。

（2）评价颂扬要得体，既不过分又有一定高度。

（3）表达谢意要真挚自然，不矫揉造作。

（4）以说明事实为主，切勿不着边际地议论或抒情。

例文评析

例 文 一

受资助贫困大学生的感谢信

××××的各位领导：

　　您好！

　　获得××大学生助学创业基金的资助，我们感到非常荣幸与激动，感谢××对我们的关心与帮助，我们代表全家向您表示衷心的感谢！祝您好人一生平安！

　　2010 年 9 月，我们怀着对未来的美好憧憬走进××大学，载着父母恩师的希望与嘱托，开始了为期 4 年的大学生活。大学是人生中最为重要的阶段，在这里，我们将接受最后一次最为系统、全面的教育，也是我最后一次在如此宽松的环境中学习、生活。于我们来说，有意义地度过大学生活，才能更好地实现人生梦想。

　　但我们的家庭经济状况都不是很好，父母为了我们，操了太多的心，流了太多的血汗，他们含辛茹苦地养育我们，供我们上学读书，期待我们有一天能够出人头地，用知识改变命运。只要一想起他们对我们毫无保留的付出，我们就会生出无限的信念和勇气：好好学习，将来找份好工作，挣钱孝敬父母。

　　就在我们遇到困难的时候，××向我们伸出了援助之手，将大学生助学创业基金发放到我们手中，为我们解决了困难，这让我们心怀感恩。人生道路漫漫，可我们并不孤单，在我们身边，还有××的陪伴，不管前面有多少坎坷泥泞，我们都能跨过去。××给予我们的关心与帮助，将成为我们前进的最大动力。您不仅在物质上支持着我们，在精神上也鼓励着我们，使我们前进的步伐更加自信、坚定！我们唯有努力学习，才能以优异的成绩回报××，回报社会，回报所有关心我们的好心人。

　　最后，祝××的事业更加兴旺！

　　此致

最诚挚的敬礼

××大学受资助学生（集体签名）

2013 年 10 月 11 日

　　简析：这是一份集体转达给集体的感谢信，是被资助大学生集体给资助公司写的一份感谢信。信中表达了大学生们对公司的深深谢意。行文中，首先表达了大学生们对帮助者的感谢和祝福之意，然后概述了大学对年轻人人生的意义、自身的家庭经济困难以及对方的帮助和支持，之后评价了这种帮助的特殊意义和价值，并做出以努力学习与优异表现回报社会的决心。语言朴实真挚，内容结构规范。

例 文 二

<h2 style="text-align:center">致首都市民的感谢信</h2>

尊敬的市民朋友们：

在举世瞩目的 APEC 会议取得圆满成功之际，中共北京市委、北京市人民政府向市民朋友们表示衷心的感谢和崇高的敬意！

APEC 会议是继 2008 年奥运会后在国内主办的规模最大、级别最高的重大国际多边活动。完成好会议的服务保障工作，是全体市民共同承担的又一项重大政治任务。在党中央、国务院的坚强领导下，在中央有关部门、兄弟省区市的大力支持下，市民朋友们为 APEC 会议的成功举办做出了积极贡献，赢得了各方面的广泛赞誉。

会议期间，全体市民顾全大局、无私奉献，以热情好客、开放大气的精神风貌和良好素质，全力保证了服务保障优质高效、城市交通安全顺畅、市容环境整洁美观、社会氛围喜庆祥和，充分展示了新时期首都市民的良好风尚。市民朋友们的积极参与和无私奉献为国家、民族和首都赢得了荣誉，值得全市人民骄傲和自豪！

市委市政府不会忘记全体市民对我们工作的全力支持和帮助，我们将在今后的工作中加倍努力，全心全意地为市民朋友们服务好，为把北京建设成为国际一流的和谐宜居之都，为市民朋友们的幸福安康而不懈奋斗！

再一次真诚感谢全体市民的参与和奉献！祝愿首都北京明天更加美好！祝愿伟大祖国繁荣昌盛！

中共北京市委　北京市人民政府
2014 年 11 月 12 日
（资料来源：http://3g.163.com．有改动．）

简析： 这是一篇典型的公示性感谢信。感谢信饱含深情地概述并评价了全体市民对 APEC 会议做出的贡献，表达了市委市政府对全体市民由衷的感谢，并以今后为城市建设的不懈努力作为向市民和社会最好的感谢回馈。语言简洁凝练，感谢之意朴素深挚。此篇写作很值得借鉴和学习。

例 文 三

<h2 style="text-align:center">感 谢 信</h2>

××学院：

我公司员工张××，10 月 25 日在兰雅公寓的东北菜馆里吃饭时，不慎将手提包遗落在饭桌上，包里有近万元现金、钱包、信用卡、公司印章、材料等。事后往返几次走过的地方都寻找无果，很是着急。下午 4 点左右，公司正准备进行印章挂失作废说明时，接到公安局电话，方得知手提包被贵校一名大学生捡到，经核实，这位同学是贵校艺术设计学院大一的常××同学。公司在第一时间和常××同学取得了联系并拿回了失物，包里的东西一样都没少。为表达最深切的谢意，公司拿出 1000 元现金表示感谢，但被拒绝了，常同学说这是每个人都应该做到的。

在此，我公司对常××同学急人所急、想人所想、拾金不昧的崇高风尚深表敬意和感谢，并在公司例会上，号召全体员工向常××同学学习。同时，我们对贵校表示真心感谢，感谢贵校对学生综合素质的培养，相信贵校培养出来的学生一定德智双全，必将成为国家的栋梁之才。

最后，我代表公司全体员工对贵校和常××同学表示最真心的感谢。

北京××公司

总经理王××

2011 年 11 月 25 日

简析：这是以公司经理的个人名义给学校的一封公开感谢信。信中较为详尽地概述了感谢的缘由，如时间、地点、事件的起因、经过和结果，对常××同学的拾金不昧的行为和精神给予了高度肯定和赞誉，并表明已号召向其学习的公司决定，最后向学校和常同学都表达了诚挚的谢意。无论内容，还是结果，都符合感谢信的一般写法，字里行间洋溢着感激之情。

 思考训练

一、简答题

1. 什么是感谢信？感谢信的特点有哪些？
2. 感谢信写作结构与要求应注意哪些问题？

二、改错题

请指出下面感谢信写作上的问题，并予以修改。

1.

感谢信

为帮助我系举办艺术节排练节目，你们及时给我们派来了两位老师，协助编排歌舞和演唱。总的来说，他们工作认真，亲自示范，耐心指导。在两位老师的帮助下，我系的艺术节获得了很大成功。

虽然两位老师已经回到自己的工作岗位，但希望他们能把自己诲人不倦、脚踏实地的工作作风带回去，能在自己的岗位上继续发光发热。我们谨代表贵系全体师生向二位老师及你们表示衷心感谢，并希望今后继续得到贵系难得的支援。

祝老师们身体健康！

××学院机械系（公章）

2013.4.9

2.

致××大学

××大学党委：

今年暑假，贵校 108 名学员到我部见习锻炼，在短短的一个月时间里，给我们留下了深刻印象。为此，特致信表谢意！

通过一个月来的实践锻炼，学员们基本上达到了贵校提出的锻炼自己、增长见识、缩短距离的要求。见习时间虽短，但个人能力都有了大幅度提升。希望他们以后能为团队建设做出应有的贡献。

预祝你们以后能培养出更多更好的人才。

此致敬礼

×× 炮兵第 × 团委

九月一日

三、写作练习

1. 请给你的父母或老师写一封感谢信，感谢他们多年来对你的……

2. 梁 ×× 是 ×× 职业学院的一名实习生，3 月 1 日～6 月 28 日在 ×× 集团 ×× 部实习，实习期间主任和同事们对他业务上的悉心无私的指导、生活上无微不至的关照，都让他感激不尽。临行前为表达自己的感谢，梁 ×× 要给曾经一起共事 4 个月的 ×× 部所有同事们送上一封感谢信，请为梁 ×× 完成写作。

 **知识拓展**

感谢信与表扬信的异同

感谢信与表扬信，两者都是对别人的某种行为的肯定与表扬。但二者不能混用，原因如下。

（1）侧重点不同。表扬信是侧重表扬某人，表扬某人做了什么好事；而感谢信则是表达对某人帮助的感谢。

（2）发出者不同。表扬信可以是受惠者，也可以是第三者所写的；但感谢信应是当事人自己写的。

（3）送达者不同。感谢信一般是写给做好事者本人或其单位领导；表扬信，可以是给好事者本人或其单位领导，也可以写给有关新闻单位，如报社、电台、电视台。

 **辨析训练**

材料：×× 大学的一名新生的家长，8 月 27 日送孩子到学校报到时，慌乱之中把随身携带的手包遗失，内有个人证件、银行卡数份、一部手机及人民币 8000 元，家长非常着急，孩子的报到还没落实，丢失的证件几乎都是最重要的出行和报到所用。大概有半个小时的时间，学校广播站播报了一条招领启事，经核对，正是他遗失的手包，手包被 ×× 大学一名大学生拾到，包内的东西一样都不少。但可惜拾到手包的学生并未留下自己的任何信息，家长试图通过广播寻找拾到手包的大学生，但仍没有消息。在孩子顺利报到后，家长要离校回家了，但仍心中惦念那个拾金不昧的大学生。因此，家长到校长办公室说明了事情的经过和自己深深的谢意……

请你结合材料，从不同角度，分别写一封感谢信和表扬信。

慰 问 信

 **任务导入**

今年夏天，当地连续多天持续高温，甚至高达 42℃，即便如此仍有很多人在高温下坚持工作，×× 物业管理有限公司的领导们为此特向公司工作在一线的员工表示慰问。除了物质上的

表达之外，请你代公司写一封慰问信。

知识点击

一、慰问信的概念

慰问信是以组织或个人的名义向有关集体或个人表示慰问、关怀、致意的礼仪书信。双方一般为同级或上下级关系。

二、慰问信的特点

1．发文的公开性

慰问信可以直接寄给本人，但大多是以张贴、登报，或在电台、电视上播放的形式出现。

2．情感的沟通性

慰问信就是通过表达崇敬之情或关切之意的方式，来达成双方的情感交流和相互理解，情感的沟通是支撑慰问信的一个深层基础。

三、慰问信的分类

从慰问的对象和内容上来看，慰问信可分为以下几种。

1．给做出突出贡献的集体或个人写的慰问信（电）

这类慰问信主要是对那些承担了国家、社会或集体的艰巨任务并做出巨大贡献甚至牺牲自己，取得突出成绩的集体或个人表示慰问，如对抗洪抢险的解放军战士的慰问、对因公牺牲者的家属的慰问、对春节期间或高温下仍坚守岗位的工作者的慰问、对加班加点赶工程的员工的慰问等。

2．给遭受困难或蒙受损失的集体或个人写的慰问信（电）

这类慰问信通常是对那些因车祸、火灾、地震、暴雨等原因而遭到暂时困难或蒙受严重损失的集体或个人，表示同情和安慰，鼓励他们加倍努力，战胜困难，如对灾区人民的慰问、对贫困山区群众的慰问、对受灾国家的慰问、对病人的慰问等。

3．节日慰问信（电）

这类慰问信适合在节日时向对方表示问候和关心，如对员工的春节慰问、对全市或全国人民的慰问等。

四、慰问信的结构与写法

慰问信通常由标题、称谓、正文和落款四部分组成。

1．标题

首行居中，可只写文种"慰问信"；也可前加慰问双方或慰问对象，如《×××致×××的慰问信》、《致×××的慰问信》。

2．称谓

另起行顶格写被慰问的单位名称或个人姓名，若为个人，姓名后加上"先生"、"女士"、"同志"等称呼语。称谓后应加冒号。

3．正文

（1）慰问原因：简要交代慰问的背景与缘由，提起下文。

（2）慰问事项：较全面具体地叙述事实、表示慰问或学习。

（3）结语：结合形势提出希望，表示共同的愿望和决心，以勉励的话结束全文。也可加上祝福的话。

4．落款

一般写在右下角，先写姓名，在姓名下写日期。

五、慰问信的写作要求

1．对象明确、重点突出

慰问信要针对不同的慰问对象，选择写作重点。对做出突出贡献的集体或个人，应侧重于赞扬成绩；对遭到困难或重大损失的集体或个人，应侧重于表示关怀和帮助；对节日坚持工作的干部职工，应侧重于表示慰劳。

2．语言亲切、感情真挚

语言要亲切自然，有较强的抒情性和感染力；字里行间要洋溢着同志间的深厚感情，要充分体现组织的关心和温暖。

例文评析

例 文 一

致雅安地震灾区的慰问信

中共雅安市委、雅安市人民政府：

4月20日8时02分，雅安市芦山县7.0级地震给雅安市，特别是芦山县造成重大人员伤亡和财产损失。灾情传来，凉山人民感同身受，深表关切。在此，中共凉山州委、州人民政府和全州497万各族人民，谨向你们表示诚挚的慰问，向战斗在抗震救灾前线的广大干部群众、医护人员、人民解放军指战员、武警消防官兵和公安干警致以崇高的敬意！

雅安、凉山山水相连、人文相通，凉山人民和灾区人民心连心，灾区人民的困难就是我们的困难。州委、州政府派出的由40余名消防官兵、180余名应急民兵、50余名医护人员组成的首批抢险队伍抵达灾区投入救援，紧急调拨1000顶帐篷起运驰援灾区，500名武警官兵和18支公安民警应急分队完成集结即将奔赴灾区。

我们坚信，在党中央、国务院亲切关怀和省委、省政府坚强领导下，雅安市委、市政府一定能够带领灾区人民，弘扬伟大的抗震救灾精神，众志成城，顽强拼搏，尽快战胜这场重大地震灾害，早日恢复生产，重建美好家园，夺取抗震救灾全面胜利！

中共凉山州委凉山州人民政府

2013年4月20日

（资料来源：http://roll.sohu.com.）

简析：这是一封致遭受重大地震灾害的地区政府及灾区人民的慰问信。信中首先简要说明了慰问的地震受灾的背景、原因及受灾情况，其次对慰问的方式与提供的支持和帮助较为详细地进行了说明，最后表达了众志成城、重建灾区的希望和决心，以及对灾区人民的祝福。通篇感情充沛真挚，语言质朴、精练，慰问之情朴实，有着极强的感染力。

例 文 二

致奋战在高温一线员工的慰问信

全体同仁:

又至炎炎夏日,骄阳似火,酷暑难当,节节攀升的高温给大家的工作、生活带来极大的影响。广大一线的员工不畏高温一如既往地坚守在各自的岗位上,顽强拼搏,攻克难关,为公司的正常运营付出了艰辛的汗水。你们辛苦了!

在此,我谨代表公司向各个岗位坚持工作的员工表示衷心的感谢和深切的慰问!特别向奋斗在高温一线的员工致以最崇高的敬意!你们任劳任怨、恪尽职守、扎实工作、兢兢业业,以高昂的工作热情和认真负责的工作态度战斗在工作第一线,你们这种战高温、斗酷暑的精神可歌可颂。

高温仍将持续,任务依然艰巨,广大员工要时刻注意身体健康,做到劳逸结合,合理安排作息时间。各项目部应高度重视当前抗高温战酷暑工作,以人为本,深入一线,开展各种形式的防暑降温活动,采取必要的措施和方法,为员工安全度过酷暑提供保障。

我相信,广大员工一定能够继续发扬团结互助、顽强拼搏、迎难而上的精神,在确保安全的基础上圆满完成各项工作任务!

最后衷心祝愿各位同仁身体健康,平安度夏!

××物业管理有限公司
2012 年 7 月 23 日

简析:这是一封给为公司做出突出贡献的每位员工写的慰问信。整篇慰问信亲切而暖人,较全面地肯定了高温下仍坚守在工作一线的员工的付出与辛苦,并高度赞扬了员工的可贵精神,最后对相关部门提出服务好员工的要求,并表达迎难而上、共同克服的希望和决心。全文行文诚恳,充满关怀和盛情,措辞也恰到好处,充分表达了公司对员工的亲切关怀。

 **思考训练**

一、判断题

判断下列说法对错,并简要说明理由。

1. 慰问信可以用来对遇到重大损失和困难的群众、团体表示同情、问候、鼓励和关怀。

2. 慰问信是向辛勤工作的集体或个人表示慰劳、问候和致意的书信。

3. 慰问信只能以组织的名义写。

4. 节日期间对有关人员表示节日问候,也能用慰问信。

二、改错题

指出下列慰问信写作的问题,并予以修改。

王××:

分手两个多月,甚是惦念。昨日,我到陈××家才得知你患××病,已入院治疗。这种病我在一家医学杂志上看到过,要注意饮食调理,中药治疗效果较好,我不妨推荐你找中医看看。只要你治疗及时,想必很快痊愈。

祝你早日恢复健康!

好友:刘××
×月×日

三、选择说明题

选择并说明4个备选文种的区别。

对胜利、成绩、节日、生日等喜事表示庆祝的书信是（　　　）。

A．表扬信　　　　　B．感谢信　　　　　C．贺信　　　　　D．慰问信

四、写作练习

1．请你以××公司总经理谢××的名义，给公司全体员工写一封元旦节日的慰问信。

2．王××是市第一中学的一位物理老师，今年暑假因志愿参加××乡的抗洪抢险工作受伤入院，正逢开学之际，但伤病仍需住院治疗，王老师非常着急。学校得知后，由副校长亲自到院探望和慰问，除准备的礼物外，副校长还带去了学校的慰问信。请你代学校写一封慰问信。

第四节　开幕词　闭幕词

学习目标与要求

1．了解开幕词、闭幕词的概念、特点。

2．熟练掌握开幕词、闭幕词的结构和写作规范。

3．模拟写作，培养撰写开幕词、闭幕词解决实务的能力。

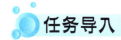

任务导入

××大学拟于2014年10月15～16日召开第十三届大学生秋季田径运动会，张校长要参加运动会的开幕式和闭幕式，并做重要讲话。王静怡是校长办公室文书干事，需为张校长写一份开幕词和闭幕词。请问：开幕词、闭幕词的写作需要了解哪些知识和规范？

开　幕　词

知识点击

一、开幕词的概念

开幕词是在重要会议或重大活动开始时，会议主持人或主要领导人讲话所用的文稿。

不论召开什么重要会议，或开展什么重要活动，按照惯例，主持人或主要领导人致开幕词是一个必不可少的程序，标志着会议或活动的正式开始。开幕词通常要阐明会议或活动的性质、宗旨、任务、要求和议程安排等，集中体现了大会或活动的指导思想，对会议或活动有着重要的指导作用。因此，会议或活动结束后，与会者传达会议或活动精神时，开幕词也是重要内容或依据之一。

二、开幕词的特点

1．宣告性和引导性

开幕词的内容必须能对会议或活动的基本精神、要求与安排做出简要的宣布，这样它指导作用才会实现。

2．简明性和口语化

开幕词要短小精悍、简洁明了，最忌长篇累牍、言不及义。语言应通俗、明快、上口，多使用祈使句，以表示祝贺和希望。

三、开幕词的结构与写法

开幕词通常由标题、称谓、正文三部分组成，具体写作规范如下。

1．标题

开幕词的标题一般有两种写法。

（1）由会议或活动名称加文种组成，如《中国共产党第十一次全国代表大会开幕词》、《第五届校园文化艺术节开幕词》。

（2）由致辞人姓名、会议或活动名称、文种组成，如《×××在××大会上的开幕词》。

2．称谓

称谓是对与会者的统称。一般根据会议的性质及与会者的身份确定称谓，在标题下行顶左格处，通常用"同志们"、"朋友们"、"各位代表"或"各位嘉宾"、"女士们，先生们"等，称谓后要加冒号。

3．正文

开幕词的正文可分为开头、主体、结尾三部分。

（1）开头。一般包括以下几项内容：宣布大会开幕；简要介绍会议的规模及与会者的身份等；对会议的召开表示祝贺，对与会人员和来宾表示欢迎。

（2）主体。是开幕词的核心部分，主要包括以下几方面内容：简述会议召开的背景，阐明会议的意义和指导思想；说明会议的性质、目的及主要任务；提出会议的主要议程及要求等。有时也可简单提出会议的奋斗目标及深远影响。

（3）结尾。一般另起一段用祝颂语或呼告语作结，如"预祝大会圆满成功"等。

四、开幕词的写作要求

开幕词写作时除注意简明性和口语化之外，还应注意以下几点。

（1）开头部分的表意较独立，即使只有一句话也要单独列为一个自然段，将其与主体部分分开。

（2）主体部分表述要明确，富有条理性，若议程明确，可将议程直接列项表达，并用序数标明；若议程不宜列项，则要对会议将要讨论的主要问题进行阐述。但只需要概括说明，点到为止。

（3）结束语要简短、有力，并要带有鼓动性、号召性和预祝性，把与会人员的积极性调动起来。

例文评析

例　文　一

在第四届"中国国际××展览会"开幕式上的讲话

女士们、先生们：

早上好！

中国××协会与我分会所属的上海市国际贸易信息和展览公司承办的"中国国际××展览会"今天在这里开幕了。我谨代表中国国际贸易促进委员会上海市分会、中国国际商会上海分会表示热烈祝贺！向前来上海参展的西班牙、比利时、中国台湾省、中国香港地区以及我国各省的中外厂商表示热烈的欢迎！

本届展览会将集中展示具有国际水准的各类××产品及生产设备，为来自全国各地的科技人员提供一次不出国的技术考察机会；同时，也为海内外同行共同切磋技艺创造了条件。

朋友们，同志们，上海是中国最重要的工业基地之一，也是经济、金融、贸易、科技和信息中心。上海作为长江流域乃至全国对外开放的重要窗口，将实行全方位的开放。我国政府已将浦东的开发开放列为中国今后 10 年发展的重点，上海南浦大桥的正式通车，将标志着浦东新区的开发已经进入实质性的启动阶段。上海将进一步改善投资环境，扩大与各国各地区的合作领域。我真诚地欢迎各位展商到上海的开发区和浦东新区参观，寻求贸易和投资机会，寻找合作伙伴。作为上海市的对外商会——中国国际贸易促进会上海市分会将为各位朋友提供卓有成效的服务。

最后，预祝本届"中国国际××展览会"圆满成功！感谢大家！

简析：这是展览会承办方负责人在大会开幕式上的开幕词。正文部分首先宣布开幕并对展览会的召开表示祝贺、对国内外来宾表示欢迎，进而对展览会的展示安排和意义做了简单说明，最后展望了展览会后的合作前景与目标。本文格式完整规范，语言概括精练。

例　文　二

××学院第十三届
大学生秋季田径运动会开幕词

尊敬的各位领导、老师、同学们：

在这秋高气爽的季节里，我们迎来了××学院第十三届秋季田径运动会，在此我谨代表学校对本届运动会的召开表示热烈的祝贺！

学校作为培养社会主义事业接班人的场所，必须全面贯彻党的教育方针，培养德、智、体、美、劳全面发展的人才。而学校体育是全面发展教育的重要组成部分，发展学校体育运动，有利于增强学生体质，促进学生身心健康发展。健康是人生的第一财富，是我们每个人学习科学文化知识和进行社会实践的保证，是青年人顺利完成学习任务的首要条件，没有健康的身体素质就无从适应时代的要求。因此，一个合格的×大学子必然是一个全面发展、能自我完善的学生，是一个无论在学习上，还是在运动场上都能勇攀高峰的人。我们举办运动会，就是为了进一步推动和促进学校群众性体育活动的发展，丰富校园体育文化生活，激励师生积极锻炼身体，增强体质，把学校体育工作推上一个新的台阶，从而更好地保证党的教育方针的全面贯彻实施。

近年来，随着我校体育工作的深入开展，我校学生在各级各类比赛中取得了许多优异的成绩。我校男子篮球队在历年的比赛中一直保持着良好的战绩，2005 年取得了山东省高校篮球联赛第二名的好成绩，在今年的预选赛中又获得男子普通组第一名，女子篮球也有较大突破，在今年的预选赛中获得女子普通组第二名。在省第十六届运动会高校田径比赛中，我校电气与自动化工程学院的吴雷同学在男子 100 米的决赛中，不畏强手，勇于拼搏，以 10"94 的好成绩夺取第六名。我校在健美操、排球、乒乓球、羽毛球等项目比赛中均取得优异成绩。借此机会，我代表全校师生向为学校取得荣誉、做出贡献的全体获奖运动员表示衷心感谢并致以崇高的敬意，向为我校学生运动做出贡献的教练员、老师们表示衷心感谢。

本届校运会又将充分展现我校素质教育和体育教育的新风采、新成果，也是我校体育运动水平的一次大检阅。体坛赛意浓，师生激情涌。全校 21 个院系均组队参赛，800 余名运动员将进行 26 个项目的角逐，从而形成了全校师生广泛参与、全民健身的可喜局面。

在此，我代表学校领导希望全体参赛运动员，本着"友谊第一，比赛第二"的精神，服从大会安排，尊重裁判，尊重其他选手，发扬顽强拼搏精神，赛出水平，赛出风格。希望全体裁判工作人员，本着"客观、公正、准确"的态度，严守规程，公正裁决，确保比赛工作顺利进行。希望全体工作人员忠于职守，热情服务，保障安全。希望全体观众文明守纪。

我相信，在全校师生的共同努力下，我校第十三届秋季运动会一定是一个文明、团结、胜利的运动会。最后，预祝全体运动员取得优异的成绩！预祝本届运动会取得圆满成功！谢谢大家！

简析：本篇开幕词格式完备，语言真挚，充满激情，符合运动会开幕词的写作要求。

 思考训练

一、简答题

1．开幕词的特点是什么？
2．开幕词应涉及的基本内容有哪些？
3．开幕词的写作注意事项有哪些？

二、写作练习

××大学为庆祝第 30 个教师节，召开了隆重的教师节大会。请你代××大学党委书记为教师节大会拟一份开幕词。要求内容充实，结构清晰。

闭 幕 词

 知识点击

一、闭幕词的概念

闭幕词是在一些大型会议结束时由主要领导人或德高望重者对会议所做的总结性讲话。

凡重要会议或重要活动，与开幕词相对应，一般都有闭幕词，这标志着整个会议或活动的结束。闭幕词通常要对会议或活动做出概括性的评价和总结，并向与会者提出贯彻落实大会精神的要求，向与会单位提出奋斗目标和希望。

二、闭幕词的特点

1．总结性

闭幕词是在会议可活动的闭幕式上使用的文种，要对会议内容、会议精神和进程进行简要的总结并做出恰当的评价，肯定会议的重要成果，强调会议的主要意义和深远影响。

2．概括性

闭幕词应对会议进展情况、完成的议题、取得的成果、提出的会议精神及会议意义等进行高度的语言概括。因此，闭幕词的篇幅一般都短小精悍，语言简洁明快。

3．号召性

为激励参加会议的全体成员实现会议提出的各项任务而奋斗，增强与会人员贯彻会议精神的决心和信心，闭幕词的行文充满热情，语言坚定有力，富有号召性和鼓动性。

4．口语化

闭幕词要适合口头表达，写作时语言要求通俗易懂、生动活泼。

三、闭幕词的结构与写法

闭幕词一般由标题、称谓、正文三部分组成。

1．标题

跟开幕词的写法类似，只需将"开幕词"换成"闭幕词"即可。闭幕词的标题不再详述。

2．称谓

与开幕词的称谓写法一致。

3．正文

正文由开头、主体和结尾三部分组成。

（1）开头。首先说明会议完成预定任务的情况，宣布会议即将闭幕；然后概述会议的进行情况，恰当评价会议的收获、意义及影响。

（2）主体。写明会议通过的主要事项和基本精神；会议的重要性和深远意义；向与会人员提出贯彻会议精神的基本要求等。

（3）结尾。一般先以坚定语气发出号召，表示祝愿等；最后郑重宣布会议闭幕，如"现在，我宣布，××大会闭幕。"

四、闭幕词的写作要求

（1）闭幕词是带有总结性的讲话，所以语言要高度概括，简明精练。

（2）闭幕词对整个会议或活动的评价要合理，要符合实际情况。

例文评析

例 文 一

××大学科技文化艺术节闭幕词

尊敬的各位领导，各位来宾，老师们，同学们：

大家晚上好！

2013 年××大学科技文化艺术节闭幕晚会将在此拉开帷幕。在这里，首先向光临今天闭幕晚会的领导、嘉宾表示热烈的欢迎，请允许我代表学校对本届科技文化艺术节的成功举办表示热烈的祝贺；向科技文化艺术节中做涌现出来的许许多多优秀而富有才气的同学表达最真挚的祝愿；向在科技文化艺术节中做出贡献的所有老师表示衷心的感谢！

回首瞻望，我校已经历了 30 载的风风雨雨。她始终坚守着"厚德远志，格物致知"的校训走到今天，在每一位领导、老师，每一届莘莘学子的共同努力下发展壮大。她圆了无数个学子的梦，也共同筑成了中国梦。科技文化艺术节是校园文化的浓缩，也是我校 30 年来不可或缺的校园大型文化活动。文化节的举办是为了推行成功素质教育，培养学生参与意识和科技意识，活跃校园文化生活，促进学生素质拓展的顺利实施，培养一批具有成功素质的全面发展人才，充分发挥学校育人功能。文化艺术节的举办不仅是对同学们文化艺术水平的一次大检阅，也是我校素质教育开展情况的一次大检阅。

本届科技文化艺术节从筹办到今天的闭幕历经了不少时日。科技文化艺术节的活动是精彩的、是喜人的，通过这些活动，启迪了同学们的才智和灵性，发展了同学们的才艺和特长。同学们在活动中高举生命智慧的大旗，有思想的翱翔，有感情的抒发，有青春的旋律，有技能的展示，有科学的探索，有毅力的体现，有诗意的飞扬……丰富多彩、形式多样的艺术节充分体现了我校的文化素质和艺术修养，展示了我校莘莘学子朝气蓬勃的精神风貌。艺术节既给我们提供了一个放松大脑、放飞心情的空间，也为我们提供了一个施展才华、张扬个性的舞台，同时也让我们受到了一次极好的艺术教育和美的熏陶。在活动中，我们既培养了兴趣，陶冶了情操，开阔了视野，锻炼了能力，又培养了团队精神，增强了集体荣誉感。所有这些，都是我们成为新世纪新新青年的基础。

老师们，同学们，本届科技文化艺术节已然成为×大历史的一页。然而，许多精彩的片段仍然历历在目，许多动人的音乐依旧余音绕梁。当艺术节的第一个音符在校园的上空飘起来时，艺术已不容拒绝地走进了我们每一个人的生活，走进了我们的每一寸空间。同学们，科技文化艺术节虽然就要画上休止符，但我们的校园科技艺术活动永远没有句号。校园科技艺术节虽然是个有限的时间段，但艺术的空间是无限的。

现在我宣布，××大学本届科技文化艺术节圆满落幕！

简析：本篇闭幕词是学校领导在艺术节活动闭幕式上的讲话。首先表达了对艺术节圆满完成预定任务的祝贺和相关人员的感谢。然后再次重申艺术节的意义和作用，并较翔实地总结评价了本届艺术节的收获。最后对师生们提出继续参与艺术活动的号召和希望，并宣布本届艺术节圆满闭幕。格式完整规范，结构清晰明了，内容具有总结性和评价性。

例 文 二

××学院第十三届
大学生秋季田径运动会闭幕词

尊敬的各位领导，老师们，同学们：

首先，我代表大会组委会，对××学院秋季田径运动会即将顺利闭幕，对在本次大会中取得优异成绩的各个班级和运动员们，表示热烈的祝贺！对为运动会顺利召开付出辛勤劳动的裁判员、运动员以及全体工作人员表示崇高的敬意！

在大会组委会的精心组织下，在全体裁判员、教练员、运动员和全体工作人员的共同努力下，本届运动会开得很成功、很圆满。整个运动会准备充分、组织周密、纪律严明、秩序井然，赛出了风格、赛出了友谊、赛出了水平。这是一次团结的盛会、友谊的盛会、创新的盛会。

在历时两天的比赛中，全体裁判员兢兢业业、秉公执法、公正裁判。全体大会工作人员认真负责、忘我工作，确保了大会的良好秩序和顺利进行。全体运动员发扬"更高、更快、更强"的体育精神，积极参赛、顽强拼搏，在所有竞赛项目中，××个班级比赛成绩突出，××个班级获得团体总分优胜奖。有近 80 名同学获得个人比赛优秀奖。全体师生团结友爱、精诚协作，赛场上奋力拼搏，赛场下加油鼓劲。在比赛过程中，许多同学主动搀扶跌倒的同学，热心帮助受伤的运动员，充分体现了"友谊第一，比赛第二"的运动精神。

老师们，同学们，希望大家能以本次运动会为契机，发扬成绩、克服不足，为××大学更加辉煌的明天而努力拼搏、再创佳绩！

最后祝全体师生身体健康，工作顺利，学习进步！谢谢大家！

××大学副校长　张××

2014 年 10 月 16 日

简析：本篇闭幕词是学校领导在运动会闭幕式上的讲话。讲话内容基本按照"宣布即将顺利闭幕—评价大会的成绩与意义—总结大会情况及精神—提出号召和希望"进行。内容清晰明了，语言通俗易懂。

 **思考训练**

一、简答题

1．闭幕词的特点是什么？

2．闭幕词应涉及的基本内容有哪些？

3．闭幕词的写作注意事项有哪些？

二、写作练习

××学院为加强对大学生的人文精神教育，使学生在丰富趣味的竞赛氛围中增强文化意识，共享国学之美，拟于 2012 年 11 月 20～25 日举办首届国学知识竞赛，王副校长参加竞赛活动的颁奖与总结大会，并做总结发言。请你代王校长拟一份闭幕词。

第五节　欢迎词　欢送词　答谢词

学习目标与要求

1．了解欢迎词、欢送词、答谢词的概念、特点与分类。

2．熟练掌握欢迎词、欢送词、答谢词的结构和写作规范。

3．模拟写作，培养撰写欢迎词、欢送词、答谢词解决实务的能力。

欢　迎　词

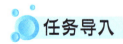 **任务导入**

××学院 2015 届新生开学典礼于 2015 年 9 月 14 日举行，陆斌同学要代表所有在校老生同学在开学典礼开幕式上做欢迎讲话。请问：他的这份欢迎词该如何写才能达到最理想的效果？

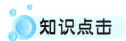

知识点击

一、欢迎词的概念

欢迎词是东道主对客人的到来表示热烈欢迎的讲话稿。诸如大会、酒会、宴会、记者招待会、座谈会、展销会、订货会、入学典礼等场合，一篇合乎规范的欢迎词是活动筹备过程中不可忽视的细节工作，优秀的欢迎词会给来宾留下极佳的第一印象。

二、欢迎词的特点

1．确指性

欢迎词的场合、对象相对固定，具有确指性特点。

2．欢愉性

中国有句古话"有朋自远方来，不亦乐乎"，所以致欢迎词当有一种愉快的心情，言词用语务必富有激情和表现出致词人的真诚。只有这样才会给客人一种宾至如归的感觉，为下一步各种活动的完满举行打下好的基础。

3．口语性

欢迎词本意是现场当面向宾客口头表达的，所以口语化是欢迎词文字上的必然要求，在遣词用语上要运用生活化的语言，这样的欢迎词才会拉近主人同来宾的亲切关系。

三、欢迎词的分类

1．从表达方式上划分

（1）现场讲演欢迎词，是在欢迎现场口头发表的欢迎稿。

（2）报刊发表欢迎词，是发表在报刊或公开发行刊物之上的欢迎稿，一般在客人到达前后发表。

2．从社交公关的性质上划分

（1）私人交往欢迎词，一般是在个人举行较大型的宴会、聚会、茶会、舞会、讨论会等非官方的场合下使用的欢迎稿。通常要在正式活动开始前进行。私人交往欢迎词往往具有很大的即时性、现场性。

（2）公事往来欢迎词，一般在较庄重的公共事务中使用。要有事先准备好的得体的书面稿，文字措辞上的要求较私人交往欢迎词要正式和严格。

四、欢迎词的结构与写法

欢迎词通常由标题、称谓、正文、落款四部分组成。

1．标题

标题一般有 3 种写法。

一种是单独以文种命名，如《欢迎词》。

另一种是由致辞场合、文种两要素构成的，如《在××庆祝大会上的欢迎词》。

还有一种由致辞人、致辞场合、文种三要素构成，如《××市长在××会议开幕式上的欢迎词》。

2．称谓

另行开头顶格处，要写明对来宾的称呼，如"尊敬的各位先生们、女士们"、"亲爱的同学们"、"尊敬的××阁下"等。

3．正文

首先，表示欢迎。说明致辞人以什么身份、代表哪些人、向哪些来宾表示欢迎。

其次，阐述来访或召开本次会议的意义、作用，或述说双方之间的友谊和交往，回顾过去的合作成就或对此次活动提出希望等，同时也可介绍本单位或本人的情况。

最后，再次表示欢迎之意，并表达祝愿，祝愿来访或会议取得圆满成功，祝愿来宾在活动期间愉快，或简单展望双方更长远的合作等。

4．落款

在正文右下方署上致辞人的姓名职务及时间。有时也可置于标题下方居中。

五、欢迎词的写作要求

1．内容要有的放矢

欢迎词要有针对性，内容因对象和场合的不同而不同。看对象说话，需表达不同的情谊；看场合说话，该严肃则严肃，该轻松则轻松。

2．态度要热情有分寸

欢迎应出于真心实意，热情、谦逊、有礼，但应注意分寸，不卑不亢。称谓用尊称，措辞要慎重，语言应亲切。尤其要尊重对方的风俗习惯，以免发生不必要的误会。

3．语言要简短生动

欢迎词是一种礼节性的公关辞令，宜短小精悍，言简意赅，不必长篇大论。同时应尽量合乎口语，力求生动。

例文评析

例 文 一

在××公司30周年庆祝大会上的欢迎词

女士们、先生们：

值此××公司30周年厂庆之际，请允许我代表公司，向远道而来的贵宾们表示最热烈的欢迎！

朋友们，你们不顾路途遥远专程前来贺喜并洽谈贸易合作事宜，为我公司30周年年庆更添了一份热烈和祥和，我由衷地感到高兴，并对朋友们为增进双方友好关系做出的努力行动，表示诚挚的谢意！

今天在座的各位来宾中，有许多是我们的老朋友，我们之间有着良好的合作关系。我公司自成立以来的30年能取得今天的成绩，离不开老朋友们的真诚合作和大力支持。对此，我们表示由衷的钦佩和感谢。同时，我们也为能有幸结识来自全国各地的新朋友感到十分高兴。在此，我再次向新朋友们表示热烈欢迎，并希望能与新朋友们密切协作，发展相互间的友好合作关系。

"有朋自远方来，不亦乐乎"。在此新朋老友相会之际，我提议：

为今后我们之间的进一步合作，

为我们之间日益增进的友谊，

为朋友们的健康幸福，

干杯！

××公司总经理　王××

2013 年 9 月 8 日

　　简析：这是一篇现场讲演欢迎词，也是一篇公事往来的欢迎词，更是一篇饱含真情的欢迎词。内容从欢迎、致谢到回顾公司成长中与来宾的合作和友谊，最后祝福对方并为双方的深远合作提出美好的希望。写作规范，文情并茂。

例 文 二

大学新生入学欢迎词

亲爱的同学们：

　　在硕果累累的金秋时节，伴着纤云翩翩、枫红菊香，你们怀揣着无限的憧憬，来到了××学院。你们的到来，犹如徐徐清风，让学院更加清新宜人，璀璨多姿。全体师生期盼着你们的到来，我们用最诚挚的心意衷心的祝福你们，欢迎你们！

　　大学不仅是学术殿堂，更是人生修养的大学堂。

　　在这里，要学会把握感情，用理智处理问题。因为青年时代的每一个重要行为，都要用其后的一生来承担。

　　在这里，要学会感恩，感恩父母，感恩师长，感恩他人，感恩社会。一个"负父母养育之恩，违师友归训之德"的人是一个可怕的人，而懂得感恩的人才是真正的人。

　　在这里，不仅要有打破现状、争取发展的创新精神，还要有为了实现长远目标自觉忍耐暂时困难和挫折的坚定意志，不退缩，不抱怨。以奋斗迎接光明，用微笑对待生活。请谨记，笑比哭好。在生活中学习微笑，在微笑中学习生活，在微笑的生活中感悟生命的伟大价值，体验人生的无限快慰。让欢笑声时时充满我们的校园与我们的生活！

　　欢迎你们，来自五湖四海的莘莘学子！

　　当你跨进这所美丽的校园，你就成了我们大家庭的一员。在这个大家庭里，充满着真情，充满着友爱，充满着对一切美好事物的追求。在这个大家庭里，你将在优美的校园环境中陶冶你的情操，发挥你的特长，丰富你的学识，攀登科学的高峰，实现你的梦想。在这个大家庭里，你将会认识更多的事物，掌握更多的知识，更自由地尽情发挥你的兴趣爱好和特长。但你也许会遇到各种问题和困难，请及时告诉我们，我们将会竭力帮你解决。

　　新的面孔、新的价值观念和标准、新的生活方式，需要你用理性的目光和胆识、用辛勤的劳动和汗水，去实现你走向人生成功与辉煌的又一起点。"千红万紫安排著，只待新雷第一声。"

　　最后祝学弟学妹们的大学生活充实、快乐！　谢谢大家！

工商管理系　陆斌

2015 年 9 月 14 日

　　简析：本欢迎词致辞人用自己大学的经历、体会与感受，坦诚以待，与学弟学妹交流，既表达了热烈的欢迎，又阐明了进入大学的意义，如对新生同学提出殷切的希望，并给他们以坚定的大学奋斗精神和人生信念。格式规范，语言欢快，感情真挚。

思考训练

一、简答题

1．欢迎词在什么情形下用到？它的特点有哪些？

2．欢迎词的写作规范与要求是什么？

二、分析题

指出下面关于欢迎词的问题，并说明理由。

1．欢迎词只是一种应酬性讲话，不必认真。

2．欢迎词要使用敬语。

3．欢迎词篇幅不需太长。

4．欢迎词应尊重对方的风俗和习惯。

5．××学院酒店管理专业师生去××宾馆参观学习，宾馆总经理在欢迎仪式上致辞。

欢迎词

尊敬的老师、同学们：

在此谨代表本宾馆的全体员工欢迎同志们光临！

××宾馆坐落于××市古老的齐长城脚下 4A 级国际森林公园的顶峰，属于××市涉外宾馆，山水秀美，环境优雅，风景秀丽。是××市委、市政府接待和开放的窗口。希望我们的服务能够让同志们有宾至如归的感觉，在此将宾馆内设备及服务向你们做一介绍。

我们将忠诚地为你们服务效劳，并希望你们能提出宝贵意见。

××宾馆　谷××
4 月 24 日

三、写作练习

××大学第五届校园文化艺术节邀请了兄弟××学院的艺术表演团队到校演出，在当晚的接风欢迎宴会上，××大学副校长张××代表学校领导和学校首先做了欢迎致辞，请你代写这份欢迎词。

欢　送　词

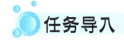 **任务导入**

××学院外语系的外教李××教授在学校担任了 3 年的韩国语课程，由于交流工作期满，需结束在××学院的教学工作，外语系的领导和教师们为李教授特别举办了欢送会，会上外语系王××主任首先做了欢送讲话，请为王主任写一份欢送词。

知识点击

一、欢送词的概念

欢送词是国家行政机关、企事业单位、社会团体或个人在送别仪式上或宴会上发表的表示欢送的致辞。通常多见于宾客离别、会议结束、学生毕业、文艺团体下乡下厂演出结束等多种场合。

二、欢送词的特点

1. 确指性
与欢迎词一样，欢送词的场合、对象相对固定，具有确指性特点。

2. 惜别性
欢送词要表达亲朋好友离别时的心情，"相见时难别亦难"，因此欢送词字里行间应自然洋溢着致辞者的眷恋惜别之情。尤其是公务交往的欢送词，更应把握好分别时所用言辞的分寸。

3. 口语性
同欢迎词一样，口语化、生活化的语言，可以使送别既富有情趣又自然得体。

三、欢送词的分类

同欢迎词大致一样，欢送词也可从表达方式和社交公关性质上进行两个角度的划分。此处不再详加说明。

四、欢送词的结构与写法

欢送词也由标题、称谓、正文和落款构成。

1. 标题
同欢送词大体相同，标题也可有3种写法，只需将"欢迎词"换成"欢送词"即可。

2. 称谓
称谓是对欢送对象的称呼，写法同欢迎词。

3. 正文
首先，简要表达对宾客的热情欢送之意。

其次，对宾客的来访，或会议的成功举行，或学业的顺利完成，或演出的圆满结束等双方合作的成功，以及双方情意的加深予以称扬，对未来进行展望，并就进一步加强合作、密切联系、增进友谊等提出希望。本部分也可进一步重申客人到来或活动开展的意义。

最后，再次表达真挚的欢送和惜别之情，并祝愿一路顺风。

4. 落款
在正文右下方署上致辞的单位名称、致辞人的姓名与身份，以及成文日期。

五、欢送词的写作要求

1. 内容有针对性
欢送词内容因对象和场合的不同而不同，应看对象和场合说话。

2. 态度热情诚恳
欢送词也应热情、又友好、有礼。称谓用尊称，措辞要慎重，语言应亲切。尤其要尊重对方风俗习惯，以免发生不必要的误会。

3. 语言短小生动
作为一种礼节性的公关辞令，欢送词也宜短小精悍，言简意赅，且应尽量口语化，力求生动。

例文评析

例 文 一

欢 送 词

尊敬的刘博士：

再过半个小时，您就要起程回京了。我谨代表××公司，并受××部长之托，向您及您率领的代表团全体成员表示最热烈的欢送！

我十分高兴地看到，近一个星期以来，我们双方本着互惠互让的原则，经过多次会谈，达成了多个实质性协议，取得了令人满意的成果。在此，我们对您在洽谈中表现出的诚意和合作态度，深表感谢！我衷心希望您和您的同事们今后一如既往，为进一步发展我们双方的经济贸易往来而不懈努力！我们期待着您和您的同事们明年再来这里访问。

祝你们一路顺风！

××公司总经理　×××

2012 年 10 月 20 日

简析：这是一则简短的欢送词。表达了对刘博士及其代表团的尊重和感谢，态度诚挚。文中简述并称扬了双方的合作，并对今后的深入合作提出希望。语言朴实，礼貌周到。

例 文 二

对李教授的欢送词

尊敬的李教授：

时间飞逝，如白驹过隙，3 年前，也是在这间屋子，我们对您的欢迎会还历历在目，可是明天您就要启程回国了。在此，我谨代表外语系，并受学院贾院长、刘书记的委托，向您表示最热烈的欢送！

3 年来，您来我系执教韩国语，为我系的外语教学做出了巨大贡献。今年我系的初级韩国语即 TOPIK 考试取得了较好的成绩，这与您的无私付出是分不开的。我院位于山东沿海地区，与韩国一衣带水，彼此具有源远流长的文化交流，韩国语人才需求量大，因此，我们将继续进行教育合作办学。在此，我们对您在教学中付出的辛苦及热忱的合作态度，深表感谢！

我们也借此机会请求您转达我们对您家人的最良好的祝福！

祝李教授回国途中一路平安，身体健康！

××学院外语系主任　王××

2013 年 5 月 13 日

简析：本欢送词在向客人表达欢送之意的同时，还肯定了李教授的教学工作与成绩，并对此表示感谢以及对李教授的美好祝愿。全文感情真挚，用语自然得体，语言朴实精练，值得借鉴。

思考训练

一、简答题

1. 哪些场合需用到欢送词？
2. 欢送词注意哪些特点？
3. 欢送词的写作规范是怎样的？

二、写作练习

2012 年 7 月 5 日是××大学 2012 届毕业生的毕业典礼，当晚学校组织了欢送晚会，学校党委书记谭书记在晚会上需对毕业生进行欢送讲话，请你为谭书记写一份在毕业欢送晚会上的欢送词。

答 谢 词

 **任务导入**

××学院为提升学校的管理与教学水平，特派访问学习团队到兄弟院校××大学进行参观学习一星期。学习结束，××大学特别组织了欢送会欢送学习团队全体成员，队长章斌老师代表全体成员向××大学致谢，请你为章老师写一份答谢词。

 **知识点击**

一、答谢词的概念

答谢词是指在特定的公共礼仪场合，主人致欢迎词或欢送词后，客人所发表的对主人的热情接待和多关照表示谢意的讲话。一般常用于喜庆宴会、欢迎或欢送会、授奖大会等场合，也可用于对别人的热情接待、款待、安排、关照、鼓励、祝贺、馈赠等友善行为表示诚挚谢意时。

二、答谢词的特点

1. 感谢性

答谢词主要就是对主人或亲朋好友对自己的热情款待或关照表示由衷的感谢，因此感谢性是答谢词的根本特征。

2. 诚挚性

致谢本身就是一种情感的表达，因此要感情充沛、热情洋溢，又要真挚坦诚、自然流畅，忌冷酷干巴或矫揉造作。

3. 期许性

答谢词答谢之余应对对方发出祝愿，并应表达进一步巩固和加深友谊或以实际行动报答对方的良好愿望。

4. 简明性

答谢词也是一种礼节性活动，应力求篇幅简短，言简意赅，不宜冗长拖沓，否则易令人生烦。

三、答谢词的分类

通常根据致谢缘由和致谢内容来分，答谢词可分为"谢遇型"答谢词和"谢恩型"答谢词两类。

（1）"谢遇型"答谢词，是用来答谢别人的招待的致辞，常用于宾主之间，既可用于欢迎仪式、会见仪式上与"欢迎词"相呼应，也可用于欢送仪式、告别仪式上与"欢送词"相呼应。

（2）"谢恩型"答谢词，是用来感谢别人帮助的致辞。它常用于捐赠、庆贺等仪式上。例如，2008年四川汶川地震灾区的灾民在接受全国各地捐赠的仪式，洪涝灾区灾民在洪水退后为抗洪抢险的解放军战士送行的仪式上，以及各种婚庆或升学喜筵等场合，都可使用这种答谢词。

四、答谢词的结构与写法

答谢词通常由标题、称谓、正文、落款四部分组成。

1．标题

在第一行居中的位置上写上"答谢辞（词）"。也可由致谢场合和文种构成，如《在××欢迎仪式上的答谢词》。

2．称谓

另起一行顶格写致谢对象的姓名、头衔，既可以是广泛对象，也可以是具体对象。称呼后加冒号，以示引领全文。

3．正文

首先，应点明致谢缘由，表明致谢人的心情，以及对主人的盛情接待或支持帮助表示感谢。

其次，详细说明致谢缘由。"谢遇型"答谢词与"谢恩型"答谢词的侧重点有所不同，前者应以双方的友谊与关系为表达重点；后者应以"为何谢恩"为表达重点，同时应把"如何以实际行动感谢对方的帮助"明确表述出来。

最后，用简短的语言表达愿望、决心、祝愿，并可再次表示谢意等。

4．落款

在正文右下方署上致谢人的单位名称或个人姓名以及日期。也常见置于标题下。

五、答谢词的写作要求

答谢词的写作要求与欢迎词基本相同。另需格外注意的是以下几点。

1．尊重对方的风俗习惯

他国访问或异地做客，撰写答谢词时需注意了解并尊重对方的风俗习惯，以免发生不必要的误会。

2．注意相互照应

主人已经致辞在前，作为客人不能充耳不闻。答谢词应注意照应欢迎词或欢送词，这是对主人的尊重。即使预先准备了答谢词，也要在现场紧急修改补充，或因情因境临场应变发挥。

例文评析

例　文　一

在接受救灾粮仪式上的答谢词

尊敬的远道而来的朋友们：

今天，我们怀着无比激动的心情，在这里接受兄弟县市的乡亲们给我们送来的救灾粮钱，请允许我代表我县所有中小学师生们向你们表示最衷心的感谢!

今年7月以来，连续3个月，我县遭受了百年未遇的大旱灾。虽尽我们所能奋力抗灾，但自然灾害的肆虐，仍使10多万人饮水困难，30多万亩田颗粒无收。我县的中小学生，已有1万多名因受灾辍学，还有几万名同学、老师靠亲属的接济度日。

兄弟县市的乡亲们，是你们没有忘记我们，不知有多少不知名的民众已通过各种渠道援手帮助我们，今天，我们又接到了你们无私捐助的大批救灾粮食和钱款。"一方有难，八方支援"，是你们的无私奉献和支持帮助，让我们有饭吃了，孩子们有学上了。

谢谢你们，远方的亲人!我们全县人民，一定从你们的援助中吸取力量，奋发图强，重建家园;全县中小学生定会努力学习，以崭新的成绩，来报答党和人民的关怀，报答你们的深情厚谊!

最后我再次向对我县灾民伸出援助之手的朋友们表示感谢!祝各位乡亲身体健康，阖家幸福!谢谢!

××县县委书记　王××
2011年11月5日

简析:本篇属于"谢恩型"答谢词，完全按照此类答谢词的规范格式进行。首先简述了接受帮助和支持的致谢方的心情，进而对答谢缘由进行了较为详细的说明，并同时表明要用具体实际行动来感谢对方，最后深深致谢。语言简洁，感情真挚。

例　文　二
答　谢　词

尊敬的××校长，××大学的各位同仁们:

首先，请允许我代表我们此次来访的全体成员，对××校长及××大学对我们的盛情接待表示衷心的感谢。

我们一行六人代表××学院首次来贵校参观学习，此次学习时间虽短，但收获颇大。仅一周时间，我们先后参观了学校的教学设施、实习车间和校园环境，对贵校的专业建设和管理模式有了比较全面的了解，与贵校就电子、材料、服装、机械等多个专业的教学与管理交换了意见，并成功地建立了兄弟院校的长期友好合作关系。这一切得益于主人的真诚合作和大力支持。对此，我们表示衷心的感谢。

××大学是国家985高校，在教育、教学、师资等许多方面都有着得天独厚的经验，在全国工科高校中可谓一枝独秀。我们有幸在贵校学习办学经验，并在多个专业建立师资轮训业务，这些都必将推动我院教育水平和管理水平迈上一个新台阶。

最后我再次向××大学表示感谢，并祝贵校前程似锦，再创辉煌。我提议，让我们为我们之间的友好合作，干杯!

××学院教师　章斌
2012年11月24日

简析:这是一篇"谢遇型"答谢词。文中首先对主人的盛情款待致谢，然后叙述接待期间双方的关系和友谊，最后再次致谢并表达了真诚合作的美好祝愿。结构完整，格式规范，条例清晰，自然流畅。

思考训练

一、简答题

1．什么情形下要用到答谢词？

2．答谢词这种文书的特点有哪些？

3．答谢词写作规范和侧重点是怎样的？需注意哪些问题？

二、写作练习

1．面临毕业的××大学学生会干部刘××、王××、张××及其他几位成员，不久就要卸任离校，校学生会决定为他们举行一次欢送会，请你以刘××的身份在欢送会上致答谢词。

2．大四学生谢××到××公司实习。两个多月的实习，不管生活上，还是工作业务上，谢××都得到了公司许多同事的无私帮助，更学到很多在大学里难以学到的东西，收获很大。实习结束，同事们为他举行了一个欢送会，谢××通过答谢词表示了自己的感谢之情。请你代谢××写一篇答谢词。

知识拓展

答谢词与感谢信

答谢词与感谢信都是人们在日常生活、工作及社会交往中经常使用的用来表示对别人感谢之意的礼仪文书。但二者不能混用，区别主要表现在以下几个方面。

（1）致谢形式不同。答谢词是通过口头形式表达对别人的关照、接待、帮助的感谢之意；感谢信则是通过书面形式表示感谢。

（2）致谢场合不同。答谢词是在公共礼仪场合中公开表示感谢；感谢信则可以公开张贴或广播，也可私下邮寄。

（3）致谢方式不同。答谢词一般是由接受帮助或关照的当事方直接口头表示；感谢信则可以是当事人亲自邮寄或送达，也可是通过媒体间接表达。

（4）致谢时间不同。答谢词一般有事中答谢和事后答谢两种时间区别，但事后答谢一般也是在告别、欢送、接受的仪式上进行的；感谢信则通常在事后单独邮寄或张贴表示。

第六节　名片

学习目标与要求

1．了解名片的概念、特点。

2．熟练掌握名片的结构和写作规范。

3．模拟写作，培养撰写名片解决实务的能力。

任务导入

××学院"湖韵清风"文学社要为社团成员统一印制名片。假如你是文学社干事，请你来完成名片的设计制作工作。

 **知识点击**

一、名片的概念

名片，又称卡片或名帖，是社会各界人士在社会活动中用来自我宣传或介绍自己，用于交际的一种卡片。

名片是新朋友互相认识、自我介绍的最快捷、最有效的方法。它是个人或组织形象的缩影，是使用者要求社会认同、获得社会理解与尊重的一种方式。名片常常代表个人和企业的第一印象，并对商业活动和交际行为产生积极的作用。

二、名片的特点

1．适用的广泛性

名片作为一种基本的交际工具，除了在商业活动中使用，在日常交际活动中也被广泛运用。换言之，只要一个人有交际意愿，不论是否从事商业活动，是否有职务，都可以使用名片。

2．使用的礼节性

名片作为社交场合的重要交际工具，在联络感情、增进友谊、扩大交往中，名片在使用时的礼节性是极为突出的。

三、名片的分类

早期名片与近现代名片的主要区别是用手写而不是印刷。

现代社会的名片的使用相当普遍，分类也比较多，没有统一的标准。最常见的分类主要有以下几种。

（1）按名片用途，名片可分为公务名片、应酬名片、社交名片等。

（2）按排版方式分，名片可分为横式名片、竖式名片、折卡名片三类。

（3）按印刷表面分，名片可分为单面印刷、双面印刷两类。

四、名片的文面结构与规范

名片就像一个人简单的履历表，递送名片的同时，就是在向对方通过书面形式介绍自己，是社交活动或商务活动中必备的沟通交流工具。名片的设计与印制有很多学问，精美的名片能使人印象深刻，也能体现个人风格。

一份名片完整的要素有造型要素、文字要素和其他相关要素3种内容。

造型要素包括插图（象征性或装饰性的图案）、标志（图案或文字造型的标志）、商品名（商品的标准字体，又叫合成文字或商标文字）、饰框与底纹（美化版面、衬托主题）。

文字要素包括公司名、标语、人名、联络信息。

其他相关要素包括色彩(色相、明度、彩度的搭配)、编排(文字、图案的整体排列)。

下面仅说明名片的文字要素的制作规范。

1．正面内容

（1）上部：所在单位（包含单位全称、部门名称、企业标志）。

（2）中部：本人称谓（包含姓名、职务或学术技术职称，如总经理、销售经理、主任，博士、律师、教授等）。

（3）下部：联络信息（包含地址、邮政编码、办公室电话或传真、邮箱、网址）。

2．反面内容

（1）国际业务中的名片：正反面分别中外文标示以上 3 项。

（2）国内业务中的名片：反面可印自己单位的业务范围或产品介绍，也可印一个简单的位置图，还可以印企业文化的标语。

（3）单面印刷的名片也可以没有反面内容。

五、名片的文面要求

1．色彩要求

规范使用的名片的色彩应尽量控制在 3 种颜色之内，两种颜色最好。

2．纸张要求

名片通常用的是卡片纸，也有用再生纸或打印纸的。名片纸张规格一般为国内 5.5 厘米×9 厘米，国际 6 厘米×10 厘米。

3．印制要求

名片的印制用铅印或打印，不要手写名片，不要印自己的照片，中文名片采用横式为佳。

4．文字使用

采用标准清晰的印刷体，尽量不要采用行书、草书、篆书或花体字，国内宜用汉语简体，外资企业可酌情使用外文。但切勿在一张名片上采用两种以上的文字。

5．文字要素的注意事项

（1）名片正面的上部、中部、下部三部分的结构安排并非绝对，也常见上下和左右结构的交叉使用。

（2）上部的单位名称等信息，若是个人名片可省略。

（3）中部的个人职务或职称，有的人没有头衔，可只写名字，不能在名字后面印上"小姐"或"先生"的称呼；若头衔较多，最好不超过两个，应力求突出重点。

（4）下部的联系信息一般不留私宅电话。

（5）名片可以印制企业的文化标语，但不能印制个人信封的格言警句。

（6）名片不能随意涂改。

例文评析

例　文　一

```
┌─────────────────────────────────────────┐
│          ××装饰有限公司杭州分公司          │
│                                           │
│      徐海燕      设计部部长                 │
│                                           │
│                 副　教　授                  │
│                                           │
│   地址：杭州市凤起路××号浙金广场××室       │
│   办公电话：××××××××    手机：××××××××××   │
│   传真：×××××××    邮箱：×××@×××.com        │
└─────────────────────────────────────────┘
```

业务范围

■ 宾馆、酒楼、商场、写字楼、家庭住宅等室内外装修
■ 水电、电视背景墙、铝合金防盗网、纱窗、吊顶、木工家具、ICI 墙等设计出图（免费施工预算）

简析： 以上两名片属于公务名片的正面与反面。名片正面印制了供职单位、姓名、职务与职称、联络方式等基本要素。采用的是上下结构安排各要素，文面清晰明了。反面印制的是公司的业务范围，也是公司业务宣传的重要信息。

例　文　二

××学院"湖韵清风"文学社

黄×× 社长

地址：××学院 69 号楼 A304
电话：××××××××
邮编：××××××
E-mail：×××@×××.com

简析： 该名片制作要素齐全，简洁大方，便于交流了解。

 思考训练 ----------------------- ••▶

一、简答题

1．什么是名片？其作用为何？
2．名片必要的文面信息有哪些？
3．名片制作需注意什么？

二、改错题

指出下面名片制作中的问题，并予以改正。

人大代表、董事长、总经理、总工会主席

范×× 先生

难 得 糊 涂

地址：××省××市天仙路 113 号

电话：×××××××（办）

×××××××（家）

手机：134××××××××

邮编：××××××

三、写作练习

××学院工商管理系 2012 级市场营销专业 1 班的梁××同学，于 2015 年 12 月 28 日开始在××电子设备有限公司实习营销业务员岗位，在正式开展业务之前需准备工作用个人名片。请你为他制作一份精美而规范的名片。

第七章　专用文书

第一节　专用文书概述

学习目标与要求

1. 了解专用文书的范畴。
2. 了解专用文书的种类及特点。

知识点击

一、专用文书的概念

专用文书，是现代文书中的一大类别，相对通用文书而言。指在一定部门或一定领域内使用的专门文种。

二、专用文书的特点

1. 特定性

专用文书在一定部门或一定领域内使用，因此，大多数专用文书是在特定的部门，为适应特殊需要而使用的。

2. 行业性

专用文书的写作要结合专业部门或岗位的专业工作进行，因此，行业性是专用文书的基本特征。

3. 规范性

专用文书虽为应用文的一类，但其规范性与通用文书稍有不同，如专用文书一般都有自己的特殊制作程序，有特定的格式和写作项目，有专门术语等。

三、专用文书的种类

专用文书的种类繁多，如检查部门使用的起诉书、批准逮捕决定等；法院使用的调解书、裁定书等；经济活动中使用的产品说明书、合同、市场调查报告、广告等；教学部门使用的教学计划、生产实习报告等；科技部门使用的专题报告、论文等。

综合来看，专用文书常见分类为经济文书、法律文书、科技文书三大类。

本章只选择其中几类较为普遍使用的专用文书进行讲解。

四、专用文书的写作要求

（1）熟悉行业特点。

（2）了解业务内容。

（3）掌握专用格式。

第二节　合同

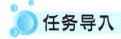 学习目标与要求

1．了解合同的概念、作用、种类、特点。

2．熟练掌握合同的结构和写作规范。

3．能够判断合同中的不规范使用。

4．模拟写作，培养撰写简单的合同解决实务的能力。

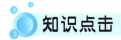 任务导入

近些年，因合同纠纷造成当事人官司缠身、亲朋反目的事情已屡见不鲜。刚毕业的赵钢同学在找到适合自己的工作之前，需先找个落脚之地。为防患于未然，赵钢与房东王女士签订了一份房屋租赁合同。请问：这份租赁合同该怎样拟写？

知识点击

一、合同的概念

合同是契约的一种，《中华人民共和国合同法》规定："合同是平等主体的自然人、法人、其他组织之间设立、变更、终止民事权利义务关系的协议。"

二、合同的作用

1．约束作用

依法订立的经济合同一经签署，就具有法律约束力，当事人既可以充分享受经济合同规定的权利，又必须全面履行合同所规定的义务。任何一方不得擅自变更或解除合同中的内容。如果订立经济合同的某一方不经对方同意，擅自变更或解除合同，要罚以违约金；因单方没有遵守合同的规定所造成的对方的损失，要罚以赔偿金等。

2．保障作用

合同从法律层面明确了合同当事人的经济利益和相互责任。从经济活动的角度看，利益和责任是双位一体的，合同充分表达各方的经济利益和要求，既使各当事人、参与者的利益得到有效保障，又使各项经济责任得到落实。

三、合同的特点

1．合法性

合同的合法性表现在：合同的内容必须合法；合同的当事人必须具有法人资格。

2．约束性

依法签订的合同具有法律约束力，表现在：对当事人有约束力，当事人必须全面履行合同

规定的义务，违反合同规定要承担法律责任；对其他人有约束力，当事人之外的任何单位或个人都不得对合同关系进行干预和侵害。

3．协议性

协议性体现了合同签订的平等自愿原则。即合同当事人的法律地位平等，依法享有自愿订立合同的权利。具体表现在：所有有关条款的规定都是双方共同协商确定的；变更或解除合同必须通过当事人平等协商，意见一致后方可进行；任何一方不得把自己的意志强加给对方；任何一方不得单方面变更或解除合同。

4．规范性

任何一份有效的合同都必须对包括哪些基本要素、如何表述、表述到何种程度等有严格的规定。

四、合同的种类

（1）**按内容划分**，《中华人民共和国合同法》把合同分为 15 个种类：买卖合同、供用水电气热合同、赠与合同、借款合同、租赁合同、融资租赁合同、承揽合同、建设工程合同、运输合同、技术合同、保管合同、仓储合同、委托合同、行纪合同、居间合同。

（2）**按结构方式划分**，合同分为条款式合同、表格式合同、复合式合同三类。

五、合同的结构与写法

合同的基本结构一般由标题、首部、正文、尾部四部分组成。

（一）标题

"合同"是一种统称，具体合同的写作中，首行居中的标题一般有以下几种写法。

（1）可直接用合同的种类，如《租赁合同》。

（2）可用经营内容和合同种类构成，如《街面房买卖合同》。

（3）可用时间和合同种类构成，如《2011 年运输合同》。

（4）可用签约单位名称和合同种类构成，如《××公司销售合同》。

（5）可用所有要素组成完整标题，如《上海市 2013 年机电设备租赁合同》。

另外，若合同需单位存档或主管部门登记，标题下一行可记录合同编号，单位不同，编号规则也不同。

（二）首部

合同的首部主要表明签订合同的双方名称，或单位名称，或个人姓名。在标题之下，可上下分行并列写出，也可左右并列连写。

为下文行文方便，订立合同双方可设定简称。可分别在名称后注明"以下简称甲方或乙方"；或明确双方权利义务关系的简称，如"买方"和"卖方"；但不可简称为"我方"和"你方"。

（三）正文

1．引言

引言主要是简要交代签订合同的依据、目的、原则或合同形成的过程。一般用较规范的习惯用语，如"根据《××××××》有关规定，经双方协商一致，签订本合同，以资共同遵守"。

2．主体条款

由于当事人的经济目的和具体要求不同，每份合同的具体内容各不相同。但一般来说有些条款是所有合同都应当具备的。《中华人民共和国合同法》第十二条规定："合同的内容由当事人约定，一般包括以下条款：（一）当事人的名称或姓名和住所；（二）标的；（三）数量；（四）质量；（五）价款或者报酬；（六）履行期限、地点和方式；（七）违约责任；（八）解决争议的方法。"由此得出，合同的基本条款应包含六大要素：标的，数量和质量，价款或报酬，履行期限、地点和方式，违约责任，解决争议的方法。

（1）标的。

标的是合同当事人双方权利和义务所共同指向的对象。它是订立合同的前提，没有标的或标的不明确，当事人的经济目的无从实现，合同无法履行也不能成立。

合同种类不同，标的的形式也不尽相同。标的可以是物，如买卖合同中的产品、租赁合同中的租赁物、贷款合同中的货币等；也可以是行为，如劳动合同和运输合同中的劳务；还可以是智力成果，如技术转让合同中的技术成果等。

（2）数量和质量。

一定的数量和质量是合同标的物的具体体现。

数量是合同标的物的数值指标，是衡量签约双方权利和义务大小的尺度，也是计算价款或酬金的依据。合同中必须准确标出数量规定，要把重量、体积、长度、面积、个数或劳动量、工作量、智力成果的多少与价值等写清写明。不但数字要精准，计量单位也要明确，应规范使用国家法定的计量单位。

质量是检验标的的客观标准，指标的物的内在素质与外在形态的综合性指标，更是日后履行合同的依据，因此标的的质量标准及验收、检疫标准、方法等，都必须明确规定，具体写出。

（3）价款或报酬。

价款是指购买产品、服务或信息等的一方向对方支付的按一定价格计算的货币金额；报酬是指为设计、施工、承揽加工、运输货物、保管货物等进行劳动服务的一方应得到的对方支付的报酬金额。

价款或报酬是对得到标的一方的义务的约束，因此，无论价款还是报酬，均应明确规定其数额。价款或报酬分单价和总价。表格式合同用阿拉伯数字写单价，用大写汉字记总价，条款式合同则统一用汉字大写。除金额数字之外，还应标清货币单位和币制。

（4）履行期限、地点和方式。

履行期限是合同履行的时间界限，即提供标的物和交付价款报酬的期限。它与合同的有效期限相关，但却是两个截然不同的概念，履行期限应不超出合同的有效期限。如期限是具体日期，则需写明完整的年、月、日信息；如不是具体日期，则应用"以前"、"以内"，而不能用"以后"、"左右"等字眼；不管日期是否具体，都不应用"尽可能在"来修饰，以避免发生纠纷。

履行地点是合同双方履行各自义务的空间范围，即合同当事人各在什么地方履行各自的义务。履行地点直接关系到履行合同的费用和时间，因此必须在合同中具体详细写明并严格履行。

履行方式是指双方当事人在履行各自承担的义务时所采取的方式。一般从时间方式和行为方式两个方面考虑，时间方式指当事人对所承担的义务是一次履行完毕，还是分期履行，如是一次性交货或付款，还是分期交货或付款；行为方式指当事人交付标的物的方式或结算、支付金额的方式，如买卖合同中，是供方送货还是需方自提、用什么方式运输、运输费哪方负担、如何包装、包装费谁负责，付款是现金还是转账或汇款支付等。

（5）违约责任。

违约责任指合同当事人由于自己的过错造成合同不能履行或不能完全履行，必须承担的法律责任。违约责任一般由违约情况和违约处理两部分内容构成，即先写违反合同达到的程度，再写相应的处置方法。违约处理主要表现为违约金或赔偿金两类罚金。

双方商定违约责任时，考虑得越周全越好，责任制定越明确越可行，切忌笼统、含糊，更不要简单用"处以罚金"，也不能用"以内"或"以上"等模糊字样对金额进行限制。

（6）解决争议的方法。

合同在执行过程中仍有可能存在未考虑到或商定的纠纷隐患，因此，应明确说明若有争议，双方应本着实事求是、平等协商的原则协商解决；协商不成，可将争议内容提交主管部门调解或仲裁；若当事人对仲裁不服，可在规定期限内向人民法院起诉。

除以上六大方面之外，合同还应在最后注明有效期限和保管情况。同时应对附件内容和份数进行说明。

（四）尾部

尾部内容包括合同双方印章、合同双方签订人的签字盖章、单位地址、邮编、开户银行与账号、个人住址、签约日期等具体细节。若有鉴证方，也需将鉴证方的印章、经办人姓名与印章及鉴证意见写明。

当事人双方与鉴证方的信息应分别单独列出，然后上下排列或左右两列排列均可。

六、合同的写作要求

（1）合同不得违反有关法律、行政法规及社会公共利益。否则，合同无效。

（2）合同内容必须完备、具体、明确，尽量不留缺憾，更不要含糊笼统造成歧义。

（3）合同表述必须严谨准确。字句要明白易懂；不使用夸张、渲染等修辞方法；对易引起误解的歧义词语，应专门规定意义；还要防止因错字、别字、漏字、标点符号使用不当等造成歧义。同时，更要保证合同写作的严密逻辑性。

例文评析

例 文 一

××公司劳务合同

甲方：_____

乙方：_____

根据《中华人民共和国劳动法》、《中华人民共和国劳动合同法》和有关法律、法规，甲乙双方经平等自愿、协商一致签订本合同，共同遵守本合同所列条款。

第一条 劳动合同期限

本合同为固定期限劳动合同。

本合同于____年__月__日生效，其中试用期至____年__月__日止。本合同于____年__月__日终止。

第二条 工作内容和工作地点

一、根据甲方工作需要，乙方同意担任___岗位（工种）工作。

二、根据甲方的岗位（工种）作业特点，乙方的工作区域或工作地点为_____。

三、乙方工作应达到_____标准。

第三条　工作时间和休息休假

一、甲方安排乙方执行标准工时制度，乙方每天工作时间不超过 8 小时，每周工作不超过 40 小时。每周休息日为_____。

二、甲方安排乙方执行综合计算工时工作制和不定时工作制的，应当事先取得劳动行政部门特殊工时制度的行政许可决定。

三、甲方对乙方实行的休假制度有_____。

第四条　劳动报酬

一、甲方每月__日前以货币形式支付乙方工资，月工资为_____元或按_____执行。

二、乙方在试用期期间的工资为___元。

三、甲方生产工作任务不足使乙方待工的，甲方支付乙方的月生活费为____元或按____执行。

第五条　保险事项

一、甲乙双方按国家和××市的规定参加社会保险。甲方为乙方办理有关社会保险手续，并承担相应社会保险义务。

二、乙方患病或非因工负伤的医疗待遇按国家、××市有关规定执行。甲方按____支付乙方病假工资。

三、乙方患职业病或因工负伤的待遇按国家和××市的有关规定执行。

四、甲方为乙方提供以下福利待遇。

第六条　劳动保护、劳动条件和职业危害防护

一、甲方根据生产岗位的需要，按照国家有关劳动安全、卫生的规定为乙方配备必要的安全防护措施，发放必要的劳动保护用品。

二、甲方根据国家有关法律、法规，建立安全生产制度；乙方应当严格遵守甲方的劳动安全制度，严禁违章作业，防止劳动过程中的事故，减少职业危害。

三、甲方应当建立、健全职业病防治责任制度，加强对职业病防治的管理，提高职业病防治水平。

第七条　劳动合同的解除、终止和经济补偿

一、甲乙双方解除、终止、续订劳动合同应当依照《中华人民共和国劳动合同法》和国家及××市有关规定执行。

二、甲方应当在解除或者终止本合同时，为乙方出具解除或者终止劳动合同的证明，并在 15 日内为乙方办理档案和社会保险关系转移手续。

三、乙方应当按照双方约定，办理工作交接。应当支付经济补偿的，在办结工作交接时支付。

第八条　经济赔偿及违约金

一、双方解除或者终止本合同的经济补偿金按照《中华人民共和国劳动合同法》和国家及省市有关规定执行。

二、甲方依法裁员应提前 30 天以书面形式通知乙方，甲方根据乙方在甲方工作年限和乙方解除本合同前 24 个月的平均工资，工作每满 1 年支付 1 个月工资的经济补偿金，不满 1 年超过半年者按 1 年计算，工作不满半年者补偿半个月工资的补偿金，最多不超过 12 个月。

三、甲方违反《劳动合同法》的规定未向劳动者出具解除或者终止劳动合同的书面证明，并给劳动者造成损害的，应当承担赔偿责任。

四、乙方违反甲方规章制度、玩忽职守、营私舞弊或违反本合同约定解除劳动合同，给甲方造成损失的，乙方应按_____赔偿甲方损失。

五、乙方违反本合同约定的保守商业秘密事项，给甲方造成损失的，乙方应赔偿甲方损失并向甲方支付_____违约金。

六、甲方为乙方提供了专项培训费用的，乙方应为甲方服务 5 年。乙方违反服务期约定的，应向甲方支付培训费用及违约金。服务期为履行部分每满一年，乙方向甲方支付 20%的培训费用作为违约金，不满一年的按一年计算。

第九条　劳动争议处理

双方因履行本合同发生争议，当事人任何一方可以向甲方劳动争议调解委员会申请调解；调解不成的，可以向劳动争议仲裁委员会申请仲裁。

第十条　其他事项

一、本合同未尽事宜或与今后国家、××市有关规定相悖的，按有关规定执行。

二、本合同一式两份，甲乙双方各执一份。

甲方：（公　章）　　　　　　　　　　乙方：（签字或盖章）
法定代表人：（签字或盖章）　　　　　身份证号码：
签订日期：　　年　月　日　　　　　　签订日期：　　年　月　日

简析： 这是一份个人与公司签订的劳务合同。标题、首部、条款、尾部，结构完整规范，条款写作上求实、求细、求全，语言表述严密。

例　文　二

房屋租赁合同

出租方：_____，以下简称甲方。
承租方：_____，以下简称乙方。

根据《中华人民共和国合同法》及有关规定，为明确甲、乙双方的权利义务关系，经双方协商一致，签订本合同。

第一条　房屋基本情况

甲方将自有的坐落在____市____街____巷___号_____（小区）__栋__单元__楼__号的房屋__间（套），建筑面积____平方米，使用面积____平方米，现出租给乙方作___使用，居住人数为____。房屋装修及配备设备情况：_____。

第二条　租赁期限

租赁期共__个月，甲方从____年__月__日起将出租房屋交付乙方使用，至____年__月__日收回。

乙方有下列情形之一的，甲方可以终止合同，收回房屋：

1. 擅自将房屋转租、分租、转让、转借、联营、入股或与他人调剂交换的；

2. 利用承租房屋进行非法活动，损害公共利益的；

3. 拖欠租金__个月或空置__月的。

合同期满后，如甲方仍继续出租房屋的，乙方拥有优先承租权。

租赁合同因期满而终止时，如乙方确实无法找到房屋，可与甲方协商酌情延长租赁期限。

第三条　租金、交纳期限和交纳方式

甲乙双方议定月租金＿＿元，交纳方式为＿＿支付，计人民币（大写）＿＿＿＿＿元。乙方在＿＿年＿月＿日需押＿＿元付＿＿元给甲方。先付后用。以后在租期内的每年＿月＿日付清当年租金。

第四条　租赁期间的房屋修缮

甲方对出租房屋及其设备应定期检查，及时修缮，做到不漏、不淹、三通（户内上水、下水、照明电）和门窗完好，以保障乙方安全正常使用。乙方应当积极配合。

第五条　租赁双方的变更

1．如甲方按法定手续程序将房产所有权转移给第三方时，在无约定的情况下，本合同对新的房产所有者继续有效；

2．乙方需要与第三人互换用房时，应事先征得甲方同意，甲方应当支持乙方的合理要求。

第六条　乙方必须遵守当地暂住区域内的各项规章制度。按时交纳水、电气、收视、电话、卫生及物管等费用。乙方的民事纠纷均自行负责。水、电、气底数各是：水＿＿＿吨，电＿＿＿度，气＿＿＿方。

第七条　押金处理方法

乙方退房时，结清水、电、气费，交还钥匙后，由甲方退还乙方押金＿＿＿元。

第八条　违约责任

1．甲方未按本合同第一、二条的约定向乙方交付符合要求的房屋，负责赔偿＿＿＿元。

2．租赁双方如有一方未履行第四条约定的有关条款的，违约方负责赔偿对方＿＿＿元。

3．乙方逾期交付租金，除仍应补交欠租外，并按租金的＿＿%，以天数计算向甲方交付违约金。

4．乙方擅自将承租房屋转给他人使用，甲方有权责令停止转让行为，终止租赁合同。同时按约定租金的＿＿%，以天数计算由乙方向甲方支付违约金。

5．本合同期满时，乙方未经甲方同意，继续使用承租房屋，按约定租金的＿＿%，以天数计算向甲方支付违约金后，甲方仍有终止合同的申诉权。

第九条　免责条款

1．房屋如因不可抗拒的原因导致损毁或造成乙方损失的，甲乙双方互不承担责任。

2．因市政建设需要拆除或改造已租赁的房屋，使甲乙双方造成损失，互不承担责任。

因上述原因而终止合同的，租金按实际使用时间计算，多退少补。

第十条　争议解决的方式

本合同在履行中如发生争议，双方应协商解决；协商不成时，任何一方均可向房屋租赁管理机关申请调解，调解无效时，可向经济合同仲裁委员会申请仲裁，也可向××人民法院起诉。

第十一条　其他约定事宜

1．＿＿＿＿＿

2．＿＿＿＿＿

第十二条　本合同一式2份，甲乙方各执1份。从签字之日起生效，到期自动作废。本合同未尽事宜，甲乙双方可共同协商。

甲方（签字盖章）：　　　　　　　乙方（签字盖章）：
身份证号码：　　　　　　　　　　身份证号码：
联系电话：　　　　　　　　　　　联系电话：
住址：　　　　　　　　　　　　　住址：
××××年××月××日　　　　　　××××年××月××日

简析： 这是一份房屋租赁合同。该合同内容较详细、严谨，考虑到了合同的基本要素及租赁的各种情况，这样可以有效避免日后的纠纷。

思考训练

一、简答题

1. 什么是合同？合同的作用是什么？
2. 合同有何特点？
3. 合同的基本结构有哪几部分？
4. 合同的主体条款应写明哪些基本内容？
5. 合同写作时需注意什么问题？

二、分析题

指出下面合同的问题，并说明理由。

合同

甲方：××文化活动中心办公室主任王立刚
乙方：刘忠和（城建建筑工程公司一把手）

甲方因文化活动需要，经国家相关部门批准，建造一座文化活动中心大楼。经双方协商，订立本合同。

（1）甲方委托乙方建造中心大楼一座。
（2）建造费用为 127 万元。
（3）付款办法：甲方在签订合同后，先交约 1/3 建造费，余款在完工后再付。
（4）大楼建造工期待乙方筹备就绪后择日开工。乙方力争在 1 年内完工，如遇困难，争取在后年 5 月左右交房。
（5）如果双方因工程质量发生争执，应本着协商的态度加以解决，协商不能解决，任何一方都有权采取进一步的措施，直至提起诉讼。
（6）本合同一式两份，双方各执一份。

甲方：王立刚

乙方：刘忠和

2012.11.12

三、写作练习

根据下列材料，拟写一份合同。

华盛茶叶公司法人代表王志勇和红叶茶场法人代表蔡德熙于2012年3月10日签订了一份茶叶购销合同，前者给后者提供红叶特级绿茶，数量为500千克，每千克价格为64元，2012年6月20日之前由茶场直接运往公司，运费由茶场负责，检验合格后，公司于收货并检验合格10天内通过银行转账交付货款。茶叶必须用大塑料外包，纸袋内装，外用纸箱或麻包袋装。包装费仍由茶场负责。茶场地址为××省常清县城北区，开户银行是常清县农业银行，银行账号××××××，电话×××××××××。茶叶公司地址为海口市××路××号，开户银行为海口市工商银行，账号××××××，电话×××××××××。合同签订后，如双方不履行，在正常情况下拒不交货或拒付款都须处以总货款20%的罚金；迟交货或迟付款，则每天罚总货款的万分之三的滞纳金；数量不足，按20%的比例付违约金，并按不足部分的货款计赔偿金；质量不合格，公司可退回不合格茶叶，茶场需按20%的比例付违约金，并按不合格部分的货款计赔偿金。如遇特殊情况不能按时交货或付款，则须提前20天通知对方，并按总货款的10%赔偿对方损失费。本合同由常清县工商行政管理所鉴证。

 知识拓展

合同与协议

合同与协议，都是确立当事人双方法律关系的法律文书。两者之间既有联系又有区别。

所谓协议，是指有关国家、政党、企业、事业单位、社会团体或者个人，在平等协商的基础上订立的一种具有政治、经济或其他关系的契约。合同是平等主体之间设立、变更、终止民事权利义务关系的协议。从中可以看出，合同就是协议。但根据逻辑学的原理，所有的合同都是协议，但并非所有的协议都是合同，所以合同是具有特定内容的协议。

合同与协议虽然有其相通之处，但两者也有其明显区别。合同与协议不能只从名称上来区分，而应该根据其实质内容来确定。合同的特点是明确、详细、具体，并规定有违约责任；而协议的特点是没有具体标的、简单、概括、原则，不涉及违约责任。从其区别角度来说，协议是签订合同的基础，合同又是协议的具体化。

第三节　广告

 学习目标与要求

1. 了解广告的概念、种类、特点。
2. 熟练掌握广告的结构和写作规范。
3. 模拟写作，培养撰写广告解决实务的能力。

任务导入

××市拟在今年春季大型车展上推出新型轿车——上海大众桑塔纳2000，为此展方需提前通过媒体进行广告宣传，请你为展方设计一份广告文案。

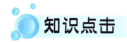 **知识点击**

一、广告的概念

广告即广而告之之意，是为了某种特定的需要，通过一定媒介物，公开而广泛地向公众传递信息的一种宣传方式。广告有多种表达形式，如文字、图片、音响和影像等。

广告有广义和狭义之分，广义的广告是指公开广泛地告诉公众某种信息的宣传方式，包括商业广告和非商业广告。商业广告指有关推销商品或提供劳务的营利性广告；非商业性广告指出于某种宣传目的而做的广告，如寻人启事、遗失声明、征婚广告等。狭义的广告是指商业广告，它是现代广告的主要方面。我们在此讨论的主要是侠义的广告。

广告的主要作用是通过传播信息推销产品。同时，广告还有激发消费，繁荣经济；促进认识，美化生活等作用。

二、广告的特点

1．真实性

《中华人民共和国广告法》规定：广告应当真实、合法，符合社会主义精神文明建设的需求。不得含有虚假内容，不得欺骗和误导消费者。

2．营利性

当下市场经济中的市场竞争异常激烈，企业或商家要增强竞争能力，除产品实力之外，还要借助广告宣传，制作精良的广告既可提高商品的竞争能力，又可说服感染消费者、促进购买行为，为企业或商家带来良好的经济效益。这是广告区别于其他文体的一个重要特点。

3．鼓动性

在遵循《中华人民共和国广告法》保证真实合法的前提下，企业或商家的广告应善于抓住产品特点及消费者心理进行有针对性的鼓动和宣传，激发消费者的兴趣、引起购买欲望。

4．艺术性

广告除实现经济目的外，还需综合运用语言、声音、画面等艺术表现形式给人以美的享受，这样才有较强的逼真性和艺术感染力，才会吸引消费者，进而促进销售。艺术是广告的魅力所在。

三、广告的分类

按不同标准划分，广告有不同的种类。下面以常见的几类进行说明。

1．按表现形式的不同划分

（1）平面广告。主要由广告文稿、插图、色彩、商品标识或企业形象标志等要素构成，如印刷类广告、路牌广告、车身广告、霓虹灯广告等。

（2）影视广告。是集文字、音乐、舞蹈、美术、摄影于一体的综合艺术，其构成的基本要素是画面、声音、文字三大项。

还有一种近几年兴起的网络广告，因其媒介的特殊性，兼容了平面广告和影视广告的所有构成要素。但因各种因素的限制，目前其功能或特点还未充分开发，其表现接近于平面广告或影视广告。

2．按广告内容和特点的不同划分

按广告内容和特点的不同，广告可分为商品广告、企业广告、劳务广告等。其中商品广告

是商业广告的主体。

3．按传播范围的不同划分

按传播范围的不同，广告可分为商场广告、地区性广告、全国性广告、国际广告等。

4．按诉求方式的不同划分

按诉求方式的不同，广告可分为情感型广告、说明型广告、悬念型广告、趣味型广告等。

四、广告文案的结构与写法

通常，一则广告可以没有画面、声音，但不能没有文字，广告文案是广告内容的文字化表现。广告文案不仅是广告策划与广告创意的物化，更是广告主题的集中体现，它在整个广告作品中具有举足轻重的地位，直接关系到整个广告活动的成败。

广告文案通常由标题、广告正文、广告口号和随文四要素组成。

（一）标题

广告的标题是广告基本内容的集中体现，好的标题应成为广告的旗帜和眼睛，能吸引消费者的注意、激发消费者的购买欲望，起到画龙点睛的作用。因此，标题往往处于文案最醒目的位置。

按诉求的方式进行划分，常见的广告文案的标题有直接、间接和综合 3 种。

1．直接标题

直接标题是直接以广告主、商品、品牌名称、货物牌号等构成的标题。此类标题把广告所要传播的信息直接传递给消费者，使广告的主要内容一目了然，如"福达彩色胶卷"、"百事可乐"、"健力士黑啤酒"。这类标题一般开门见山，很少用修饰语，直截了当地把广告最有价值的内容告诉消费者，具有简单、明朗、确切的特点。此类标题适用于那些历史悠久、品牌独特的产品，对打算创立品牌、提升知名度的广告主作用较大，对于一般的广告主和产品，作用较小。

2．间接标题

间接标题不直接传播商品的名称、牌号、制造商等，而是采用耐人寻味的方法，把消费者注意的重点吸引到广告的正文中来。大多使用各种修辞方法或哲理丰富、含义隽永的语言，以达到言外有言、趣味盎然的效果，如"只要青春不要痘"（化妆品）、"公道不公道，只有我知道"（电子秤）、"默默无'蚊'的奉献"（蚊香）。这类标题虽不直接表达广告的内容，但通过结合商品的某方面特点使用耐人琢磨的语言，来诱发消费者的兴趣，消费者也可根据文案全文或画面理解广告的含义。

3．综合标题

综合标题综合了直接标题和间接标题两者之长，既点出广告主、商品或牌号等基本内容，又配以形象、抒情、隽永的语句，虚实结合，表里兼顾，使标题别具一种吸引力，如"放我的真心在你的手心——美加净护手霜"、"中原之行哪里去？郑州亚细亚"、"天下美酒万千众，最美不过西江贡"。此类标题具有较大的信息容量，故很受广告主和消费者的喜欢。

在间接标题和综合标题的设计中，可采用不同方式进行，常见的有陈述式、问题式、祈使式、修辞式、承诺式、悬念式、故事式等，如"你只需按一下快门，余下的一切由我来做"（照相机）、"人类失去联想，世界将会怎样？"、"此地严禁吸烟，皇冠牌香烟也不例外"、"流利似飞箭"（钢笔）、"治病不开刀，光到见疗效"（激光治病）、"不是药，但比药更有效"（营养米）、"谁来电，让我心头一震"（手机）。

（二）广告正文

广告正文，是广告文案的核心部分。通常在广告标题之下，对广告标题进行具体、详细的解释和阐述，以促使人们对广告产品的特点、性能、服务、价格和企业的历史、现状等获得一个具体、确切的了解，从而激起消费者的购买欲望。

正文是广告的具体内容，比标题更详细周密，是广告标题的眼神和说明。标题吸引了消费者的注意后，能否进一步说服消费者，使他们从广告的关注者转变为消费者，这就要看广告正文的写作了。

广告正文具体可采用简介体、新闻体、自述体、故事体、诗歌体、散文体、歌曲体等表现形式。

例如，"西江贡酒"广告的标题是"天下美酒万千众，最美不过西江贡"，其正文用诗歌体把该产品的优点仅用寥寥数语就概括出来：

入口，醇厚温软，齿颊生香；
入腹，温胃行气，香气满怀。
养胃、养心、养生。
加可乐，法国轩尼诗的味道；
加雪碧，英式白兰地的口感；
优雅、个性、时尚。

再如，某复印机广告正文采用新闻体形式，"随国家'极地号'南极考察船，历时 199 天，复印二三万余张，质量始终如一，无故障"。用具体有力的数字对其产品服务特性进行说明，强化其广告的传播效应。

（三）广告口号

广告口号，又称广告语，是为了强化消费者对企业、商品或服务的印象，在广告中长期反复使用的特定宣传用语。

广告语是企业、商品或服务与受众之间的认知桥梁；可通过多层次传播，形成口碑效应，进一步加强受众对企业、商品和服务的一贯印象。它的写作一般句式简短、内涵丰富、反复运用。例如，当人们一看到"一切皆有可能"的广告语，就自然而然联想到阿迪达斯。

按不同用途来分，常见广告语有产品形象广告语、企业形象广告语、服务型广告语三类。

产品形象广告语，是体现产品特性、功能，树立某一产品或品牌优势的广告语，如"味道好极了"（咖啡）、"力波啤酒，的确与众不同"、"用了都说好"（达克宁霜）。

企业形象广告语，是根据企业的纲领、方针、历史、现状等情况，确立企业地位的广告语，如"上海大众永远和您在一起"（大众汽车）、"全心全意小天鹅"（小天鹅公司）、"创世界名牌，扬民族志气"（波司登羽绒服）。

服务型广告语，是品牌或企业赋予产品附加意义的广告语，可以是专业承诺，也可是情感传递，如"威力洗衣机，献给母亲的爱"、"大宝，天天见"、"牡丹虽好，还要爱人喜欢"（牡丹电视机）、"专业专注，全心服务"（诺基亚手机）、"我追求，我拥有"（乔丹）、"一股浓香，一缕温暖"（南方黑芝麻糊）。

（四）随文

随文又称附文、尾文，是商业广告的必要说明，一般位于广告的结尾处。

随文具体包括品牌名称、企业名称、企业标志或品牌标志、企业地址、电话、邮编、联系人；购买商品或获得服务的途径和方式、权威机构证明标志；另含特殊信息：奖励的品种、数量，赠送的品种、数量和方法等；如需反馈，还可附加反馈表格。

五、广告的写作要求

1．内容要真实健康

广告内容真实、健康是广告法确定的一个基本规则。做广告虽需要使用各种别出心裁的创作手法，但这与广告的内容必须真实可靠不矛盾。做到不夸大事实，不故作含混，不以假充真，这是广告内容最基本的要求。否则，广告不仅要受到相应惩罚，名誉受损，自砸招牌，严重的还会受到法律的制裁。

2．创意要实用点题

创意是广告活动的关键。一个奇妙的创意，往往是一个优秀广告的基础。但广告文案的写作归根结底还是一种经济文体的运用，它的奇思妙想最终总要以促进消费结束，广告文案不是文学艺术，它的优秀与否最终标准是经济效益而不是艺术成就。因此，广告创意一定要从广告主的宣传目的和消费者的需求角度去做文章，这样才不失其价值和意义。

3．语言要准确简明

因广告的撰制和传播都要花费一定的财力，因此，广告的篇幅总是有限的，这就要求广告的信息要准确实用，语言要简洁明了、寓意丰富，尽可能用寥寥数语概括广告的关键内容，保证消费者在很短的时间内能认识了解产品信息。

4．形式要新颖生动

广告的内容要真实健康，但表现形式可以活泼多样。广告的创作要善于抓住产品特点或企业文化来标新立异，使广告词具有新奇活泼的冲击力。不落俗套、新颖生动、耐人寻味才会创作出出色的广告。

例文评析

例　文　一

瑞士欧米茄手表广告文案

标题：见证历史　把握未来

正文：全新欧米茄碟飞手动上链机械表，备有 18K 金或不锈钢型号。瑞士生产，始于 1848 年。对少数人而言，时间不只是分秒的记录，亦是个人成就的佐证。全新欧米茄碟飞手表系列，将传统装饰手表的神韵重新展现，正是显赫成就的象征。碟飞手表于 1967 年首度面世，其优美典雅的造型与精密科技设计尽显贵族气派，瞬即成为殿堂级的名表典范。时至今日，全新碟飞系列更把这份经典魅力一再提升。流行的圆形外壳，同时流露古典美态；金属表圈设计简洁、高雅大方，灯光映照下，绽放耀目光芒。在转动机件上，碟飞更显工艺精湛。机芯仅 2.5 毫米薄，内里镶有 17 颗宝石，配上比黄金罕贵 20 倍的铑金属，价值非凡，经典设计，浑然天成。全新欧米茄碟飞手表系列，价格由八千至二十余万元不等，不仅为您昭示时间，同时见证您的杰出风范。备具纯白金、18K 金镶钻石、18K 金，以及上乘不锈钢款式，并有相配衬的金属或鳄鱼皮表带以供选择。

广告语：欧米茄——卓越的标志

随文：略

简析： 这是一份报纸刊登的平面广告文案。整个文案的标题、正文、广告语要素齐备，结构严谨，始终围绕一向的"豪阔大气"的品牌文化进行渲染，抓住了受众接受广告信息的规律，从消费者心理角度出发，传播效果明显。文案真实，行文流畅不做作，将产品信息娓娓道来，不急不缓，却彰显出品牌的厚重感。

例　文　二

上海大众桑塔纳 2000 轿车报纸广告文案

标题：并非所有的人都能真正懂得它所代表的含义

正文：面对火箭升空，人们更多的是陶醉于它那扶摇直上的雄姿、雷霆万钧的气势，只有少数人从火箭每一米的上升高度，来测量人类创造力的无限，感受科技进步的美妙。24 小时之内，作为中德科技多年合作的辉煌结晶的另一种创造力与进步的代表，它就要出现在你的面前了，也许你已经焦急地等待了好几天，那么现在你真的可以暂时放下手边的事，平心静气，拭目以待——一个振奋人心的时刻，它的到来已经进入倒数计时了。

广告语：卓然出众，彰显尊荣

随文：××××年×月×日～×月×日，××广场春季大型车展

简析： 这是一份报纸广告文案。文案中首先使用了悬念式的间接标题，一下子就抓住了受众的注意力，引入正文的阅读；正文把商品的性能、预期影响力与火箭技术给人们带来的震撼相类比，仍继续以悬念方式宣传商品所蕴含的创造力和科技水平，到最后才揭开谜底；广告语采用突出产品形象的四字词语，易记易传。

思考训练

一、简答题

1. 什么是广告？其特点有哪些？
2. 在我们的生活中常见的广告有哪几种？
3. 简要说说广告的写作规范及其注意事项。

二、分析题

请判断下列广告用语是否合适，并简要说明理由。

1. 不要太潇洒。（西服）
2. 百度一下，你就知道。（百度）
3. 康必得，得必康。（医药）
4. 柴油机的广告正文：

本产品设计合理，外观美观，结构紧凑，性能优良，价格低廉，欢迎选购，代办托运，实

行三包。

三、写作练习

假如你所在的大学要在《××晚报》上刊登一个版面的招生广告，请拟写 1 份广告文案。

 **知识拓展**

广告标题与广告口号的区别

1. 表现功能不同

口号：加强企业、商品或服务的一贯的、长期的印象。

标题：使广告能得到受众的注意，吸引受众阅读广告正文。

2. 表现风格不同

口号：具有口头传播特征，力求自然、生动、流畅，给人以琅琅上口的音韵节奏感。平易、朴素、富于号召力。

标题：新颖、有特色、能吸引人，在广告中起到提纲挈领的作用，倾向于书面语。

3. 运用时限与范围不同

口号：运用的时间长，运用范围广。

标题：是一则一题，运用时间短暂，运用范围窄。

4. 负载信息不同。

口号：所负载的信息是企业的特征、宗旨、商品的特性、服务的特征等，是企业、商品和服务的观念与特征的体现。

标题：为吸引消费者的注意，可以用广告口号中的同样的信息负载，也可以负载与广告中的信息不相关的信息内容。

第四节　商务信函

学习目标与要求

1. 了解商务信函的概念与特点。
2. 熟练掌握商务信函的结构和写作规范。
3. 模拟写作，培养撰写商务信函解决实务的能力。

 **任务导入**

　　××市光明家具有限公司与××市兴达贸易有限公司签订了一份《购买电脑桌合同》，但贸易公司发现所收的 35 套黄花牌电脑桌部分出现接口破裂，特给家具公司发函请求协助处理。家具公司为此回函道歉并表态。请你代家具公司拟写一份道歉函。

 知识点击

一、商务信函的概念

商务信函是指企业与企业之间，在各种商务场合或商务往来过程中所使用的简便书信。

商务信函的主要作用是在商务活动中用来建立经贸关系、传递商务信息、联系商务事宜、沟通和洽商产销、询问和答复问题、处理具体交易事项。其种类包括联系函、推销函、订购函、确认函、索赔函等多种。

二、商务信函的特点

1. 语气的口语性

每一封商务信函的往来都是不同的企业之间或者企业领导者彼此之间的一种情感交流。信函读起来应使人感到非常热情、友好，就像朋友之间的谈话那样简单、自然、人性化，而不应用一种特殊的"生意腔"，无论是歉意的道歉函，还是善意的劝说函，或者购买函，完全可以通过信函中的语气、语调来表现。

2. 内容的直接性

企业每天都要阅读大量信函文件，因此商务信函要写得简明扼要，短小精悍，切中要点，而不需要用华丽的词句。当涉及数据或者具体的信息时，如时间、地点、价格、货号等，要用语精确，应力求使信函读起来简单、清楚、易理解，这样才更有助于加快商务活动的进程。

3. 主旨的单一性

商务信函具有纯粹的业务性，一般要求专文专事，内容集中单一，围绕公务，突出主旨。

4. 格式的规范性

商务信函的结构类似于一般的书信，有称呼、正文和署名。外贸商务函电的写作则必须依照国际惯例，用英语或对方国家所使用的语言书写，在文法和书写格式上也要符合对方的语言规范和习惯。

5. 地位的平等性

商务信函是两个平等法人之间的往来文书，反映双方平等、互惠互利的关系。商务信函的写作应相互尊重，以礼相待。

6. 要求的时限性

商务信函是在商务活动的某个环节中形成的，每封信函都是一定时限内的双方意愿的明确表达。因此，接收对方的信函后必须及时回复。目前，信函的传递越来越多地使用图文传真、电子邮件等快速传递形式以适应这一特点的需要。

7. 功用的凭证性

商务活动中的很多商务信函就是双方经济往来的凭证，应规范对待和存档。

三、商务信函的结构与写法

商务信函一般由信头、信文和附件三部分组成。

（一）信头

信头的样式多种多样，一般包括发信人名称及地址、电话、电子邮件地址等信息；信头左下方一般是对方和己方的编号；编号下方写收信人的名称与地址；信头右下方写日期。

（二）信文

信文由标题、称谓、正文、落款四部分组成。

1．标题

标题在信函首页上方居中书写，其内容是标明事由体现全文的中心内容，点明主旨。常见的商务信函标题有以下两种。

（1）简明式标题。由事由加文种名称"函"构成，如《关于要求承付打印机货款的函》、《推销函》、《订购函》、《索赔函》等。

（2）公文式标题，如《××公司关于××公司预购我国纺织品的签复函》。

2．称谓

称谓是对收信人或收信单位的称呼，一般写受文者的尊称。一般在标题左下方，单独占行顶格书写，后面加冒号，如"尊敬的先生"、"尊敬的女士"，或"尊敬的办公室主任"、"尊敬的财务部部长"、"尊敬的销售部经理"等。

3．正文

正文是商务信函的核心内容，通常由发函缘由、发函事项、发函希望与要求三部分组成。

（1）发函缘由，即写此信函的原因、根据，要简明扼要。若首次发函还可先做自我介绍；若给对方复函，要先引述对方来函的日期、事由作为发函缘由。

（2）发函事项，要详细陈述需告知对方的具体事项，阐明自己的意见，或针对来函做出答复。

（3）发函希望与要求，可用一两句惯用语表明对收文者的希望和要求，如"特此函达"、"盼复函"、"拜托之事，承望协助解决为盼"等。

4．落款

在正文右下方，应有签名或公章及日期。若内贸重要信函一般要盖发函方公章；若有发函人署名的信函必须亲笔签名，以示对信函的重视与负责。

日期一般是发信具体时间，因涉及商务业务往来，商务信函务必写明发函日期。日期要年、月、日俱全。如内贸商务信函可写成 2013 年 8 月 8 日，外贸商务信函可写成 2013 年 08 月 08 日。

（三）附件

附件是对正文必要的补充、说明或解释，主要是指随函附发的有关材料，如报价单、发票、确认书、单据等。如果需要标注附件的，一般在正文最后左侧写明附件的名称和件数。如果附件是两个以上的，则要加上编号，以便对方对照查阅。

以上格式内容在使用时，应当根据实际情况选用、调整。一般情况下，标题、称谓、正文、落款是必备项，其他的则是或有项。

四、商务信函的写作要求

1．表意清楚

商务信函的表意要十分清楚，不要使人误解，不应有模棱两可的地方。商务信函需要的是直接、简明而正确的表述。

2．表达简要

商务信函的写作要突出主旨，专事专文，内容集中单一。即使有时涉及一些复杂的问题，也不能一味强调简短，要去掉陈词滥调，力求使信函清楚、简要。

3．态度礼貌

无论企业大小，法人是平等的民事主体。因此，商务信函应相互尊重，讲究礼貌。即便发生分歧，也要用礼貌的方式而不是粗暴的方式解决。

例文评析

例 文 一

工程结算催办函

20××年催函字第×号

××公司：

20××年×月×日我公司与你单位签订了一份施工工程合同，合同签订后，我单位按约施工，于20××年×月×日竣工并交付于你单位。但时至今日，你单位迟迟不做工程结算工作（相关结算材料已于×月×日转交你单位），导致工程款不能落实，故发此函，请你单位在×日内组织并完成工程结算工作。

收到本函后，请将回执签字盖章后交付或挂号邮寄到××××××（邮寄地址），邮编×××××。

附件：回执单

××××公司（公章）

20××年×月×日

简析：此函属于商务往来中使用的催办函。本函标题、称谓、正文、附件、落款齐全，格式规范完整，理由明确，内容单一，语言得体，信息具体，便于操作。

例 文 二

道 歉 函

××市兴达贸易有限公司：

贵公司20××年×月×日《××××函》收悉。函中所诉20××年1月7日《购买电脑桌合同》中，所收的35套黄花牌电脑桌部分出现接口破裂一事，我公司对此深表歉意，此事已引起我方高度重视，现已就此事进行调查。

经有关部门查实：我厂生产的××××型黄花牌电脑桌，出厂时，经质检部门检验全部为优质产品。函中所提的部分电脑桌出现接口破裂，是由于我方工人在出仓时搬运不慎造成的。对贵公司的损失，我公司再次深表歉意，并请贵公司尽快提供电脑桌受损的详细数字及破损程度报告，以及公证人证明和检验证明书，我公司将以最快的速度按实际损失给予无条件赔偿。

对此，我们将引以为戒，查找工作中存在的问题和不足，制定改正措施，杜绝此类事件的发生。我公司真诚希望能够得到贵公司的谅解，更希望能够与贵公司继续保持良好的贸易往来关系。

候复。

××市光明家具有限公司（公章）

20××年×月×日

简析：本函是经济活动中因质量问题而发的道歉函，属于回函。函中首先引述对方来函信息，并对发生的质量问题表示道歉；然后对不合格家具的出厂检验及造成原因进行解释和说明，并请对方配合提供问题家具的最新检验证明，进而表示赔偿的处理意见；最后提出要求并表达希望。格式完整规范，用语准确礼貌，工作信息清楚。

 思考训练

请指出下面商务信函的不妥之处，并说明理由。

××县食品公司关于催交欠货的函

国营新光农场：

　　在多年的业务交往中，由于双方恪守信约，生意越做越大，互得其利，值得珍惜。

　　我公司曾于今年年初与贵场签订了一份数额可观的购销合同，其中规定：从4月1日起至12月30日止，由你场为我公司提供花生12000千克、花生油7000千克。令人遗憾的是：你们一反常态，不守信用，至今年12月初，交货不足一半。我们曾先后两次去信催货，你们却置之不理。现在春节临近，市场需求量大增。为了做好春节市场食品供应，满足城乡人民需要，你们务必在本月底将所欠余货如数交足，否则按合同罚款，后果自负。

　　特此函告。

××县食品公司（章）

二〇一一年×月×日

 知识拓展

商务函电、商务信函与商务电函

　　商务函电包括商务信函和商务电函两大类。

　　通常人们把企业与企业间相互递送的有关商贸事务的信函称为商务信函，把通过电子通信工具传送的有关商贸事务的电函称为商务电函，其形式包括电报、电传、传真、电子邮件等。

　　商务函电的概念有广义、狭义之分。广义的商务函电是指商务活动当事方在洽谈业务、磋商问题、交流信息等过程中往来的信函、电话、传真、电报等文书；狭义的商务函电一般只指书面形式的商务信函。

　　另外，商务函电因商务活动区域不同，可分为中文商务函电和外贸商务函电两类，具体使用过程中应分清区别，规范使用。

第五节　起诉状　答辩状

🔵 学习目标与要求

1．了解起诉状、答辩状的概念、特点及分类。
2．熟练掌握起诉状、答辩状的结构和写作规范。

3．模拟写作，培养撰写起诉状、答辩状解决实务的能力。

起 诉 状

 **任务导入**

2011年4月1日兰州××有限公司职工王×骑助力电动车上班途中，被甘肃××有限公司驾驶员胡×驾驶的小客车撞伤，经××公安分局交巡警支队认定，胡×承担全部责任，但事后胡×对王×的救治始终不积极甚至拒绝。为此，王×要向人民法院对胡×提起诉讼。请你为王×拟写一份起诉状。

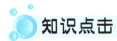 **知识点击**

一、起诉状的概念

起诉状是指公民、法人或其他组织在自己的权益受到侵害或与他人发生争执而未能协商解决时，为维护自身的权益，依法向人民法院递交要求依法裁判的法律文书。

二、起诉状的特点

1．法定性

"以事实为依据，以法律为准绳"是人民法院办案工作的基本原则，也是拟写起诉状的基本原则。因此，提出请求事项和阐述理由都必须做到有法可依。

2．具体性

起诉状具有特定的被告与明确的请求。起诉状有具体的指控对象，需将自己的诉讼请求明确具体地写在开头。

3．规范性

起诉状在写作上有严格的体例格式，不能随意增减其中的项目，变动其先后次序，否则，人民法院不予受理。同时，起诉状的用语也要高度概括和明确，语言使用要规范准确。

三、起诉状的分类

根据案件的性质和目的不同，起诉状可分为刑事起诉状、民事起诉状和行政起诉状三类。

1．刑事起诉状

刑事起诉状是自诉人或其法定代理人依据有关法律和事实，直接向人民法院起诉，要求追究被告人的刑事责任的书状。限于告诉才处理和不需进行侦查的轻微刑事案件，如侮辱诽谤、伤害、暴力干涉婚姻自由、重婚、虐待和遗弃等诉讼处理的案件。其他需侦查的刑事案件则由人民检察院提起公诉。

2．民事起诉状

民事起诉状是原告或其法定代理人，为维护民事权益就有关民事权利和义务的争执或纠纷，向人民法院提交的诉状。主要有离婚、赡养、抚养等婚姻家庭纠纷案件，所有权、继承权、损害赔偿、分割共同财产、合同等财产权益纠纷案件，著作权、专利权等知识产权纠纷案件。

3．行政起诉状

行政起诉状是行政机关或行政机关工作人员的具体行为所涉及的公民、法人或者其他组织

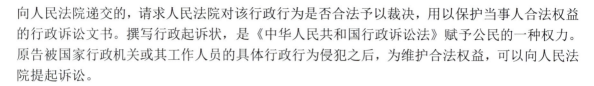

向人民法院递交的，请求人民法院对该行政行为是否合法予以裁决，用以保护当事人合法权益的行政诉讼文书。撰写行政起诉状，是《中华人民共和国行政诉讼法》赋予公民的一种权力。原告被国家行政机关或其工作人员的具体行政行为侵犯之后，为维护合法权益，可以向人民法院提起诉讼。

四、起诉状的结构与写法

起诉状一般由标题、首部、正文和尾部四部分组成。

（一）标题

标题居于首页上方正中央，要写明案件性质和文书种类名称，如《民事起诉状》、《刑事起诉状》等。

（二）首部

起诉状的首部包含两方面的内容。

一是指当事人双方的基本情况。撰写时应按照先原告后被告的顺序，分别依次写明：姓名、性别、出生年月日、民族、籍贯、职业、工作单位和住址。若是机关、团体或企事业单位，应写明单位全称、所在地和法定代表人的姓名与职务。

二是案由。即控告的具体事项或罪名，应写明案件名称，如继承、离婚、损害赔偿等。

（三）正文

正文是行政起诉状的核心内容，一般包括诉讼请求事项、事实和理由、证据和证据来源 3 项内容。

1．诉讼请求事项

诉讼请求事项是原告在诉讼过程中向人民法院提出的解决有关纠纷的要求，或通过诉讼要达到的目的，如要求与被告离婚、赔偿损失、履行合同等具体详细的内容，是对首部案由更进一步的细化。有多项请求的应按顺序逐一列出。因此，诉讼请求要表述明确、具体，合理、合法。

2．事实和理由

事实和理由是起诉状的核心部分，起诉状的事实是法院裁判的根据，因此一定要把事实和理由写充分、透彻。

事实，必须写明被告侵犯起诉人合法权益的原因、事实经过及造成的结果，以及各自应负的责任等。若是经过行政复议后不服提出起诉的，还要写清楚复议行政机关做出的复议决定过程和结果。

理由，有事实理由和法律理由两项内容。事实理由是在前面纠纷事实概述的基础上，分析认定被告侵权或违法行为的性质与危害后果，说明过错责任，然后予以论证，说明所提出的诉讼请求是合理合法的。法律理由是指用法律规定来衡量犯罪或纠纷事实，从法律角度说明孰是孰非，并全面援引有关法律条文作为起诉的依据，请求人民法院予以裁决。

3．证据和证据来源

证据是证明所述事实真实性、可靠性的依据，直接关系到案件的事实和理由能否成立，是诉讼成败的关键。具体证据包括当事人陈述、书证、物证、视听资料、电子数据、证人证言、鉴定意见、勘验笔录等。列举证据时应写清证据的名称和内容、证据来源和可靠程度、证明何事、证人的姓名职业住所等。

证据的列举应详细、分明，其叙写的位置一般都在正文之后，在附件中用列清单的方式写出。

（四）尾部

起诉状的尾部一般包括受文对象、起诉人签名或盖章、起诉日期、附件说明 4 项内容。

（1）受文对象，即致送的人民法院。一般在正文文字下一行空两格写"此致"，再下一行顶格写受文的人民法院名称全称。

（2）起诉人签名或盖章，在受文对象的右下方写"原告：×××"、"起诉人：×××"、"具状人：×××"，签名需起诉人亲笔签名；若起诉状系律师代写，则要写清律师的姓名及工作单位名称，并置于起诉日期下一行；若起诉人为法人或其他组织，应写明组织全称，法定代表人签字盖章，再加盖公章。

（3）起诉日期，在署名之下，要写明起诉状递交人民法院的日期，应年月日完整。

（4）附件说明，另起一行书写，此部分要具体说明起诉状副本的份数和证据的种类、名称、数量及证人基本情况等。

五、起诉状的写作要求

（1）被告人应明确。若有两个以上的被告人，则应按其承担责任的大小、主次顺序排列。

（2）诉讼请求应明确。提起诉讼要求解决的问题应具体明确、切实可行。如需对方给付的标的（金钱、物品等）要准确估算，适度合理，数字明确，避免笼统抽象，否则人民法院将无法受理。

（3）事实和理由应充分阐述。事实部分一般按事实发生、发展的顺序，围绕中心来写。理由部分要有足够的法律依据。

例文评析

例　文　一

经济纠纷起诉状

原告人：××公司。

所在地：××市××区××路××号。

法定代表人：鲁××，公司经理。

被告人：××超市。

所在地：××市××区××街××号。

法定代表人：刘××，超市经理。

案由：追索货款，赔偿损失。

诉讼请求：

1．判令被告偿还原告货款 3 万元。

2．判令被告赔偿拖欠原告货款 3 个月的利息损失。

3．判令被告赔偿原告提起诉讼而产生的一切损失，包括诉讼费、律师费等。

事实和理由：

原告与被告于 2010 年 10 月 20 日商定，被告从原告处购进西凤酒 200 箱，价值人民币 3 万元。原告于当年 10 月 21 日将 200 箱西凤酒用车送至被告处，被告立即开具 3 万元的转账支票交付原告，原告在收到支票的第二天去银行转账时，被告开户银行告知原告，被告账户上存款只有 1.2 万余元，不足清偿货款。由于被告透支，支票被银行退回。当原告再次找被告索要货款时，被告无理拒付。后来原告多次找被告交涉，均被被告以经理不在为由拒之门外。根据《中华人民共和国民法通则》第一百零六条第一款和第一百三十四条第一款第七条的规定，被告应当承担民事责任，原告有权要求被告偿付货款，并赔偿由于被告拖欠货款而给原告带来的一切经济损失。

证据和证据来源：

1．被告收到货后签收的收条 1 份；

2．银行退回的被告方开的支票 1 张；

3．法院和律师事务所的收费收据 8 张。

此致

××区人民法院

起诉人：××公司（公章）

2010 年 10 月 22 日

附：

1．本状副本 1 份；

2．书证×份。

简析： 这是一份关于经济纠纷的民事起诉状，事实清楚，理由充分，语言简明，结构规范。

例　文　二

交通事故起诉状

原告：王×，女，汉族，生于 1954 年 3 月 25 日，兰州××有限公司职工。

住址：兰州市××路××号 101 室，电话：×××××××

邮编：××××××

被告：胡×，男，汉族，甘肃××有限公司驾驶员。

住址：兰州市××路××号 672 室，电话：×××××××

诉讼请求：

一、判令被告向原告支付人身损害赔偿金 80000 元（具体详见清单）；

二、判令被告向原告支付精神损害赔偿费 10000 元；

三、赔偿原告助力电动车损失费 6000 元；

四、本案诉讼费由被告承担。

事实与理由：

2011 年 4 月 1 日下午一时许，原告在上班途中，骑助力电动车正常行经兰州市××路与××路交叉路口时，遭遇被告胡×驾驶的小客车（牌号为甘 A×××××）右转弯撞击，致使原告头部直接坠地及身体多处受伤，并致使原告的助力电动车严重损坏。事故发生后原告被家人送往兰州市第二人民医院治疗，经门诊诊断，事故造成原告头部颅底骨折，左颞顶头皮下血肿、压痛、耳聋等。后经××公安分局交巡警支队认定，被告对上述事故承担全部责任，原告无责任（见证据1）。原告又于2006年6月18日，经甘肃××鉴定中心伤残评定，确认"路交通事故致颅底骨折，遗留头痛、头晕、左耳传导功能障碍，属十级伤残"（见证据2）。双方不能达成一致意见，交警又于2006年7月30日，出具了道路交通事故损害赔偿调解终结书。

原告颅脑受伤，兰州市第二人民医院于2006年5月9日曾出具入院通知书，要求原告住院手术检查，但由于住院手术检查费用高达1万余元，且当时在原告经济窘迫而被告拒绝做任何赔偿的情况下，原告不得不放弃了住院手术治疗的机会（见证据4）。现已造成原告留有后遗症，经常头痛、头晕、耳鸣等，不得不被原单位解雇，至今不能正常上班。

另外，由于事故原因，原告助力电动车损坏严重，至今仍在被告处。且由于被告未履行修缮和归还义务，现已造成助动力电车报废，使原告经济损失6000元。

综上所述，原告认为：被告的行为显然构成对原告的侵权，并且直接给原告造成了人身损害和经济损失，据此，原告为维护自身合法权益，依法提起诉讼，恳请法院支持原告的诉讼请求。

此致
兰州市××区人民法院

具状人（签名）：

2011年×月×日

附件：1．本诉状副本2份。
2．证据共10份，共13页。
3．原告的身份证复印件。
4．被告的信息资料。

简析：这是一份交通事故民事起诉状。标题、首部、正文、尾部格式完整规范，诉讼请求明确具体，事实叙述清楚明白，理由阐述定性准确。便于法院的受理和审查。

 思考训练

一、简答题

1．什么是起诉状？
2．起诉状的写作规范是怎样的？写作时应注意什么问题？

二、分析题

请指出下面起诉状写作中的问题，并说明理由。

1.
起诉状

原告：张××，女，××市人。

被告：刘××，男，××市人。

诉讼请求：还款。

事实和理由：

两年前，原告曾借给被告人民币 2 万元，当时双方约好一年内归还，可是被告至今未还。请法院依法裁决。

致市人民法院

起诉人：张××

2010.8.9

2.

民事起诉状

原告人：田××，女，80 岁，家住××省××市××小区。

事实和理由：田××和儿子王××一家住在一起。她的儿媳刘××很看不惯她，经常打骂她，几次把老人打得卧床不起，还不给老人看病。这次儿媳再次对老人拳脚相加，经医院诊断，老人被打断两根肋骨。老人在忍无可忍的情况下找人代写刑事自诉状，要求法院追究儿媳虐待老人的刑事责任。

综上，被告人之行为已触犯《中华人民共和国刑法》，构成伤害罪，根据《中华人民共和国刑事诉讼法》之规定，向贵院提起刑事诉讼，请依法支持原告人的诉讼请求，依法对被告人予以惩处，以保护原告合法的人身权利。

此致
××人民法院

附：证据

原告人：田××

2013 年 3 月 25 日

3.

原告：王××，女，30 岁。

被告：姜××，男，33 岁。

诉求事项：1. 判决离婚。

　　　　　2. 共同财产与婚生子的抚养问题。

事实和理由：

我与被告系父母包办，缺乏感情基础。婚后被告经常酗酒、彻夜不归、酒后暴打原告。现夫妻感情已完全彻底破裂，夫妻关系名存实亡，恳请法院判决我们离婚。

此致
××人民法院

具状人：签名盖章

××××年×月×日

三、写作练习

大学生谢××（女）与江××（某）是一对情侣。因为某些原因，谢××于 2012 年 4 月向江××提出分手。之后，江××便经常通过发短信、打电话等方式骚扰谢××，甚至在公共场合公然侮辱谢××，造成谢××名誉受损，彻夜难以入眠，头疼欲裂，经医生诊断为轻度的精神分裂症，目前仍在治疗。假设你是谢××最好的朋友，请你代谢××写一篇起诉状，向××市人民法院起诉江××。

答 辩 状

陈×承包了由王×等3人转承包的位于××的部分工程，双方之间因经济发生纠纷。王×等3人向当地人民法院起诉了陈×，陈×在接到起诉状后准备为自己答辩。请问：答辩状应如何写？

一、答辩状的概念

答辩状是指在各类诉讼案件中，被告人或被上诉人针对原告、上诉人的诉状内容，在法定期限内根据事实和法律进行回答和辩驳的文书，是诉状中使用频率最高的文种之一。

答辩状是法律赋予处于被告地位的案件当事人的一种权利，其有处置答辩权的自由，可以答辩，也可以沉默。但由于答辩状有利于保护被告的正当合法权益，有利于人民法院在全面了解案情的基础上，判明是非，做出正确的判决，因此答辩状具有不可忽视的意义，应该对答辩权给予足够重视，积极以答辩状的形式提出答辩。

二、答辩状的特点

1．作者的特定性

答辩状必须由民事或行政案件的被告、上诉案件的被上诉人、刑事案件的被告人提出。

2．写作时间上的规定性

人民法院收到起诉状或上诉状后，按法律程序应在规定的期限内将起诉状或上诉状副本发送被告或被上诉人，而后者必须在法定期限内提出答辩状。

3．内容上的针对性

答辩状的提出是一种应诉的法律行为，必须针对起诉状和上诉状的内容进行答辩。

三、答辩状的分类

1．根据审判级别的不同划分

（1）一审答辩状，是被告针对原告的诉状提出的，称"一审程序答辩状"，如"民事答辩状"、"刑事答辩状"。

（2）上诉答辩状，是被上诉人针对上诉人的上诉状提出来的，称"二审程序答辩状"，如"民事被上诉答辩状"。

2．根据案件性质的不同划分

根据案件性质的不同，答辩状可分为民事答辩状、刑事答辩状、行政答辩状三类。

四、答辩状的结构与写法

答辩状一般由标题、首部、正文和尾部四部分组成。

1．标题

答辩状的标题可直接用文种，如《答辩状》；也可体现审判级别，属一审程序的，如《民

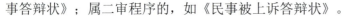

事答辩状》；属二审程序的，如《民事被上诉答辩状》。

2．首部

答辩状的首部包含两方面的内容。

一是应直接写出答辩人的基本情况，即写明答辩人的姓名、性别、年龄、民族、职业、住址等。若有代理人的，应另起一行写明代理人的相应信息，同时需标明代理人的身份，如法定代理人、指定代理人或委托代理人。若答辩人为法人或其他组织的，需写明其名称、所在地、法定代表人的姓名与职务。

二是案由。用于说明答辩的原委及主要内容，应写明因何人提出的何案而进行答辩。例如，一审案件答辩人是被告，案由可写为："因……（案由）一案，现提出答辩如下……"；上诉案件答辩状的答辩人是被上诉人，案由可写为："被上诉人×××因……（案由）一案不服××人民法院××××年×月×日×字第×号×事判决（或裁定），提起上诉，现提出答辩如下……"。

3．正文

答辩状的正文通常包括答辩理由、答辩意见与请求两部分内容。

（1）答辩理由，是答辩状的主体部分，一定要针对原告、上诉人或申诉人对己方的指控，指明起诉状、上诉状或申诉书中与事实不符、证据不足或缺少法律依据的地方，对原告方的观点予以反驳辩解，进而提出自己的主张并阐明理由。

（2）答辩意见与请求，是答辩人在充分阐明答辩理由的基础上，向人民法院提出的自己对本案的处理意见，并请求人民法院合理地予以裁决。

4．尾部

起诉状的尾部一般包括受文对象、答辩人签名或盖章、答辩日期、附件说明4项内容。

（1）受文对象，即致送的人民法院。一般在正文文字下一行空两格写"此致"，再下一行顶格写受文的人民法院名称全称。

（2）答辩人签名或盖章，在受文对象的右下方写"答辩人：×××"，签名需答辩人亲笔签名；若答辩人为法人或其他组织，应写明组织全称，法定代表人签字盖章，再加盖公章。

（3）答辩日期，在署名之下，要写明答辩状递交人民法院的日期，应年月日完整。

（4）附件说明，另起一行书写，此部分要具体说明答辩状副本的份数和证据的种类、名称、数量，以及证人基本情况等。

五、答辩状的写作要求

1．尊重客观事实

各类诉讼案件的案情往往比较复杂，之所以诉诸法院，往往争议分歧较大，因此，尊重纠纷的客观事实，如实、全面地反映案情，是依法裁决的前提和基础。

2．紧扣答辩目的

被告或被上诉人在答辩状中，要针对原告或上诉人在起诉状或上诉状中提出的诉讼请求、事实、理由及根据，明确写出己方承认内容、否认内容、否认的理由和根据，并对无理之处进行反驳，提出己方的理由、证据和具体要求。

3．规范引述法律条文

答辩状在反驳时引述法律条文不能出错，如引用法律名称表述不准确、具体条款引用不准确、款项书写不准确等。

例 文 一

民事答辩状

答辩人：梁××，男，58 岁，退休工人，汉族，住本市××镇××村 20 号。

对原告××服装厂起诉建筑纠纷一案，现提出答辩如下：

原告××服装厂因改建民房，在我私房后施工，准备盖楼房。原告施工的北墙与我家的南墙相邻，仅距 50 厘米。与原告计划修建的厕所窗子基本相对。原告的建筑不仅会遮住我家室内的光线，建成后的厕所还将会污染我室内的空气。原告还计划在 3 层楼修建一个生产车间，一旦竣工投产，机器的震动和噪声，将直接影响和干扰我家的正常生活和休息，我们将会昼夜不得安宁。

我曾数次与原告交涉，但原告不顾及我与家人的利益，一意孤行，仍然继续施工。在这种情况下，我拆了原告人北墙的西段（约 1 米）。为此，原告要求我赔偿工程损失，我认为这是没有道理的。

建筑房屋、修建厕所，应保护他人的合法利益，如果损害公民健康，影响人们的生活和休息，应当承担民事责任。鉴于此，原告务必考虑我和家人的合法权益，改变设计，或者为我调换面积相当的住房，按搬迁处理。

以上事实请法院详查，并予以公正审理。

此致

××镇人民法院

答辩人：梁××

××××年×年×日

附：证人证据 4 份，共 6 张。

简析：这是一份建筑纠纷使用的民事答辩状。答辩人针对原告起诉状中的诉求要求进行事情原委的叙述，表达清晰，反驳有理有据，答辩合情合理。

例 文 二

保险纠纷答辩状

答辩人：中国人民财产保险股份有限公司××支公司。

所在地：××省××市五河县城关镇国防路 55 号。

委托代理人：张×，中国人民财产保险股份有限公司××支公司经理。

对被答辩人李××诉答辩人道路交通事故人身损害赔偿纠纷一案，现答辩如下：

一、关于被答辩人主张的保险合同关系是否存在的问题。

被答辩人的皖 C×××××号车辆在答辩人处投保了交强险，应结合庭审中被答辩人的举证情况予以确定，如被答辩人无法提供有效证据原件，则依法不能认定被答辩人的车辆在答辩人处投保交强险的事实。

二、撇开本案的保险关系不说，关于被答辩人诉请的赔偿费用问题。

1．关于医疗费 150000 元。答辩人认为，由于交强险中包括住院伙食补助费及营养费在内只有 10000 元的责任限额，故答辩人最多也只应在 10000 元限额内承担责任。

此外，由于目前答辩人至今没有收到被答辩人提供的副本，无法核对证据，如被答辩人无法提供医疗费、病历等证据原件，其主张的医疗费不应予以支持。

2．关于诉讼费问题。根据《机动车交通事故强制责任保险条款》第十条第四款规定及《机动车交通事故强制责任保险条例》等规定可知，因交通事故产生的仲裁及诉讼费用以及其他相关费用交强险不负责赔偿和垫付。同时，答辩人对皖 C×××××号肇事车辆承担的是合同责任，而不是对事故受害者承担侵权赔偿责任，答辩人没有对受害人实施任何侵权行为，对事故的发生及因事故导致的受害人的损失，以及诉讼的形成，没有任何过错。该费用明显不在交强险赔偿范围内，故答辩人不应当承担本案诉讼费用。

恳请法院公正处理。

此致
××县人民法院

答辩人：中国人民财产保险股份有限公司××支公司

（公章）

委托代理人：×××

2011 年 5 月 3 日

简析：这是一份个人与保险公司之间因保险纠纷而用的民事答辩状。答辩人针对原告诉求中存在的问题进行辩护，条理清楚，针对性强，据理反驳，表达简单明了，格式规范。

例 文 三

借贷纠纷答辩状

答辩人：陈×，男，19××年×月×日生，汉族，住××省××县××镇××村××号。

答辩人就被答辩人（原告王×等 3 人）所诉民间借贷纠纷一案，具体答辩如下：

被答辩人所称答辩人因家庭生活用钱向被答辩人借款人民币 3 万元，这一说法与实际情况完全不符。事实是被答辩人向答辩人支付工资款，且被答辩人至今尚欠答辩人工资款人民币 4 万元。

2011 年 4 月，答辩人经李某介绍，承包由被答辩人王×等 3 人（以下简称工程甲方）转承包的位于××的部分工程，具体负责 4 号楼的土木工程施工。工程甲方承诺于工程结束后一个月内向答辩人支付全部工程款 7 万元。工程于 2012 年 5 月 20 日完工后，工程甲方仅支付工资款 3 万元，尚欠答辩人 4 万元工资款未支付。此后答辩人多次催促被答辩人等工程甲方对工程予以结算，以便支付剩余工程款，工程甲方始终不予理睬。

2012 年 8 月 30 日，答辩人找到工程甲方 3 人，再次要求对工程给予结算并支付剩余工程款。工程甲方称，如答辩人要取得剩余工程款，必须签订相应协议，要求答辩人承担工程质量验收不合格的全部责任及业主托款或扣除工程款的全部责任。在工程甲方 3 人的胁迫下，答辩人迫于无奈，与工程甲方签订了显失公平的协议书。此后，被答辩人王×手写借条，要求答辩人将其从被答辩人处已领取的 3 万元工资款描述为欠款，并要求答辩人签字，口头称工资款正式结算要等验收后。

综上，被答辩人在诉讼中所称的借款根本不存在，3 万元应当为被答辩人向答辩人支付的工资款。现被答辩人恶意歪曲事实，利用答辩人急于取回剩余工资款的急迫心情，胁迫答辩人签下显失公平的协议书及颠倒黑白的借据。对于答辩人这一极不诚信的行为，请法官予以明察。恳请法院驳回被答辩人的全部诉讼请求。

此致

××市人民法院

答辩人：陈×（签名）

2012 年×月×日

附：证据材料 5 份。

简析：这是一份因工程承包纠纷一案而拟写的民事答辩状。答辩人对原告起诉状中的诉讼请求和事实理由进行答辩，摆事实，讲道理，便于法院了解双方争执的焦点。全文格式规范完整。

 思考训练

一、简答题

1．什么是答辩状？

2．答辩状的写作规范是怎样的？写作时应注意什么问题？

二、分析题

请指出下面答辩状写作中的问题，并说明理由。

1.
答辩状

原告：吕×，男，汉族人，××市人，家住××市××路×号。

因原告起诉离婚一事，现依法答辩如下：

原告起诉我与她夫妻感情不和，请求离婚，我认为不符合事实，因此，请求法院驳回原告的离婚诉讼请求。

此致

法院

答辩人：吕×

2.

答辩人：××市公安局××分局。

所在地：××区××市路×号。

委托代理人：刘××，××分局法制办主任。

被答辩人：金××，女。

案由：被答辩人金××于 2011 年 10 月 26 日 7 时许，在××区××早市因交税问题与××区国税局二所干部曹××（女，33 岁）发生矛盾，同年 10 月 27 日 7 时 30 分许，××区国税局二所领导将金××找到税务所谈话时，金××用花盆将曹打伤，经医院诊断：胸腰段软组织挫伤，软组织轻度淤血。依照《中华人民共和国治安管理处罚法》第四十三条第一款，××公安分局对金××处以行政拘留 7 天的处罚。后金××于 2012 年 4 月 10 日向我局提出赔偿要

求，经我局审查，其要求不符合《中华人民共和国国家赔偿法》的规定，故做出不予赔偿决定。现金××又对我局提起诉讼，对此，特答辩如下：

1. 金××因纳税问题用花盆将税务干部打伤，侵犯他人人身权利，造成伤害结果，事实清楚，证据充分，我局依照《中华人民共和国治安管理处罚条例》对其处以行政拘留 7 天的处罚程序合法，裁决得当，使用法律准确。

2. 我局依法对金××进行处罚，没有触犯《国家赔偿法》的规定，故对金××不予赔偿。

综上，我局要求法院依法驳回金××的诉讼请求，同时诉讼费用由金××承担。

答辩人：××市公安局××分局
2012 年×月×日

三、写作练习

2011 年 9 月，××学院举行大学生篮球比赛。商学系的张××与艺术系的李××在争球过程中，张××不慎将李××的眼镜打碎，致使李××眼睛受伤，因协商无果，李××诉诸法院，要求张××赔偿全部医药费 2 万元及精神损失费 5 万元。请你以张××的名义写一份答辩状。

第六节　产品说明书

1. 了解产品说明书的概念、特点与分类。
2. 熟练掌握产品说明书的结构和写作规范。
3. 模拟写作，培养撰写产品说明书解决实务的能力。

任务导入

随着经济和科技的快速发展，人们生活中的方便越来越多，小型家用电器成为人们生活中不可或缺的一分子，其使用快捷、存放方便，很受广大消费者的青睐。请为你用过的一款小型家用煮蛋器写一份产品说明书。

一、产品说明书的概念

产品说明书，简称说明书，是生产商或销售商向消费者介绍其生产或销售的产品的性能、特点、规格、型号、技术参数、维修方法、使用方法等的说明性文书。

消费者通过阅读简单明了的产品说明书，可以了解产品的功能与特点，掌握使用与保养等方法。好的产品说明书还可以起到增加产品信誉度、扩大产品影响力的作用，进而在客观上达到推销的目的。

二、产品说明书的特点

1. 真实性

产品使用涉及千家万户，关系到广大消费者的切身利益，产品说明书的内容必须真实、客观、准确地介绍特点、性能、用途、使用和维修方法等产品的实际情况，便于消费者对照说明书能全面地了解产品、认识产品，从而会使用、会维修。决不允许夸大其词，甚至以假冒伪劣产品来谋取自身的经济利益。

2．条理性

产品说明书在表述上要注意表达顺序，努力做到条理清楚、次序分明，以利于消费者正确理解说明书的内容。

3．通俗性

产品说明书是以消费者为主要接受对象的，消费者看不懂，说明书就形同虚设。但很多消费者没有专业知识，因此，其语言应通俗浅显、简洁明白，少用或不用专用术语和生僻词语。产品的构造、专配方法、操作技术、注意事项等较专业的内容，应尽量配以图样、表格等具体形象的说明，使消费者使用产品得心应手，注意事项心中有数，维护维修方便快捷。

三、产品说明书的分类

标准不同划分种类也不同，常见的有以下几种。

（1）按对象与行业的不同，产品说明书可分为工业产品说明书、农产品说明书、金融产品说明书、保险产品说明书、药品说明书等。

（2）按形式的不同，产品说明书可分为条款（条文）式产品说明书、图表式产品说明书综合式说明书等。

（3）按内容不同，产品说明书可分为详细产品说明书、简要产品说明书等。

四、产品说明书的结构与写法

产品说明书的写法比较灵活，其内容一般由封面、标题、目录、正文和落款五部分组成。

（一）封面

产品说明书的封面一般由生产厂家名称、商标、产品型号与规格、照片、文种名称（如"产品说明书"）几部分构成。其中生产厂家名称、产品型号与规格应用全称。

若产品说明只有一页内容，可将封面内容适当调整到主体内容的上部。

（二）标题

产品说明书的标题常见的有以下两种。

（1）以文种作标题，如《说明书》、《产品说明书》、《使用指南》等。

（2）以产品名称、文种名称作标题，如《三九胃泰说明书》、《紫光扫描仪使用说明书》、《李锦记一品鲜特级酱油用法说明》、《电风扇使用说明书》等。

（三）目录

产品说明书是否需要写目录，要看说明书篇幅的长短。如果是篇幅较长、装订成册的产品说明书，为便于读者翻检，就需要目录；相反则不需目录。目录只需明确各主题内容的名称和页码即可。

（四）正文

正文是产品说明书的核心部分，各种产品不同，需要说明的内容也不同，千差万别，各有侧重。但一般来看，产品说明书要由前言、主体和结尾三部分组成。

1．前言

前言概括介绍产品的主要性能和特点，引起读者对下文的兴趣。

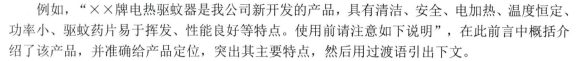

例如，"××牌电热驱蚊器是我公司新开发的产品，具有清洁、安全、电加热、温度恒定、功率小、驱蚊药片易于挥发、性能良好等特点。使用前请注意如下说明"，在此前言中概括介绍了该产品，并准确给产品定位，突出其主要特点，然后用过渡语引出下文。

2. 主体

主体较详细介绍产品有关知识，说明产品的性能、特点、用途或适用范围，交代本产品的使用方法和注意事项，有时还需强调产品的保养和维修等，如"××细肤水说明书"中的主体内容：

规　格：8mL

成　分：NBA 多效平衡素、CNS-P 毛孔紧致因子、洋甘菊萃取液、金缕梅萃取液等。

功　效：快速渗入受损真皮组织，褪红抗敏，促进炎症的代谢，"抑菌、抗敏、保湿"三效合一同步完成，平衡水油代谢，防止粉刺痤疮的形成，令肌肤快速恢复健康的活力光彩。

适　用：各类暗疮、粉刺肌肤及激素依赖性皮炎的护理。

用　法：每日数次，取适量本品局部点涂于患处即可。（使用时皮肤会有发热现象属于正常）

此例的主体内容写作翔实，突出了该化妆品的成分、功效、适用范围、用法及规格，让读者对产品及其使用均一目了然。

3. 结尾

以上开头和主体中未提及的其他事项可在结尾处补充说明，如包装说明、禁忌、有效期限等。

（五）落款

产品说明书的落款要区别其他文种只有署名和日期的简单落款，主要要写明产品的执行标准、批准文号、产品标号、食品卫生许可证号、生产厂家名称与地址、邮编、传真及服务电话等内容。不同的商品说明书，落款的项目有所不同，应根据实际需要落款。

五、产品说明书的写作要求

（1）充分考虑用户的阅读需要。产品说明书具体写作内容应视产品情况和用户潜在使用需求进行选择，尽量不遗漏基本、必要或关键的信息说明。

（2）应鲜明体现产品的特点。说明书中要明确产品在制作或设计上的区别性的主要性能和特点。

（3 应有所侧重。产品说明书要说明的内容涉及面有时较多，毋需条条都进行详细说明，应结合不同产品的特点、性质及用户阅读需要进行侧重说明即可。

（4）语言准确、通俗、简洁，内容条理清楚。说明时应不说空话、过时话、含糊话，应说好中国话、说清提醒话、说好关键话。

例文评析

例　文　一

复方硫酸软骨素滴眼液说明书

【药品名称】

通用名称：复方硫酸软骨素滴眼液

商品名称：润洁

英文名称：Compound Chondroitin Sulfate Eye Drops

汉语拼音：Fufang Liusuan Ruangusu Diyanye

【成　　分】本品为复方制剂，其主要成分为每毫升含硫酸软骨素钠 1 毫克、维生素 E 0.1 毫克、维生素 B_6 0.1 毫克、尿囊素 2 毫克、牛磺酸 2 毫克。辅料为：玻璃酸钠、硼酸、硼砂、冰片、薄荷脑、无水乙醇、聚山梨酯 80、三氯叔丁醇。

【性　　状】本品为无色至微黄色澄明液体，有时显轻微的乳光。

【作用类别】本品为眼科用药类非处方药药品。

【适 应 症】眼疲劳、眼干燥症。

【规　　格】10 毫升。

【用法用量】滴入眼内。一日 4～6 次，或有需要时滴眼；一次 2～3 滴。

【不良反应】临床研究中报道偶有患者出现轻度眼分泌物增多及眼部不适感。

【禁　　忌】尚不明确。

【注意事项】

1．孕妇、哺乳期妇女、儿童及老年人应在医师指导下使用。

2．开封一个月后不可再用。

3．使用时避免污染瓶内滴眼液。

4．使用滴眼液时，请不要把瓶口的滴嘴直接触及眼部。

5．对本品过敏者禁用，过敏体质者慎用。

6．本品性状发生改变时禁止使用。

7．请将本品放在儿童不能接触的地方。

8．儿童必须在成人监护下使用。

9．如正在使用其他药品，使用本品前请咨询医师或药师。

【贮　　藏】密闭，在凉暗处（不超过 20℃）保存。

【包　　装】塑料瓶装，每支 10 毫升。

【有 效 期】18 个月。

【执行标准】YBH01772014

【批准文号】国药准字 H20040653

【说明书修订日期】2014.07.10

【生产企业】

企业名称：山东博士伦福瑞达制药有限公司

生产地址：济南市高新技术开发区新泺大街 789 号

电话号码：（0531）88937891

传真号码：（0531）88934032

邮政编码：250101

博士伦服务热线：400-060-9855

简析：这是一篇药品说明书，简单明了地向使用者介绍了药品的成分、性状、适用症、用法用量、不良反应及注意事项，条理清晰，语言易懂，利于消费者的了解及使用。

例 文 二

小熊煮蛋器 ZDQ-202 说明书

本产品是我公司自主研发的煮蛋器系列之一。产品外观新颖、线条流畅、造型优美，使用简单、安全可靠。使用煮蛋器蒸煮出来的蛋既保持了蛋的鲜嫩，又保留了蛋的营养，是理想的营养早餐之一。

【煮蛋器各零部件名称】（图片说明略）

【产品特点】

1．时尚外观，精致工艺。

2．操作简单，方便、快捷。

3．恒温 PTC 加热，自动调节功率，节约电能。

4．具有防干烧断电保护功能。

5．可蒸出不同熟嫩程度的蛋，也可蒸水蛋。

6．蒸煮保持了蛋的鲜嫩和营养。

【使用方法】

1．蒸全蛋：依据自己的口味偏好，用量杯加入适量的水（具体参照产品规格及参数表），放入蛋架，把蛋放稳在蛋架上，盖上上盖。

温馨提示：加水量仅供参考，您可根据使用经验加以调整，蒸不同熟嫩程度的鸡蛋。

2．蒸水蛋：（略）

3．接通电源，按下电源按钮，此时电源指示灯亮，表示煮蛋器已经开始工作。

温馨提示：

（1）若接通电源后，在未按下电源按钮的情况下，电源指示灯亮，表示电源已接通，煮蛋器已直接进入工作状态，不需再重复按电源按钮。

（2）按下电源按钮时，请注意用手握住机体外侧，以免滑动或翻倒。

（3）机体内水煮干后，它会自动断电，指示灯灭，表示蛋已煮好。

【注意事项】

1．使用前应检查产品所标额定电压是否与您使用的电压一致。

2．请使用有接地保护的电源，以确保人身安全。

3．使用时产品应放置在稳固平台上，并放置在儿童触摸不到的地方。

4．按电源按钮时不可用力过猛，以防电源开关损坏。

5．产品使用时会产生大量蒸汽从蒸汽口喷出，小心被蒸汽烫伤。

6．清洗时请勿将机体浸入水中或让液体流入机体内部，以免发生危险。

7～11（略）

【保养和维护】

1．使用完毕后，请及时从电源插座上拔下电源插头。

2．蛋架、蒸碗、上盖、量杯可用洗洁精和海绵清洗，请勿使用硬质钢丝团清洗，以免损坏表面。

3．机体有脏污时，可用湿毛巾擦拭，请切勿将机体放入水中清洗，以免漏电或发生故障。

4．（略）

【产品规格及参数】（图表说明略）

【联系方式】（具体略）

简析：这是一则小型家电的使用说明书。前言部分对产品的特点先做了简单介绍，然后对它的零部件名称、产品特点、使用方法、注意事项、保养维护、使用参数等进行了详细说明，方面齐备、语言通俗、条理清楚，方便消费者阅读和指导使用。

 思考训练

一、简答题

1. 产品说明书的特点是什么？
2. 产品说明书的基本写作结构是怎样的？
3. 撰写产品说明书应注意哪些事项？

二、写作练习

请选择一种日常用品，试写一份产品说明书，着重说明产品的使用。

第七节　市场调查报告

学习目标与要求

1. 理解市场调查报告的概念、特点，了解其分类。
2. 熟练掌握市场调查报告的结构和写作规范。
3. 模拟写作，培养撰写市场调查报告解决实务的能力。

任务导入

××大学自动化学院的大三学生刘玉峰为锻炼自己并提升专业实践能力，要在学校创业园中自主创业开一间自己的手机店，业务范围是手机维护与销售，但事先需对本校大学生的手机消费市场做一了解，请你代刘玉峰同学完成这个调查。

知识点击

一、市场调查报告的概念

市场调查报告，就是对市场进行深入调查研究后，对调查所获得的信息资料进行系统、科学和周密的整理，根据实际需要进行分析、归纳、综合后撰写的书面报告。它是调查报告的一种，是记述市场调查成果的一种财经专用文书。

二、市场调查报告的特点

与普通调查报告相比，市场调查报告无论从材料的形成还是结构布局方面都存在着明显的共性特征，但它比普通调查报告在内容上更为集中，也更具专门性。

1. 针对性

针对性是指市场调查报告的写作要有明确的目的性。市场调查报告是为了切实指导实际工作，以推动经济健康发展，或是总结市场上出现的新经验，或是汲取在市场里得到的新教训，或是反映市场新情况，以便对症下药，或是探明市场意外事件的真相，以了解问题的来龙去脉等，总之，调查报告的针对性越强，其指导意义、参考价值和社会作用也就越大。

2．真实性

市场调查报告中涉及的一切材料，都必须言之有据、准确无误，不虚构、不臆测、不武断，这是市场调查报告的基本前提，否则调查报告的结论将不具有科学性，无法满足现实需要。

3．典型性

出色的调查报告往往能通过某个具体事例的调查，反映出带有普遍意义的问题。以点带面，是市场调查报告在对目的和材料选择时应注意的技巧和问题。

4．时效性

市场调查报告要及时、迅速、准确地反映、回答现实经济社会生活中出现的具有代表性的新情况、新问题，突出"快"与"新"，否则，一旦"过时"，报告就失去了现实意义，毫无社会价值。

三、市场调查报告的分类

市场调查报告可以从不同角度进行分类。

（1）按其所涉及内容和主题，市场调查报告可以分为综合性市场调查报告和专题性市场调查报告。

（2）按调查对象的不同，市场调查报告有关于市场供求情况的市场调查报告、关于产品情况的市场调查报告、关于消费者情况的市场调查报告、关于销售情况的市场调查报告以及有关市场竞争情况的市场调查报告。

（3）按表述手法的不同，市场调查报告可分为陈述型市场调查报告和分析型市场调查报告。

四、市场调查报告的结构与写法

市场调查报告一般由标题、正文、落款 3 部分组成。

（一）标题

市场调查报告的标题一般有 3 种写法。

（1）由调查的单位、内容和范围构成，或由调查的对象和事由构成，如《天津自行车在中外市场地位的调查》、《高档毛呢在北京市场销售情况的调查报告》。

（2）公文式标题，如《关于 2011 年全市毛衫生产情况的调查报告》。

（3）文章式标题，如《全省城镇居民潜在购买力动向》、《国产名牌彩电为何如此热销》。也可采用双标题（正副标题）的结构形式，更为引人注目，富有吸引力，如《竞争在今天，希望在明天——全国洗衣机用户问卷调查分析报告》、《市场在哪里——天津地区三峰轻型客车用户调查》。

（二）正文

市场调查报告的正文包括前言、主体和结尾三部分内容。

1．前言

前言也称引言，是市场调查报告正文的前置部分，应写得简明扼要，精练概括。

一般应交代出调查的缘由、目的，调查的对象、范围，调查的经过（时间、地点、过程等），也可概括市场调查报告的基本观点或结论，以便使读者对全文内容、意义等获得初步了解。然后用一过渡句承上启下，引出主体部分。

例如，在《关于全市 2012 年电暖器市场的调查》中，其引言部分为："××市北方调查策划事务所受××委托，于 2012 年 3～4 月在国内部分省市进行了一次电暖器市场调查。现将调查研究情况汇报如下"，用简要文字交代出了调查的主体身份，调查的时间、对象和范围等要素，并用一过渡句开启下文，写得合乎规范。有时亦可省略这一部分，以使行文更趋简洁。

2. 主体

主体是市场调查报告的核心，也是写作的重点和难点所在。要完整、准确、具体地说明调查的基本情况，可以用数字、图表加以说明，然后依据调查资料，进行科学合理的分析预测，最后在此基础上提出有针对性的对策和建议。具体写作时，一般有纵、横两种结构。

（1）横式结构，是根据调查的材料、问题的性质、得出的结论、意见等，概括为若干并列的几个部分，分别加以说明和阐述。这种结构会使报告显得条理清楚，说理充分，在实际工作中使用较为普遍。

（2）纵式结构，是根据事情发展的先后顺序或材料内容的逻辑关系，前后有序地组织调查材料，各个部分之间前后顺序不能颠倒，前面部分是后面部分的前提和条件，后面部分是前面部分的进展和必然结果。情况、研究、建议等内容一一展开，环环相扣，层层深入，对新生事物、典型事件的调查多用这种结构。

3. 结尾

多数市场调查报告都有结尾，结尾部分可以是对全文的概括归纳，可以是重申观点，也可以提出希望和建议，还可以提出未能解决而又需引人注意的问题。有些市场调查报告在正文表述完后，也可不再单独结尾。

（三）落款

市场调查报告的落款应写明调查者的单位名称、个人姓名以及成文时间。有时此项内容在标题下方标注，落款部分可以省略。

五、市场调查报告的写作要求

1. 目的的针对性

写市场调查报告，必须目的明确，有的放矢，任何市场调查都是为了解决某一问题，或者为了说明某一问题。市场调查报告必须围绕市场调查上述的目的来进行论述。

2. 材料的真实性

市场调查报告是对市场的供求关系、购销状况以及消费情况等所进行的调查行为的书面反映，因此它往往离不开各种各样的数据材料。这些数据材料是定性定量的依据，在撰写时要善于运用统计数据来说明问题，以增强市场调查报告的说服力。

3. 论证的统一性

市场调查报告是以调查资料为依据的，即调查报告中所有观点、结论都有大量的调查资料为根据。在撰写过程中，要善于用资料说明观点，用观点概括资料，二者应相互统一。切忌将调查资料与观点相分离。

4. 语言的简明性

调查报告是给人看的，无论是厂长、经理，还是其他一般的读者，他们大多不喜欢冗长、乏味、呆板的语言，也不精通调查的专业术语。因此，撰写市场调查报告语言要力求简单、准确、通俗易懂。

例　文　一

2014 年汽车消费行为调查报告

为给汽车厂商的营销策略提供支持，《每日经济新闻》联合新华信与腾讯汽车，针对消费者购车的产品需求特征、网络购车及新能源汽车的接受度进行了跟踪调查。在本次持续了约一个月的调查中，共收回有效问卷 6736 份。

在接受本次调查的 6736 名被访者中，多为"80 后"男性，半数以上来自五级城市和农村地区，所处家庭月收入普遍低于 1 万元。另外，所有被访者中大多处于无车状态，并以两年内有购车计划者居多（见图 1）。

SUV 热潮出现减退势头　三厢轿车仍为首选

近年来，SUV 一直是国内汽车市场的热销车型，而通过本次调查结果，并结合往年来看，在消费者的购车计划中，对 SUV 的关注度有所下降，较 2012 年的购买意愿降低了 10.4%；取而代之的是紧凑型轿车与小型轿车领域出现增长（见图 2）。

通过进一步研究发现，在计划购买轿车产品的 4788 位被访者中，传统三厢车型仍是消费者首选，占总体的 66%。此外，不同的购车预算也对三厢车的青睐度形成影响，低预算和高预算人群整体购买意向低于中等预算人群（见图 3）。（为方便调查，把购车预算分为高、中、低 3 档，其中 8 万元以下为低预算、8 万～30 万元为中预算、30 万元以上为高预算，下同）

消费者购车诉求多样　品牌内涵影响中高端消费

不同购车预算之于购车看重的因素也不相同。调查结果显示，高预算受访者更看重情感因素，低预算受访者更看重成本因素，而中预算受访者关注范围最广，购车最为挑剔（见图 4）。

就打算购买的汽车品牌而言，15 万元以下预算的受访者对于品牌的要求相对简单，其中 40%～50% 的受访者希望品牌形象更加"注重家庭"，预算在 15 万～30 万元的受访者中，"注重家庭"和"时尚品位"是受访者最为关注的两大品牌内涵。高预算受访者的诉求则更为复杂，他们对品牌"注重家庭"形象的关注下降到 20% 以下，对"彰显成功"和"领先科技"的要求上升至 25% 左右，对品牌形象"时尚品位"的要求超过 30%（见图 5）。

而针对车辆本身特点来说，车辆安全保障符合整体诉求。在其他方面，购车预算较低的受访者对车辆要求相对简单，普遍关注在"经济实惠"的产品特点上；而随着预算升高，被访者对产品特性的需求也随之改变，中等预算的被访者对"经济实惠"的需求降低，并开始重视"乘坐舒适度"，而高预算的被访者更注重车辆的"尊贵品位"和"低调奢华"特点（见图 6）。

低预算消费者更青睐新能源　混动接受度最高

关于新能源汽车产品的购买意向，研究发现，低预算消费者对新能源汽车的热情也远高于高预算消费者。其中，预算在 15 万以下的受访者，明确表示会购买新能源汽车的约占 40%，随着预算升高，新能源汽车购买意向逐渐降低，在预算为 40 万元以上的被访者中，仅 28.6% 的人表示愿意购买（见图 7）。

在新能源车型的几大分类中，普通混合动力汽车是所有受访者的普遍选择，并在中高预算即 20 万～30 万元的被访者里最受青睐（占 63.7%），双燃料（天然气、汽油）汽车和纯电动汽车在低预算受访者中接受度更高，而高预算消费者更偏向插电式混合动力汽车。

总结

通过本次研究发现，尽管近年来 SUV 车型在汽车消费中占据重要地位，在持续高增长后，市场对 SUV 的需求已经得到了大量释放，未来的增长速度将趋缓；购车因素方面，相较而言，购车时高档车消费者更看重情感因素，低档车消费者更看重成本因素，而中档车消费者关注范围最广，购车最为挑剔；消费者给高档车赋予了更多情感上的需求，期待通过品牌传递领先、成功、品位等信息，而对低档车的要求相对简单。

新能源汽车的购买意向上，消费者对购买新能源车态度三分天下，愿意购买、不愿意购买和犹豫车主各超过 30%，其中低档车消费者对于新能源的热情更大；此外，混合动力汽车依然是市场接受度最高的新能源产品，电动汽车则在低预算消费者中更受青睐。

（资料来源：http://www.199it.com/archives/327691.html. 有改动，图表及其具体数据均省略.）

简析： 这是对 2014 年普通大众的汽车消费行为进行的一份深度调查报告。前言部分交代了调查目的、范围、时间、方式及对象的情况。正文采用横式结构从 3 个方面分别结合相关数据和材料进行整合归纳并得出相应结论。最后对报告综述总结。这份调查报告对业内人士有一定的参考价值。

例 文 二

大学生手机调查报告

一、调查背景

进入 21 世纪，随着经济水平的不断提高，购买手机的大学生越来越多，而且更换手机的频率也越来越快。大学生是对新生事物和新潮流反应最快的一个群体，而且大学生属于手机消费的主流群体，因此，了解他们对手机的各种不同偏好以及他们的消费倾向和各种需求是很有必要的。为此，笔者在本校利用一周时间，通过面谈调研、滞留问卷调研等方式，针对手机普及情况、用户消费特征、潜在消费趋势等方面进行了较为细致的调查，取得了我校学生手机市场较为全面的信息资料。

本次调研共发放问卷 4000 份，总计回收问卷 3988 份，回收率 99.7%。样本分布结构：大一 33%、大二 33%、大三 33.4%，男生比例 60%，女生 40%。

二、调查目的

通过对本校大学生手机消费情况调查，全面了解大学生手机消费的市场容量及其结构、质量、价格、品牌等内容，以及相关市场情况，为手机的维护与销售提供相关的市场信息。

1. 研究消费者的行为与心理，了解大学生的手机消费情况与习惯。

2. 手机及手机的市场现状与潜力分析，了解手机在大学生使用中的结构及其潜在的市场需求。

3. 了解大学生对手机的媒体消费情况及接受态度。

4. 理论与实际相结合，在市场调查过程中，学会发现问题，分析问题，解决问题，提高各个方面的能力。通过深入市场营销实践，初步学会运用市场学的理论，进行市场调查和分析，得出结论并提出建议。

三、调查内容与结果

针对学校的手机普及情况，通过问卷调研的方式我们进行了初步的统计，每个班级的手机占有量为 100%，平均每人至少拥有一部手机。手机已从原来身份和地位的象征开始作为一种便捷的通信工具为大学生所广泛接受。手机在大学生的生活中已经成为不可缺少的一部分了，发挥着方便联系的基本作用。

1. 月平均消费：300 元以下的占 8%，300～500 元的占 42.5%，500～800 元的占 44%，1000 元以上的占 6%。

2. 现拥有智能手机的占 68%，普通的占 32%。

3. 未来一年是否更换手机的各占 50%。

4. 未来一年购买手机的占 46%，不购买的占 54%。

5. 通过的购买渠道为：网上的为 4%，品牌专卖店的为 60%，卖场的为 35%，超市的为 1%。

6. 购买手机时考虑的因素为：品牌为 20%，质量为 28%，价格为 42%，功能为 44%，款式为 24%，服务为 8%，流行因素为 10%。

7. 购买手机的信息来源：广告的占 24%，亲友介绍的为 64%，个人经验的为 26%，社会公众传播的为 34%，上网查询的为 34%。

8. 手机促销方式吸引消费者的情况为：购机赠话费和流量的为 51%，现场打折的为 24%，赠送相关配件的为 23%，抽奖活动的占 2%。

9. 消费者所希望的售后服务：半年包换的占 24%，全年维修的占 42%，旧机换新机的占 42%，其他的占 14%。

10. 消费者所能接受的价格：1000 元以下的占 24%，1000～1500 元占的 46%，1500～2000 元的占 22%，2000 元以上的占 8%。

11. 在手机质量方面：持久耐用的为 34%，信号灵敏的为 42%，实用省电的为 22%，辐射较低的占 24%。

12. 除了手机的基本功能外，消费者还关注的手机功能：摄像头的占 48%，mp3 的占 66%，游戏的占 44%，上网的占 32%，彩信的占 34%，即时翻译的占 26%，录音的占 24%，其他的占 12%。

结果显示：

1. 从个人月消费上看，月生活费直接影响我校学生手机消费的拥有变动。

2. 消费者购买手机时比较关心的因素依次为功能、价格、质量、款式与品牌等。

3. 生活条件的改善导致部分学生的月生活费用也相应提高，除基本的生活支出外，其他可支配费用的增加也促使他们开始考虑手机消费。手机确实为大学生的日常生活提供了很多方便，拥有手机在大学生中已很普遍。手机销售仍有较大的提升空间，还有一定的潜在市场，这种增加的趋势在一定程度上仍将继续下去。

4. 根据调查分析，目前我校学生使用的手机主要以 OPPO 和 ViVo 居多，大学生也是比较注重品牌的。可见，大品牌对市场起主导作用，小品牌只能填补市场的空隙。品牌在手机消费中起着相当大的作用。

5. 从年级上看现有的手机消费并不是大四学生占据主要份额，大二、大三的学生占了较大的份额，其手机的功用也由原来单一的联系工作开始向多方面转变，如联系朋友、恋爱需要、上网游戏等，其中大多数是用于与朋友联系的需要。

6. 手机信息渠道虽然受地理因素的制约，但来源还是较为广泛的，一定程度上保证了手机消费者与市场的联系性。

7．大学生对手机的具体要求已经不仅仅停留在以往能用就行的简单层面上，开始转向多方面的要求。要求功能更加齐全，更多款式。并且消费者对辐射影响的关心程度远不如对时尚和品牌的关心。

8．大学生的手机购买意向趋向强烈，手机还有巨大的潜在市场。

四、结论与建议

根据调研的一些主要数据，可以反映出我校目前大学生手机消费市场的一些基本特征，如下所示：

1．学生手机消费仍在以跳跃式的曲线增长，消费量在一定时间内会有较大幅度的增加。

2．在未来的手机消费中，性别、年级之间的差距会逐渐缩小。

3．手机消费品牌中国产品牌抬头，国内手机仍有很大销售空间，同时也对改善服务提出更高要求。

五、市场经营建议

1．根据学生的消费特点推选出适合学生的机型，在信息渠道的建设上进一步加大力度，确保市场信息的准确传递，方便与消费者的沟通。

2．加强 CDMA、GPRS 网络的相关技术和配套服务，以绿色环保、通信无阻等特点为卖点，加大促销的力度，引导大学生的消费需求，以促进手机的销量增长和实现企业的经营目标。

3．进一步提高信息服务、通信服务，确保通信的顺畅，为大学生提供更多的多功能的优质服务。

4．加强手机销售渠道的建设，开通配套的通信服务，保障销售的顺利进行。

5．完善手机的售后服务，以更完善的服务吸引大学生手机消费。

调查者：××创业团队

执笔者：刘玉峰

2011 年 9 月 2 日

简析：本篇是针对笔者所在高校的大学生手机消费进行的相关市场调查，调查目标明确，调查范围、内容及调查的基本情况在前言部分均做了简单说明。主体内容从调查材料与数据分析、调查结果、建议三方面进行了阐释，可给笔者的创业实践提供市场借鉴。

 思考训练

一、简答题

1．什么是市场调查报告？

2．市场调查报告有何特点？

3．市场调查报告的写作规范有哪些？

二、改错题

请指出下列市场调查报告写作提纲中的不妥之处，并予以修改。

调查报告

一、基本调查情况

1．汽车消费潜力巨大

2．贷款购车分歧较大

3．贷款期限 4～5 年最受欢迎

4．贷款期望额度较高

二、取样范围和调查方法

三、对汽车经销商的建议

不能误导消费者

四、对银行的建议

1．开办汽车贷款业务的服务机构还不多

2．品种形式较单一

五、贷款购车者的心理误区

1．攀比心理要不得

2．要充分考虑贷款风险

三、写作练习

请结合你的专业或爱好，对某个产品或服务的市场进行调查，并将调查的结果写成报告。

第八节　招标书　投标书

1．了解招标书、投标书的概念、特点与分类。

2．熟练掌握招标书、投标书的结构和写作规范。

3．模拟写作，培养撰写招标书、投标书解决实务的能力。

招　标　书

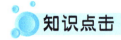

××大学图书馆为充实图书馆藏书，确保图书质量，降低采购成本，更好地为教学科研服务，拟于 2013 年 5 月对 2012～2013 年度图书馆图书的采购进行招标。请问：该招标书该怎样完成？

知识点击

一、招标书的概念

招标书又称招标通告、招标启事、招标公告，是招标一方根据有关的法律规定，为实现招标目的而编制的关于招标内容和具体要求的书面文书。

招标书是招标人邀请投标人投标，利用投标者之间的竞争达到优选买主或承包方的目的。在招标过程中，招标书要提供全面情况，便于投标方根据招标书提供情况做好准备工作，同时指导招标工作开展。它一般都通过报刊、广播、电视等公开传播媒介发表，招使众多的投资者前来投标。在整个招标过程中，它属于首次使用的公开性文件，也是唯一具有周知性的文件。

二、招标书的特点

1. 公开性

招标书是一种告知性、周知性文书，一般通过大众传媒公开招标条件，有利于促进市场公平竞争。

2. 竞争性

招标书是吸引竞争者加入的一种文书，既能实现优胜劣汰，又能使招标人以最低或较低的成本实现最好的经济目标。

3. 紧迫性

为使投标者了解投标项目具体内容，招标书的项目、要求条件以及完成时间和招标时间均要表述得具体清晰，一般要求在短时间内获得结果，因此具有时间的紧迫性。

三、招标书的分类

（1）按招标方式分，可有公开招标书和邀请招标书两类。

（2）按招标时间分，可有长期招标书和短期招标书。

（3）按内容及性质分，可有企业承包招标书、工程招标书、大宗商品交易招标书等。

（4）按招标范围分，可有国际招标书和国内招标书。

四、招标书的结构与写法

招标书一般由标题、正文和落款三部分组成。

1. 标题

招标书的标题的常见写法有以下 4 种。

一是只写文种名称"招标书"。

二是由招标单位名称、招标内容和文种 3 项构成，如《××学校"放心工程"学生宿舍建设项目招标公告》。

三是由招标单位名称和文种两项构成，如《××公司招标公告》。

2. 正文

正文由引言、主体两部分组成。

引言部分概括说明招标单位的基本情况、招标依据和招标目的。

主体部分要翔实交代招标的方式（公开招标、内部招标、邀请招标）、项目名称、项目地点、项目内容概述、招标范围、招标程序、对投标人资格要求、技术要求、投标方法、投标时限、投标地点、开标日期、保证条件、费用支付办法及其他注意事项等内容。

3. 落款

招标书的落款一般应写清：招标单位名称（同时加盖公章）、制定招标书的日期和通信方式（如地址、电话、传真、邮编、电子邮件地址等）。

五、招标书的写作要求

（1）调研充分。在编制招标书前，应尽可能掌握与招标活动相关的法律、法规政策，以及与招标项目有关的资料和信息，以便顺利完成招标工作。

（2）周密严谨。招标书是签订合同的依据，是一种具有法律效力的文件，内容和措辞必须做到周密严谨，切忌模棱两可、含糊不清，产生歧义。

（3）简洁清晰。招标书没有必要长篇大论，只要把所要讲的内容简要介绍、突出重点即可，切忌没完没了地杂乱堆砌。

（4）**注意礼貌**。招标书中涉及的是平等的交易贸易活动，应遵守平等、诚恳的原则，切忌盛气凌人，更反对低声下气。

例文评析

例 文

××大学图书馆图书采购招标书

为充实我校图书馆藏书，确保图书质量，降低采购成本，更好地为教学科研服务，现对2012～2013年度图书馆图书的采购进行招标。诚邀合格的投标人参与竞标。现就有关招标事项说明如下：

一、投标单位须知

1. 招标单位：××大学图书馆。

2. 招标项目内容：图书馆2012～2013年纸质图书采购招商。

3. 招标总金额：150万元。

4. 潜在投标人：指有意参加投标的图书供应商单位。

5. 投标人：经过审查符合本次招标所规定的相应资质要求参加投标竞争的潜在投标人。

6. 预中标人：经过评标而选定的进行合同谈判的投标人。

7. 中标人：最终被授予合同的投标人。

8. 招标内容。

（1）采购非教材类正版专业书，当年新书占90%，上一年度书占10%，复本量为3册或以下，特价图书只采购最近3年内的图书。

（2）以下大型出版社图书的采购比例要求占80%以上：高等教育出版社、外语教学与研究出版社、人民邮电出版社，电子工业出版社、机械工业出版社、化学工业出版社、中国人民大学出版社、中信出版社、立信会计出版社、人民军医出版社、人民卫生出版社、中国医药科技出版社、中国建筑工业出版社、中国青年出版社、清华大学出版社、北京大学出版社、同济大学出版社、科学出版社、作家出版社、人民文学出版社、三联书店、中国经济出版社、中国商业出版社、浙江大学出版社、复旦大学出版社、中国纺织出版社等。

9. 中标图书供应商采购金额。

本次招标视开标情况，确定3～4家投标单位为纸质图书及伴随服务的协议供货单位，每家中标单位的采购金额不少于20万元码洋，不确定最高合作金额，而将按照各合作单位的实际供书能力和服务质量确定采购图书的最终款额。

10. 报名及邀标书和相关材料的领取。报名咨询及投标时间自2013年05月12日至2013年05月22日止，每天上午8:30～11:30，下午14:00～17:00（法定节假日除外）。请投标单位到××大学图书馆1楼报名并领取邀标书及相关材料。邀标书及相关资料每份人民币300元整，交后不退。

业务联系：陈老师　0431-22305735　　谢老师　0431-22305675

专业咨询：林老师　0431-22305623　　张老师　0431-22305511

监督投诉电话：0431-22305883　　0431-22305586

二、项目要求

（一）投标人资质和业绩要求

1. 投标供应商必须在中华人民共和国境内注册并取得营业执照，具有独立的法人资格，注册资金为人民币 100 万元或以上，经营及财务状况良好。

2. 具有履行合同所必需的技术力量、经济实力、良好的企业信誉及售后服务能力，能免费提供标准的采访数据和编目数据，能够进行全站程图书加工。

3. 具有独立订立合同的权利。

4. 具有履行合同所必需的设备，并拥有图书物流基地、完善畅通的物流运作渠道和现场采购的能力，有近 3 年内为多家高校图书馆供书的经验。

5. 与全国 20 家或以上大型出版社签订过经销图书协议，能提供相应的预订书目数据。

6. 具备畅通的电子商务通信渠道，便于供需双方高效开展业务工作。

7. 能提供符合国家财税法规要求的售书发票。

（二）供货要求

1. 中标单位须无偿提供《社科类新书目》、《科技类新书目》等及各大出版社最新图书征订目录，书目形式为书本式与电子数据两种，每两周提供一次新书目。提供的征订书目内容均需符合大学以上学历的读者的阅读要求。

2. 按招标方图书馆要求组织采购人员参加全国书市、大学出版社图书订货会、北京图书订货会等全国性的图书订货会。外出采购所需的差旅费用由中标单位负责。

3. 中标单位须承诺对拟购图书免费提供查重、编目、著录、贴磁条、盖馆藏章等加工服务。

4. 中标单位须承诺按照标准的 CN-MARC 格式提供所购图书的编目数据（数据要求参见《中国机读目录格式使用手册》、《CALIS 联机合作编目手册》），所提供的数据能在招标方图书管理系统无障碍使用，并要求按招标方要求提供馆藏数据制作。编目数据应与图书同步或提前到馆，并达到 100%的覆盖率。

5. 必须保证是图书馆指定的权威出版社所出版的正版图书。一经发现所提供的为违法、盗版、翻版书籍，必须无条件退货，招标方有权解除合同，取消其服务资格，违约责任、经济责任与法律责任由中标方承担。

（三）图书到货率与到货速度要求

1. 订单图书从每份订单发出日起，××省内现场采购的到书时间不得多于 30 天，××省外采购的到书时间不得多于 60 天，整体到货率必须达到 90%以上。出版变更或取消，应及时通知招标方图书馆。每 3 个月统计到书率，反馈未到书清单，并做出解释。

2. 供书发货差错率低于 0.2%。

3. 所供图书如发现版本有误或存在装订、印刷、污渍等质量问题，保证在 10 个工作日内退换完毕。

4. 对招标方急需的图书应提供快速反应，快速采购并提供专门送货服务。

（四）服务质量要求

1. 免费随书提供标准 CN-MARC 编目数据。每批到书应配齐 MARC 数据，数据不全或复本不符合的，不予验收。

2. 按图书馆的要求做好新书的前期加工工作：借还条粘贴、盖馆藏章、粘贴磁条和图书馆专用条码并加贴保护膜等。对有光盘的图书，应在图书封面加贴"附光盘"标示，并在光盘表面加贴条形码和保护膜，将光盘放入光盘盒，放回图书中。条形码和光盘标示由图书馆提供，磁条、保护膜、光盘盒等由供应商自备，磁条应为16cm钴基复合磁条。

3．送货后，供应商必须提供专职人员到馆加工图书及数据，完成馆藏数据制作、图书书标的粘贴、保护膜粘贴、图书上架等工作。供应商需委派固定的到馆人员提供上门服务，如需要更换人选时，应征得招标方图书馆的同意。

4．以上各项工作的准确率应达99%以上。如发现磁条、条形码、馆藏章等有质量问题或遗漏情况，中标方承担相应的经济责任。

5．供应商应对发送的图书进行防潮湿和防破损的包装与装卸要求，在发送图书之前，应预先用电话通知图书馆，得到确认可以送货之后，免费把图书安全运输到图书馆指定地点。提供发货清单（电子发货清单和纸质分包清单各一份）。一包一单，内容一致，未经涂改；清单内容包括：包号、征订号、书名、单价、册数、码洋和合计。每批应有总清单（内容为每批图书的总种数、总册数和总码洋）。

6．所有图书的品种和复本数量均由图书馆决定，供应商不得自行搭配和追加非图书馆确认订购的品种或复本。图书馆有权对已到馆但内容不符合学校教学科研要求的图书给予退货。

7．如图书出现如下情况，无论是否已做图书前期加工，中标人必须无条件负责30日内免费更换。包括：缺页、倒装、折页、开线、开胶、模糊不清、脏残、破损、相关附属配件（如光盘等）不齐全、图书品种和数量与订单不符等。退货、换货所发生的费用由中标单位承担。

（五）报价要求和付款方式

1．在达到上述要求的前提下，可进行分类单独报价。图书折扣应包含相应的配套服务费用。

2．招标方以支票方式支付购书款，中标方提供等额的有效发票。付款方式由协议双方在合同中另行商定。

3．中标方提供的发票专用章的单位名称，必须与双方签订的有效合同专用章的单位名称一致。

三、投标文件的编制

（一）投标文件的组成

1．投标函（含投标单位资质、服务信誉、服务承诺和购书折扣率）。

2．法人代表授权书（原件）；法定代表人资格证明文件。

3．企业资质证明文件、营业执照（复印件加盖红章）；公司相关业绩材料。

4．其他需要说明的事项。

（二）投标文件的份数

投标人必须编制1份投标正本、5份投标副本。正本与副本如有不一致之处，以正本为准。凡不按上述要求编制的投标文件，均作不合格文件处理，招标方有权单方面取消其投标资格，且投标文件不退回。

四、合同条款

1．定义。　　　2．合同标的。　　　3．供货范围。　　　4．合同价格。

5．付款。　　　6．交货与付款。　　7．包装与标记。　　8．图书质量检验。

9．保证与索赔。　　10．合同的变更、修改、中止和终止。　　11．不可抗力。

12．合同。　　　13．合同的生效。

14．解决争端的程序和方法、仲裁。　　　15．其他。

五、评标与定标

采用综合评估法进行评审。××大学图书馆图书招标组成员根据投标单位资质、服务质量、服务信誉、服务承诺和购书折扣率等综合因素进行评估，选出 3~4 家中标单位。招标会主持人当场宣布中标单位。对未中标单位的落标原因不做解释，不承担任何义务。

六、签订协议

在公布招标结果后一个月内，招标方与中标方签订供货协议。

××大学图书馆

（公章）

2013 年 5 月 11 日

简析：本招标书属于图书采购时采用的公开招标书。前言、正文、落款结构完整规范。正文部分着重对招标项目及报名事宜、投标人资质要求、供货要求、服务质量要求、报价与付款要求及评标定标方式等进行了详细说明，便于投标方了解招标相关事宜并顺利实现招标方的招标目的。

 思考训练

一、阅读题

阅读下面的招标书，并回答问题。

××学校科教楼、食堂、学生宿舍工程施工招标公告

××学校科教楼、食堂、学生宿舍工程施工，已经××区发改投〔2012〕9 号文件批准建设，建设资金来源为财政资金，招标人为××学校，招标代理机构为××市××工程咨询有限责任公司。项目已具备招标条件，现对该项目施工进行公开招标，特欢迎符合条件的潜在投标人（以下简称申请人）前来参与投标。

一、工程概况与招标范围

1. 工程名称：××学校科教楼、食堂、学生宿舍工程施工。

2. 建设地点：××学校校内。

3. 建设规模：（1）科教楼为 4 层框架结构，面积为 2685.22 平方米；（2）宿舍楼为 5 层框架结构，面积为 2765.34 平方米；（3）食堂为 1 层框架结构，面积为 728 平方米。

4. 招标范围：土建、安装、装修装饰等工程（具体以施工设计图及工程量清单为准）。

5. 质量标准：达到国家合格工程验收标准。

6. 投资金额：约人民币 650 万元。

7. 工期要求：150 天。

二、投标申请人资格条件

1. 具有独立法人资格并依法取得企业营业执照，营业执照处于有效期。

2. 须具备建设行政主管部门颁发的房屋建筑工程施工总承包 3 级及以上资质，依法取得《安全生产许可证》，《安全生产许可证》处于有效期。

3. 拟派项目负责人须具备二级及以上建筑工程专业注册建造师执业资格并依法取得 B 类安全生产考核合格证，且无在建工程。

4. 施工项目部关键岗位人员按×建〔2010〕109 号文件规定配备，拟派施工项目关键岗位人员（项目负责人 1 人、项目技术负责人 1 人、施工员 1 人、安全员 1 人、质量员 1 人）必须为本单位持证职工，且无在建工程（在××省建筑工程监管信息平台上查询无押证），其他岗位职责可兼任。

5. 投标人委托代理人必须为拟任本项目的项目负责人且须亲自到场参加投标；省外企业必须提供有效的入湘施工登记证，须由企业法定代表人、项目负责人到场参加投标，法定代表人确因特殊原因不能到场的，必须提供相关证明。

6. 本次招标不接受联合体的投标申请。

三、招标文件、工程量清单及施工图纸的获取

请各投标人于投标截止日之前通过××市建设工程招标投标网（http://www.yzztb.org）下载招标文件、工程量清单及施工图纸。招标文件每套 400 元，网上下载招标文件的投标人须在递交投标文件时交纳招标文件款，否则拒绝接受其投标文件。

四、招标文件澄清及答疑

投标人若对招标文件有疑问，应在 2012 年 11 月 7 日（含）17:00（北京时间）前将疑问以电子邮件的方式发至××市××工程咨询有限责任公司（E-mail:hyz104@163.com），过期不予受理；答疑文件及修改澄清文件将于投标截止时间 7 天前在××市建设工程招标投标网（http://www.yzztb.org）上发布，敬请获得招标文件的所有投标人关注，恕不另行通知，如有遗漏招标人概不负责。

五、资格审查方式及评标办法

本工程实行开标后资格审查；评标办法按×建〔2010〕318 号文采用合理定价评审抽取法。

六、投标文件提交截止时间及开标时间、地点

1. 提交投标文件截止时间：2012 年 11 月 17 日 9:30（北京时间）。

2. 开标时间：2012 年 11 月 17 日 9:30（北京时间）。

3. 投标及开标地点：××市××区建设工程交易中心（××市××区政府 19 楼开标室）。

七、发布公告的媒介

本次招标公告在"××省招标投标监管网"、"××市招标投标监管网"及"××市建设工程招标投标网"上发布。

八、联系方式

招标人：××学校

联系人：周先生　　　　　　　电话：1511168××××

招标代理机构：××市××工程咨询有限责任公司

地址：××市××区××路 169 号建设局一楼门面

联系人：秦先生　　　　　　王先生

电话：1346747××××　　　1320746××××

传真\电话：0746-622××××

请回答：

1. 本标书的标题由哪几部分组成？

2. 文中的"××学校"是招标的_____。

3. 文中的"××学校科教楼、食堂、学生宿舍工程"是招标的_____。

4. 文中的"2012年11月17日9:30（北京时间）"是_____。

5. 结合招标书的结构写法说说本标书着重说明的几个方面。

二、改错题

指出下列招标书的不妥之处，并予以改写。

××省机电设备招标公司招标公告

××省机电设备公司受××区政府采购中心委托就电教设备项目进行国内公开招标，邀请有兴趣的合格投标人参加投标。

招标编号：0612c2005011。

招标名称及数量：投影机13台，电动银幕13张，计算机13台。详细技术规格参阅招标文件中的用户需求。

交货时间：所购设备合同签订后10日内交付。

购买标书时间：2005年2月27日～3月7日。

购买标书地点：金鹰大厦10楼。

投标截止及开标时间：2005年3月10日上午10点。

联系方式：有关此次招标事宜，可按下列联系方式向招标机构查询。

地址：西城区

电话：6243258

传真：×××××××

网址：×××××××

联系人：张先生

开户银行：×××××××

账号：××××××

××省机电设备招标公司

2005.2.17

三、写作练习

假如你准备在一年后自己创业，在大学校园里开一间小型复印部，请为你创业所需的设备写一份采购招标书。

投　标　书

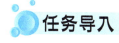

任务导入

2014年8月20日，××市公共资源交易中心对"××市水务局非工程措施补充完善项目"面向社会进行了公开招标。××信息工程有限公司决定对此项目进行投标，争取中标。请问：投标书应如何完成？应注意哪些问题？

 **知识点击**

一、投标书的概念

投标书是指投标单位按照招标书的条件和要求，向招标单位提交的报价并填具标单的文书。投标书也称投标标函。

投标书是对招标文件的响应，投标单位在充分领会了招标文件的内容，经过认真考察和研究之后，决定对某项目进行投标，根据招标单位要求，投标单位应在其中提出具体的投标方案、项目报价、投标方的各种有利条件，争取中标。在正式开标之前，投标书应该严格保密。

二、投标书的特点

1. 针对性

投标书是对招标书的应答，要针对招标单位所提出的招标条件来写。招标单位最感兴趣的是报价、工期、质量等内容，应在投标书中具体明确表述。

2. 求实性

投标就是为了击败其他竞标者，从而达到中标的目的。因此，投标书的撰写应力保自己的竞争力，并且必须务实，投标方案要有可行性，不能为了竞争成功而脱离实际能力。

3. 及时性

招标的时间限制一般都很严格，投标书一定要及时撰写，保证在招标书规定的时间内送到招标方指定的地点。

三、投标书的结构与写法

投标书一般由标题、主送单位、正文、落款和附件五部分构成。

1. 标题

与招标书相似，一般也有3种写法，如《投标书》、《××公司投标书》、《××大楼建设工程投标书》、《××大学电工电子实验大楼建设工程投标书》。

2. 主送单位

主送单位一般为招标项目的评标机构。

3. 正文

投标书的正文由引言和主体两部分组成。

引言概括说明投标方名称、投标方的基本情况、投标的方针目标以及中标后的承诺等内容。

主体部分是标书正文的核心，应写明投标项目的具体内容和指标、实现指标的具体措施（如技术要求、报价、交货或完成日期、质量保证等）、其他要说明的应标条件和事项。具体写作时可用条款陈述，也可采用表格说明。

4. 落款

落款部分由投标者名称（同时盖公章）、投标书制发的日期和投标者通信方式（地址、电话、邮编、传真、电子邮件地址等）。

5. 附件

投标书的附件应根据具体情况而定，如可附加担保单位的担保书、必要的文件或表格等。也可视情况不加附件。

四、投标书的写作要求

1．充分调研

写作投标书，需事前了解投标项目相关的法律法规政策、竞标者的情况、项目的市场信息等，如此才可能制定出具有竞争实力且又能使企业获取最大经济效益的投标书。

2．表述科学

投标书的写作要充分体现投标方实施招标要求的实力，需显示投标方案的科学性和可行性，以尽可能增加中标的可能性，同时语言文字应准确、严谨、清楚、明白。

3．实事求是

投标书不能为了达到中标的目的，做不切实际的自我介绍和承诺，必须坚持实事求是的写作态度。

例文评析

例　　文

投　标　书

招标单位：××市公共资源交易中心

根据已收到的招标编号为 TG2014B010285××市水务局非工程措施补充完善项目的招标文件，按照招标文件内容规定，决定投标，经详细考察和研究招标文件中所涉及的投标须知、合同条款和其他文件后，我方在投标项目明细报价表中提供的项目内容总投标价格为（人民币大写）捌拾叁万元整￥830000.00 元。我方将按招标文件规定和《中华人民共和国合同法》履行自己的全部义务。所投项目报价明细见项目明细报价表。

一旦我方中标，我方保证根据招标文件的规定履行合同的权利和义务，同意提供可能另外需求的与投标有关的任何数据或资料，保证采购人需要。为确保供货质量和服务质量，我们做出如下承诺并提出具体保证措施：

一、如果我方中标，我方将按招标文件规定的数额交纳人民币××××元的投标保证金作为完成本次投标的保证。

二、我方同意所递交的投标文件在招标文件规定的投标有效期内有效，在此期间我方的投标有可能中标，我方将受此约束。

三、除非另外达成协议并生效，你方的招标文件和中标通知书以及投标文件将构成约束我们双方的合同。

四、提交投标标书正本 1 份、副本 4 份，共 5 份。

投标单位全称：××信息工程有限公司

单位地址：××市××街××广场 2 号楼 12 层 1210 室

法定代表人：（签字）

邮政编码：028000

电话：0475-6189946

传真：0475-6189946

开户银行名称：中国工商银行股份有限公司通辽交通路分理处

银行账号：0609047709024905695

行号：102199000059

开户行地址：通辽交通路支行

××信息工程有限公司（公章）

2014 年 9 月 23 日

附件：1. 资格审查文件共 9 份

　　　2. 企业简介

　　　3. 投标项目明细报价表

　　　4. 投标项目明细技术参数偏离表

简析： 本投标书包括标题、主送单位、正文、落款、附件，格式完整。正文中结合招标项目和要求，重点说明投标方的情况简介、报价及供货与服务保证措施，有针对性、科学性和可行性，便于招标方对投标方的信息获取，有利于中标。

 思考训练

请根据给出材料写一份投标书。

材料一：××建筑工程有限公司会议记录

王总经理：××物流公司要兴建综合办公大楼一座，工程招标书和设计图均已公布，我公司领导层经过商议，决定参加竞标，并已指示相关部门做了先期调研并拿出相应方案。

预算处赵处长：根据施工设计图和本市现行预算定额、2013 年材料预算价格，以及本市建筑安装企业收费标准，结合招标工程的特点、现场条件、采用的施工方案和技术组织措施，我处编制了投标价。其中已考虑了本公司材料供应、施工技术措施和施工的有利因素，在总预算造价的基础上做了适当的降价调整，尽量减少投资，做到低耗高效，争取能竞标成功。这次招标项目预算总造价为 6378259 元。根据王总经理和公司其他领导的意见，公司的投标价在预算总造价的基础上降低 1%，即 6314476 元。

王总经理：工程队的负责人已进行过现场调研，并出了一份详细的施工组织设计方案，发下去各位仔细看看。其中要点是：在接到"中标通知书"后 5 天进场，开工日期为×月×日，竣工日期为×月×日，总工期为 298 个日历工作日，共 10 个月。

工程形象进度的安排是：基础阶段 35 天；主体阶段 169 天；装饰、收尾及教工验收阶段 84 天。

主要工程施工方法的情况：土方工程用人工挖土，多余土方用 1.9 立方米装土，3.5 吨自卸汽车运出，8 台潜水泵排水。混凝土工程：采用公司搅拌站集中搅拌，集科直供现场，确保连续施工。

主体结构：砌墙，综合办公大楼与已有附近建筑的平行流水施工；垂直运输在主体结构施工期间采用 2 台 T060/80 型塔吊加一台卷扬塔。装饰阶段为 2 台卷扬塔。

材料二：××建筑工程有限公司简介

　　公司为中型民营建筑施工企业，员工 2032 人，平均技术等级为 3.8 级，其中工程技术人员 84 人（工程师、技师 43 人）。有 28 年的施工历史，已被上级验收为整顿合格企业。公司具有承担各种类型的工业与民用建筑工程的施工能力，尤其对场地狭小的城区建筑施工有丰富的施工经验，对液压滑模、升板、全装配、全框架现浇等新工艺均有良好的施工能力。技术力量和技术装备齐全，拥有各种垂直、水平运输手段，去年又针对城区高层建筑特点，装备了××型塔吊和高速安全的升降人货外用电梯。

附录 党政机关公文处理工作条例

中办发〔2012〕14 号
（2012 年 4 月 16 日由中共中央办公厅和国务院办公厅联合印发）

第一章 总 则

第一条 为了适应中国共产党机关和国家行政机关（以下简称党政机关）工作需要，推进党政机关公文处理工作科学化、制度化、规范化，制定本条例。

第二条 本条例适用于各级党政机关公文处理工作。

第三条 党政机关公文是党政机关实施领导、履行职能、处理公务的具有特定效力和规范体式的文书，是传达贯彻党和国家的方针政策，公布法规和规章，指导、布置和商洽工作，请示和答复问题，报告、通报和交流情况等的重要工具。

第四条 公文处理工作是指公文拟制、办理、管理等一系列相互关联、衔接有序的工作。

第五条 公文处理工作应当坚持实事求是、准确规范、精简高效、安全保密的原则。

第六条 各级党政机关应当高度重视公文处理工作，加强组织领导，强化队伍建设，设立文秘部门或者由专人负责公文处理工作。

第七条 各级党政机关办公厅（室）主管本机关的公文处理工作，并对下级机关的公文处理工作进行业务指导和督促检查。

第二章 公文种类

第八条 公文种类主要有：

（一）决议。适用于会议讨论通过的重大决策事项。

（二）决定。适用于对重要事项做出决策和部署、奖惩有关单位和人员、变更或者撤销下级机关不适当的决定事项。

（三）命令（令）。适用于公布行政法规和规章、宣布施行重大强制性措施、批准授予和晋升衔级、嘉奖有关单位和人员。

（四）公报。适用于公布重要决定或者重大事项。

（五）公告。适用于向国内外宣布重要事项或者法定事项。

（六）通告。适用于在一定范围内公布应当遵守或者周知的事项。

（七）意见。适用于对重要问题提出见解和处理办法。

（八）通知。适用于发布、传达要求下级机关执行和有关单位周知或者执行的事项，批转、转发公文。

（九）通报。适用于表彰先进、批评错误、传达重要精神和告知重要情况。

（十）报告。适用于向上级机关汇报工作、反映情况，回复上级机关的询问。

（十一）请示。适用于向上级机关请求指示、批准。

（十二）批复。适用于答复下级机关请示事项。

（十三）议案。适用于各级人民政府按照法律程序向同级人民代表大会或者人民代表大会常务委员会提请审议事项。

（十四）函。适用于不相隶属机关之间商洽工作、询问和答复问题、请求批准和答复审批事项。

（十五）纪要。适用于记载会议主要情况和议定事项。

第三章　公文格式

第九条　公文一般由份号、密级和保密期限、紧急程度、发文机关标志、发文字号、签发人、标题、主送机关、正文、附件说明、发文机关署名、成文日期、印章、附注、附件、抄送机关、印发机关和印发日期、页码等组成。

（一）份号。公文印制份数的顺序号。涉密公文应当标注份号。

（二）密级和保密期限。公文的秘密等级和保密的期限。涉密公文应当根据涉密程度分别标注"绝密"、"机密"、"秘密"和保密期限。

（三）紧急程度。公文送达和办理的时限要求。根据紧急程度，紧急公文应当分别标注"特急"、"加急"，电报应当分别标注"特提"、"特急"、"加急"、"平急"。

（四）发文机关标志。由发文机关全称或者规范化简称加"文件"二字组成，也可以使用发文机关全称或者规范化简称。联合行文时，发文机关标志可以并用联合发文机关名称，也可以单独用主办机关名称。

（五）发文字号。由发文机关代字、年份、发文顺序号组成。联合行文时，使用主办机关的发文字号。

（六）签发人。上行文应当标注签发人姓名。

（七）标题。由发文机关名称、事由和文种组成。

（八）主送机关。公文的主要受理机关，应当使用机关全称、规范化简称或者同类型机关统称。

（九）正文。公文的主体，用来表述公文的内容。

（十）附件说明。公文附件的顺序号和名称。

（十一）发文机关署名。署发文机关全称或者规范化简称。

（十二）成文日期。署会议通过或者发文机关负责人签发的日期。联合行文时，署最后签发机关负责人签发的日期。

（十三）印章。公文中有发文机关署名的，应当加盖发文机关印章，并与署名机关相符。有特定发文机关标志的普发性公文和电报可以不加盖印章。

（十四）附注。公文印发传达范围等需要说明的事项。

（十五）附件。公文正文的说明、补充或者参考资料。

（十六）抄送机关。除主送机关外需要执行或者知晓公文内容的其他机关，应当使用机关全称、规范化简称或者同类型机关统称。

（十七）印发机关和印发日期。公文的送印机关和送印日期。

（十八）页码。公文页数顺序号。

第十条 公文的版式按照《党政机关公文格式》国家标准执行。

第十一条 公文使用的汉字、数字、外文字符、计量单位和标点符号等，按照有关国家标准和规定执行。民族自治地方的公文，可以并用汉字和当地通用的少数民族文字。

第十二条 公文用纸幅面采用国际标准 A4 型。特殊形式的公文用纸幅面，根据实际需要确定。

第四章　行文规则

第十三条 行文应当确有必要，讲求实效，注重针对性和可操作性。

第十四条 行文关系根据隶属关系和职权范围确定。一般不得越级行文，特殊情况需要越级行文的，应当同时抄送被越过的机关。

第十五条 向上级机关行文，应当遵循以下规则：

（一）原则上主送一个上级机关，根据需要同时抄送相关上级机关和同级机关，不抄送下级机关。

（二）党委、政府的部门向上级主管部门请示、报告重大事项，应当经本级党委、政府同意或者授权；属于部门职权范围内的事项应当直接报送上级主管部门。

（三）下级机关的请示事项，如需以本机关名义向上级机关请示，应当提出倾向性意见后上报，不得原文转报上级机关。

（四）请示应当一文一事。不得在报告等非请示性公文中夹带请示事项。

（五）除上级机关负责人直接交办事项外，不得以本机关名义向上级机关负责人报送公文，不得以本机关负责人名义向上级机关报送公文。

（六）受双重领导的机关向一个上级机关行文，必要时抄送另一个上级机关。

第十六条 向下级机关行文，应当遵循以下规则：

（一）主送受理机关，根据需要抄送相关机关。重要行文应当同时抄送发文机关的直接上级机关。

（二）党委、政府的办公厅（室）根据本级党委、政府授权，可以向下级党委、政府行文，其他部门和单位不得向下级党委、政府发布指令性公文或者在公文中向下级党委、政府提出指令性要求。需经政府审批的具体事项，经政府同意后可以由政府职能部门行文，文中须注明已经政府同意。

（三）党委、政府的部门在各自职权范围内可以向下级党委、政府的相关部门行文。

（四）涉及多个部门职权范围内的事务，部门之间未协商一致的，不得向下行文；擅自行文的，上级机关应当责令其纠正或者撤销。

（五）上级机关向受双重领导的下级机关行文，必要时抄送该下级机关的另一个上级机关。

第十七条 同级党政机关、党政机关与其他同级机关必要时可以联合行文。属于党委、政府各自职权范围内的工作，不得联合行文。

党委、政府的部门依据职权可以相互行文。

部门内设机构除办公厅（室）外不得对外正式行文。

第五章　公文拟制

第十八条 公文拟制包括公文的起草、审核、签发等程序。

第十九条 公文起草应当做到:

(一)符合党的理论路线、方针政策和国家法律法规,完整准确体现发文机关意图,并同现行有关公文相衔接。

(二)一切从实际出发,分析问题实事求是,所提政策措施和办法切实可行。

(三)内容简洁,主题突出,观点鲜明,结构严谨,表述准确,文字精练。

(四)文种正确,格式规范。

(五)深入调查研究,充分进行论证,广泛听取意见。

(六)公文涉及其他地区或者部门职权范围内的事项,起草单位必须征求相关地区或者部门意见,力求达成一致。

(七)机关负责人应当主持、指导重要公文起草工作。

第二十条 公文文稿签发前,应当由发文机关办公厅(室)进行审核。审核的重点是:

(一)行文理由是否充分,行文依据是否准确。

(二)内容是否符合党的理论路线方针政策和国家法律法规;是否完整准确体现发文机关意图;是否同现行有关公文相衔接;所提政策措施和办法是否切实可行。

(三)涉及有关地区或者部门职权范围内的事项是否经过充分协商并达成一致意见。

(四)文种是否正确,格式是否规范;人名、地名、时间、数字、段落顺序、引文等是否准确;文字、数字、计量单位和标点符号等用法是否规范。

(五)其他内容是否符合公文起草的有关要求。

需要发文机关审议的重要公文文稿,审议前由发文机关办公厅(室)进行初核。

第二十一条 经审核不宜发文的公文文稿,应当退回起草单位并说明理由;符合发文条件但内容需做进一步研究和修改的,由起草单位修改后重新报送。

第二十二条 公文应当经本机关负责人审批签发。重要公文和上行文由机关主要负责人签发。党委、政府的办公厅(室)根据党委、政府授权制发的公文,由受权机关主要负责人签发或者按照有关规定签发。签发人签发公文,应当签署意见、姓名和完整日期;圈阅或者签名的,视为同意。联合发文由所有联署机关的负责人会签。

第六章 公文办理

第二十三条 公文办理包括收文办理、发文办理和整理归档。

第二十四条 收文办理主要程序是:

(一)签收。对收到的公文应当逐件清点,核对无误后签字或者盖章,并注明签收时间。

(二)登记。对公文的主要信息和办理情况应当详细记载。

(三)初审。对收到的公文应当进行初审。初审的重点是:是否应当由本机关办理,是否符合行文规则,文种、格式是否符合要求,涉及其他地区或者部门职权范围内的事项是否已经协商、会签,是否符合公文起草的其他要求。经初审不符合规定的公文,应当及时退回来文单位并说明理由。

(四)承办。阅知性公文应当根据公文内容、要求和工作需要确定范围后分送。批办性公文应当提出拟办意见报本机关负责人批示或者转有关部门办理;需要两个以上部门办理的,应当明确主办部门。紧急公文应当明确办理时限。承办部门对交办的公文应当及时办理,有明确办理时限要求的应当在规定时限内办理完毕。

（五）传阅。根据领导批示和工作需要将公文及时送传阅对象阅知或者批示。办理公文传阅应当随时掌握公文去向，不得漏传、误传、延误。

（六）催办。及时了解掌握公文的办理进展情况，督促承办部门按期办结。紧急公文或者重要公文应当由专人负责催办。

（七）答复。公文的办理结果应当及时答复来文单位，并根据需要告知相关单位。

第二十五条　发文办理主要程序是：

（一）复核。已经发文机关负责人签批的公文，印发前应当对公文的审批手续、内容、文种、格式等进行复核；需做实质性修改的，应当报原签批人复审。

（二）登记。对复核后的公文，应当确定发文字号、分送范围和印制份数并详细记载。

（三）印制。公文印制必须确保质量和时效。涉密公文应当在符合保密要求的场所印制。

（四）核发。公文印制完毕，应当对公文的文字、格式和印刷质量进行检查后分发。

第二十六条　涉密公文应当通过机要交通、邮政机要通信、城市机要文件交换站或者收发件机关机要收发人员进行传递，通过密码电报或者符合国家保密规定的计算机信息系统进行传输。

第二十七条　需要归档的公文及有关材料，应当根据有关档案法律法规以及机关档案管理规定，及时收集齐全、整理归档。两个以上机关联合办理的公文，原件由主办机关归档，相关机关保存复制件。机关负责人兼任其他机关职务的，在履行所兼职务过程中形成的公文，由其兼职机关归档。

第七章　公文管理

第二十八条　各级党政机关应当建立健全本机关公文管理制度，确保管理严格规范，充分发挥公文效用。

第二十九条　党政机关公文由文秘部门或者专人统一管理。设立党委（党组）的县级以上单位应当建立机要保密室和机要阅文室，并按照有关保密规定配备工作人员和必要的安全保密设施设备。

第三十条　公文确定密级前，应当按照拟定的密级先行采取保密措施。确定密级后，应当按照所定密级严格管理。绝密级公文应当由专人管理。

公文的密级需要变更或者解除的，由原确定密级的机关或者其上级机关决定。

第三十一条　公文的印发传达范围应当按照发文机关的要求执行；需要变更的，应当经发文机关批准。

涉密公文公开发布前应当履行解密程序。公开发布的时间、形式和渠道，由发文机关确定。

经批准公开发布的公文，同发文机关正式印发的公文具有同等效力。

第三十二条　复制、汇编机密级、秘密级公文，应当符合有关规定并经本机关负责人批准。绝密级公文一般不得复制、汇编，确有工作需要的，应当经发文机关或者其上级机关批准。复制、汇编的公文视同原件管理。

复制件应当加盖复制机关戳记。翻印件应当注明翻印的机关名称、日期。汇编本的密级按照编入公文的最高密级标注。

第三十三条　公文的撤销和废止，由发文机关、上级机关或者权力机关根据职权范围和有关法律法规决定。公文被撤销的，视为自始无效；公文被废止的，视为自废止之日起失效。

第三十四条　涉密公文应当按照发文机关的要求和有关规定进行清退或者销毁。

第三十五条 不具备归档和保存价值的公文，经批准后可以销毁。销毁涉密公文必须严格按照有关规定履行审批登记手续，确保不丢失、不漏销。个人不得私自销毁、留存涉密公文。

第三十六条 机关合并时，全部公文应当随之合并管理；机关撤销时，需要归档的公文经整理后按照有关规定移交档案管理部门。

工作人员离岗离职时，所在机关应当督促其将暂存、借用的公文按照有关规定移交、清退。

第三十七条 新设立的机关应当向本级党委、政府的办公厅（室）提出发文立户申请。经审查符合条件的，列为发文单位，机关合并或者撤销时，相应进行调整。

第八章 附 则

第三十八条 党政机关公文含电子公文。电子公文处理工作的具体办法另行制定。

第三十九条 法规、规章方面的公文，依照有关规定处理。外事方面的公文，依照外事主管部门的有关规定处理。

第四十条 其他机关和单位的公文处理工作，可以参照本条例执行。

第四十一条 本条例由中共中央办公厅、国务院办公厅负责解释。

第四十二条 本条例自 2012 年 7 月 1 日起施行。1996 年 5 月 3 日中共中央办公厅发布的《中国共产党机关公文处理条例》和 2000 年 8 月 24 日国务院发布的《国家行政机关公文处理办法》停止执行。

参 考 文 献

[1] 徐成华. 党政机关公文格式国家标准应用指南[M]. 北京：中国标准出版社，2012.

[2] 张耀辉，雷桂萍. 应用写作[M]. 北京：高等教育出版社，2015.

[3] 张文英. 新编应用文写作教程[M]. 天津：南开大学出版社，2010.

[4] 史英新. 应用文写作[M]. 北京：高等教育出版社，2009.

[5] 王首程. 应用文写作[M]. 北京：高等教育出版社，2008.

[6] 张耀辉，戴永明. 简明应用文写作[M]. 北京：高等教育出版社，2013.

[7] 师尼罗. 新编实用公文写作与处理[M]. 北京：化学工业出版社，2008.

[8] 冯长常深，柳剑，许小丽. 大学生应用文写作教程[M]. 北京：中国商业出版社，2010.

[9] 徐忠献. 大学应用文写作[M]. 北京：科学出版社，2007.

[10] 孟海全，刘小霞，龚雯. 新编应用文写作实用教程[M]. 北京：经济日报出版社，2009.

[11] 杨文丰. 高职应用写作[M]. 北京：高等教育出版社，2010.

反侵权盗版声明

电子工业出版社依法对本作品享有专有出版权。任何未经权利人书面许可，复制、销售或通过信息网络传播本作品的行为；歪曲、篡改、剽窃本作品的行为，均违反《中华人民共和国著作权法》，其行为人应承担相应的民事责任和行政责任，构成犯罪的，将被依法追究刑事责任。

为了维护市场秩序，保护权利人的合法权益，我社将依法查处和打击侵权盗版的单位和个人。欢迎社会各界人士积极举报侵权盗版行为，本社将奖励举报有功人员，并保证举报人的信息不被泄露。

举报电话：（010）88254396；（010）88258888
传　　真：（010）88254397
E-mail：　dbqq@phei.com.cn
通信地址：北京市万寿路 173 信箱
　　　　　电子工业出版社总编办公室
邮　　编：100036